Das Praxisbuch des Channelns

Sanaya Roman / Duane Packer

Das Praxisbuch des Channelns

Wie man seinen geistigen Führer findet und zu höherem Wissen gelangt

Aus dem Englischen
von Marion Zerbst

Ansata

Für alle, die dabei sind, sich für den Kontakt zu einem Geistführer oder ihrem höheren Selbst zu öffnen – für euren Mut, innerlich zu wachsen, und für den Beitrag, den ihr zur Entwicklung der Menschheit leistet.

Die Originalausgabe erschien 1987 unter dem Titel «Opening to Channel» bei H. J. Kramer Inc., P.O. Box 1082 Tiburon, CA 94920, USA.

Siebte Auflage 2008

Ansata Verlag
Ansata ist ein Verlag der Verlagsgruppe Random House GmbH.

ISBN 978-3-7787-7120-4

Einbandgestaltung: Robert Wicki
Druck und Bindung: CPI – Ebner & Spiegel, Ulm

Inhalt

Teil II Wie man sich fürs Channeln öffnet

Teil IV Fortschritte beim Channeln

Vorwort

«Seit ich channele, habe ich das Gefühl, daß mein Herz meistens weit geöffnet ist. Ich sehe die Welt jetzt ganz anders als früher. Die Menschen wirken soviel freundlicher, und ich bin eher bereit, ganz ich selbst zu sein. Mir begegnen so viele wunderbare Menschen; ich kann es noch gar nicht fassen, wie phantastisch das Leben plötzlich ist.»

– Eine Frau, nachdem sie mit ihrem Geistführer in Kontakt getreten ist.

Channeling kann dein Leben verändern

Dieses Buch enthält eine Botschaft für dich: Channeling ist eine Fähigkeit, die sich erlernen läßt. Dabei erreichst du einen erweiterten Bewußtseinszustand, in dem du mit deinem höheren Selbst oder Ur-Selbst oder mit einem hochstehenden Geistführer in Verbindung treten kannst. Dazu muß man spirituell gar nicht besonders hoch entwickelt sein und auch nicht schon immer eine übersinnliche Begabung gehabt haben; man braucht nur Geduld, Ausdauer und den intensiven Wunsch, diesen Kontakt herzustellen.

Wir raten dir, ein bewußtes Channeling-Medium zu werden – das heißt, die Botschaften deines Geistführers bewußt wahrzunehmen. Du wirst lernen, deine Schwingung so weit zu erhöhen, daß du in der Lage bist, in den höheren Bereichen der Geistführer zu sehen, zu hören und zu empfinden und ihre Botschaften ganz bewußt zu empfangen. Früher sprach man von «Medien» oder von «übersinnlicher Begabung», wenn es um die Kontaktaufnahme mit solchen Geistwesen ging. Heute bezeichnet man das als «Channeling». Manchmal spricht man auch von «Trance-Channeling», wenn das Medium sich dabei in einem Zustand der Trance befindet; doch wir wollen in diesem Buch einfach nur den Begriff «Channeling» verwenden.

Existiert dieses Channeling wirklich? Es gab schon Hunderte von Wissenschaftlern, die versuchten, die Existenz paranormaler Phänomene zu widerlegen, und die hinterher selbst zu der Überzeugung kamen, daß doch etwas daran sein muß. Viele sprachen sich später für das Channeling aus oder wurden gar selber Channeling-Medien. Vielleicht gibt es im gewöhnlichen Sinn dieses Wortes tatsächlich keine Möglichkeit zu beweisen, daß Channeling wirklich existiert; doch jedenfalls haben wir schon oft erlebt, wie Menschen ihr Leben damit positiv beeinflußten.

In den letzten Jahren haben wir und unsere Geistführer, Orin und DaBen, mehreren hundert Menschen beigebracht, wie man channelt, und sie bei ihrer Entwicklung auf diesem Weg begleitet. All diese Menschen haben eines gemeinsam: den intensiven Wunsch zu channeln. Und alle erzählen uns hinterher, daß sich ihr Leben dadurch positiv verändert habe. Sie sagen, daß sie jetzt die größeren Zusammenhänge erkennen, in die alles eingebettet ist, und die Welt viel positiver sehen. Sie berichten, daß sie mehr Mitgefühl für sich selbst und andere Menschen aufbringen. Fast alle haben eine neue Lebenseinstellung gewonnen, einen klareren Blick für ihre Ziele und größeres Vertrauen in ihre inneren Botschaften. Dadurch sind sie auch zu mehr Wohlstand gelangt. Sie erklären uns, die Erfüllung ihres Lebens sei «praktisch wie von selbst» gekommen. Sie hätten jetzt das Gefühl, mit dem Strom zu schwimmen, statt dagegen anzukämpfen. Schritt für Schritt merken sie, wie ihr Leben eine höhere Ordnung, wie es mehr Sinn und ein Ziel bekommen hat. Viele dieser Menschen haben festgestellt, daß Channeling genau das war, was sie suchten: ein großer Schritt vorwärts auf dem Weg zur Erleuchtung.

Immer wieder erlebten wir, wie die Menschen sich persönlich und spirituell ungeheuer weiterentwickelten, nachdem sie channeln gelernt hatten. Nicht nur ihr inneres Leben – ihre Beziehungen, Empfindungen und ihr Selbstwertgefühl – veränderte sich positiv, sondern auch ihr äußeres. Eltern erkannten plötzlich deutlicher, wie sie ihre Kinder dabei unterstützen konnten, ihre Talente und Möglichkeiten zu entfalten. Ehepaare begannen auf einer ganz neuen Ebene miteinander zu kommunizieren und spürten, wie ein innigeres Band zwischen ihnen wuchs. Vielen Menschen fiel es leichter, andere zu unterstützen, zu verstehen und ihnen zu verzeihen. Sie gestalteten ihre Umgebung und ihr berufliches Umfeld so, daß sie mehr mit ihrer Persönlichkeit, mit ihren Wünschen und Interessen im Einklang standen.

Channeling trägt dazu bei, daß die Menschen ihr höheres Ziel entdecken und es dann auch erreichen. Man kann sich damit an alle Orte begeben, unendliche Entdeckungen machen, sich unbegrenzte Informationen erschließen und seinen persönlichen Horizont endlos ausdehnen – zumindest haben wir bis jetzt noch keine Grenzen des Channeling feststellen können.

Orin und DaBen möchten dazu beitragen, dem Channeling das Beängstigende und Geheimnisvolle zu nehmen. Niemand, dem wir es bisher beibrachten, hat schon einmal schlechte Erfahrungen mit einem Geistwesen gemacht. Allen gelang es, mit hochentwickelten Geistführern in Kontakt zu treten. Und sie haben sich alle an die Techniken und Anleitungen in diesem Buch gehalten, die einen sicheren, gefahrlosen Einstieg ins Channeling darstellen.

Benutze die Informationen in diesem Buch doch einfach als Ausgangspunkt, um mehr auf deine eigene innere Führung zu vertrauen und dich ihr zu öffnen. Verwende davon nur das, was zu deinen eigenen Erfahrungen paßt, und ignoriere den Rest. Denke daran: Was du hier liest, ist unsere Wahrheit, so wie wir sie erfahren haben. Wenn du das Gefühl hast, noch weitere Informationen zu brauchen, frage deinen Geistführer oder dein höheres Selbst und vertraue auf die Richtigkeit dessen, was du dabei erfährst. Die Erfahrungen, die man beim Channeling macht, sind ein so unendlich weites Feld, daß wir sie unmöglich alle in einem Buch beschreiben können. Immer mehr Menschen entdecken und erforschen diese höheren Bereiche, und dementsprechend wird auch immer mehr über Channeling geschrieben. Respektiere deine Erfahrungen. Bleibe dir selber und deiner persönlichen Integrität treu.

Wenn du dich fürs Channeling öffnest, erleichterst du es gleichzeitig anderen Menschen, dir auf diesem Weg zu folgen. Sei bereit, dich abenteuerlustig, freudig und frei auf dieses Erlebnis einzulassen, dir immer höhere Ebenen der Weisheit zu erschließen. Willkommen zu dem herrlichen Abenteuer, das vor dir liegt!

Wie du mit diesem Buch arbeiten kannst

Du kannst das Buch als eine Art Channel-Kurs benutzen. Es ist in vier Abschnitte unterteilt. Teil I – «Einführung ins Channeln» (Kapitel 1 bis 5) – gibt dir ein paar wichtige Hintergrundinformationen übers Channeling: wie man sich dabei fühlt, wer die Geistführer sind, wie sie mit dir kommunizieren und woran du merkst, ob du überhaupt schon fürs Channeling bereit bist. Teil II – «Wie man sich fürs Channeln öffnet» (Kapitel 6 bis 9) – bietet dir einen Übungsweg, um das Channeln zu erlernen. Sobald du die ersten beiden Übungen in Kapitel 6 («Wie man sich entspannt» und «Wie man konzentriert bleibt») beherrschst, kannst du innerhalb eines einzigen Nachmittags die restlichen Übungen in Kapitel 6 durchführen und dann zu Kapitel 7 übergehen und beginnen, verbal zu channeln. Aber schreite ruhig in deinem eigenen Tempo voran, und laß dir so viel Zeit für diesen Kurs, wie du möchtest – einen Nachmittag oder auch mehrere Wochen.

In Teil III – «Was man erleben kann, wenn man sich dem Channeln öffnet» (Kapitel 10 bis 13) – berichten wir, wie wir mit dem Channeling begannen, und erzählen auch ein paar Geschichten von unseren Kursteilnehmern. Sie veranschaulichen, was für Probleme die Menschen anfangs häufig beim Channeling haben, und zeigen, wie man diese Probleme überwinden kann. In Teil IV – «Fortschritte beim Channeln» (Kapitel 14 bis 17) – geben Orin und DaBen Ratschläge, wie man seine Channeling-Techniken weiterentwickeln kann. Sie beantworten Fragen, äußern sich zu Ängsten und Zweifeln und erläutern Veränderungen, die du vielleicht erleben wirst, nachdem du mit deinem Geistführer Kontakt aufgenommen hast. Unter anderem wirst du vielleicht feststellen, daß deine spirituelle Entwicklung jetzt viel rascher voranschreitet, und auch an deinem physischen Körper wirst du Veränderungen wahrnehmen.

Sanaya und Duane

Einführung

Warum wollen wir den Menschen Channeling beibringen?

SANAYA: Es geschah am 23. November 1984, dem Tag nach Thanksgiving. Es lag immer noch eine Stimmung der freudigen Erwartung vom Vortag in der Luft, als wir gemeinsam mit ein paar Freunden Thanksgiving gefeiert und gespielt, gechannelt und meditiert hatten. Beim Channeling hatten wir alle erfahren, daß etwas Neues auf uns zukam. Unsere Freunde Ed und Amerinda hatten prophezeit, daß an diesem Tag ihr Baby zur Welt kommen würde. Wir hatten uns auf die Reise des Babys in diese physische Inkarnation eingestimmt und sie innerlich miterlebt. «Geburt und Wiedergeburt» schien für uns alle das Thema dieses Wochenendes zu sein.

Duane und ich hatten beschlossen, ein paar Stunden allein zu verbringen, um uns von den Kursen, die wir gegeben hatten, und den vielen Menschen, mit denen wir ständig arbeiteten, auszuruhen. Wir hatten vor, mit Duanes Schlauchboot auf einen nahegelegenen See hinauszufahren. Für einen Novembertag in Nordkalifornien war es noch ziemlich warm. Eine Stimmung der Ruhe und des Friedens hatte uns erfaßt, und wir beschlossen, gemeinsam zu channeln, ehe wir losfuhren. Schon seit Monaten fragten wir unsere Geistführer Orin und DaBen nach dem höheren Sinn und Ziel unseres Lebens.

Orin begann zunächst ganz harmlos, indem er uns auf ein paar Routineangelegenheiten in unserem persönlichen Leben hinwies, auf die wir achten sollten. Dann fragte er uns, ob wir wissen wollten, wie wir der Menschheit wirklich dienen und gleichzeitig unsere persönlichen Ziele mit unserem spirituellen Weg in Einklang bringen könnten. Natürlich wollten wir mehr darüber erfahren! Orin begann uns zu erzählen, was auf die Menschheit zukommen würde. Er beschrieb die Veränderungen in der Galaxis und im Universum und die Energien, die auf die Erde einwirkten. Er erläuterte uns die bevorstehenden Schwingungsveränderungen und wie sie sich auf das Schicksal der Menschen auswirken würden – aber auch, wie sie inmitten all dieser Veränderungen Freude finden könnten. Manchmal hielt Orin inne, und dann ergriff Duanes Geistführer DaBen das Wort und spann den Gesprächsfaden genau dort weiter, wo Orin aufgehört hatte, als ob er nur auf sein Stichwort gewartet hätte.

Kurz zusammengefaßt, erklärten die beiden uns, daß in den nächsten fünf Jahren viele Menschen zu channeln beginnen würden; und in den nächsten zehn Jahren würden noch viel mehr Leute den Drang verspüren, mit ihren Geistführern in Kontakt zu treten. Das spirituelle Selbst der Menschheit erwache nun allmählich, und das führe zu einem stärkeren Bedürfnis nach innerer Weiterentwicklung und spirituellem Wachstum. Diese Menschen bräuchten Anleitung und Unterstützung – nicht nur bei ihrem spirituellen Erwachen, sondern auch, um die neuen Energien, die sich ihnen nun erschlössen, richtig verstehen und nutzen zu können. In der Aura der Menschheit werde jetzt ein «spiritueller Lichtschimmer» aktiviert. Immer mehr Menschen bekämen die Möglichkeit, hohe Bewußtseinsebenen zu erreichen und zur Erleuchtung zu gelangen.

Orin und DaBen meinten, mit einem Geistführer oder ihrem höheren Selbst in Kontakt zu treten und verbale Informationen von diesen Ebenen zu bekommen, könne die Menschen bei ihrem spirituellen Öffnungsprozeß unterstützen. Das würde ihnen zeigen, wie sie aus ihren neuen Erfahrungen das Beste machen könnten. Sie schlugen uns vor, den Menschen das Channeln beizubringen, und versprachen, uns dabei zu unterstützen. Die Leitmotive des kommenden Zeitalters seien die Erweiterung unserer persönlichen Möglichkeiten und direkte, unmittelbare Erfahrungen. Die Menschen lernten, auf ihre eigene innere Führung zu vertrauen, und viele öffneten sich dann ganz von selbst für den Kontakt mit höheren Wesen. Sie merkten, daß ihre Lehrer aus ihrem eigenen Inneren kämen und nicht von außen – daß sie sie selbst hervorbrächten und sich selber belehrten. DaBen und Orin wollten ganz sichergehen, daß die Menschen, die sich fürs Channeling öffneten, auch wirklich die Unterstützung bekämen, die sie brauchten, um mit hochstehenden Geistwesen in Kontakt zu treten. Sie sollten lernen, woran man einen hochentwickelten Geistführer erkennt, und ihr Channeling für spirituelle Zwecke einsetzen.

Orin und DaBen schlugen vor, unseren Schülern einen Channeling-Kurs anzubieten. Wir sollten uns in den nächsten drei Monaten mit der Vorbereitung des Kurses beschäftigen; sie würden uns mit Informationen unterstützen. Außerdem wollten sie uns Anleitungen für geführte Meditationen zur Vorbereitung unserer Schüler vermitteln und auch die Techniken, die wir in unserem Kurs einsetzen sollten. Falls wir uns dazu entschieden, diesen Channeling-Kurs zu geben, sollten wir zwei Jahre für die Organisation und Vorbereitung einplanen, denn so lange würden sie brauchen, um das ganze Material zusammenzustellen und zu ordnen. Danach könnten wir uns immer noch überlegen, ob wir diesen Weg weitergehen wollten oder nicht.

Damals gab ich gerade die «Earth Life»-Kurse – Seminare zur spirituellen Weiterentwicklung, die Orin leitete, um mir und meinen Schülern zu zeigen, wie man sein Bewußtsein auf eine höhere Stufe hebt. Im nachhinein ist mir klar, daß diese Kurse die Menschen darauf vorbereiteten, in höheren Energiebereichen zu leben, ihr Herz zu öffnen, sich von allen negativen Einstellungen zu lösen und den höheren Sinn ihres Lebens zu entdecken. Das war eine gute Vorbereitung fürs Channeling. Zwar wurden nicht alle Schüler hinterher Channeling-Medien, doch viele, die diesen höheren Prinzipien folgten, begannen die Präsenz der Geistführer und ihres eigenen höheren Selbst zu spüren und wünschten sich einen intensiveren, bewußteren Kontakt. Die Informationen, die meine Schüler in diesen Kursen bekamen, gingen später in Orins Bücher *Sich dem Leben öffnen* und *Sich den höheren Energien öffnen* ein.

Bis zu jenem Tag nach Thanksgiving hatten Duane und ich noch gar nicht an eine Zusammenarbeit gedacht. Doch je länger wir uns den Gedanken durch den Kopf gehen ließen, um so naheliegender erschien uns diese Vorstellung. Anderen Menschen das Channeln beizubringen, war sicherlich eine interessante Aufgabe. Würden wir das schaffen? Und würden unsere Geistführer es schaffen? Wir wußten, daß Orin und DaBen Menschen dabei unterstützen konnten, mit ihrem Geistführer und ihrem höheren Selbst in Verbindung zu treten, denn beide hatten das schon getan, doch weder Duane noch ich hatten bisher eine ganze Gruppe im Channeling unterrichtet. Bisher war es immer eine monatelange intensive Arbeit gewesen, einen Menschen für den Kontakt mit höheren spirituellen Ebenen zu öffnen, und jetzt schlugen Orin und DaBen uns vor, den Leuten das an einem einzigen Wochenende beizubringen!

Waren sie nicht ein bißchen zu optimistisch? Viele Leute hielten Channeling für schwierig und glaubten, so etwas könnten nur einige wenige, besondere Menschen – das wußten wir. Manche behaupteten sogar, man bräuchte jahrelange Übung dazu, oder es gelänge nur Menschen, die schon immer übersinnliche Fähigkeiten besessen hätten. Andere erklärten, hochentwickelte Geistführer ständen nur einigen ganz speziellen Personen zur Seite, und daher sei es besser, nicht um einen hochstehenden heilenden Meister und Lehrer zu bitten. Doch Orin und DaBen versicherten uns, es seien jetzt viele hochstehende Geistführer da, die uns unterstützen wollten, denn dies sei eine wichtige Übergangszeit für die Erde. Früher habe man tatsächlich eine jahrelange spirituelle Ausbildung gebraucht oder hätte mit dieser Begabung schon geboren werden müssen. Bis vor kurzem hätten eben noch nicht so viele Geistführer zur Verfügung gestanden. Doch jetzt könnten aus verschiedenen Gründen – aufgrund der Wandlungen in der Aura der Menschheit und auch wegen der Schwingungsveränderung der Erde selbst – viele Menschen mit einem solchen Führer in Kontakt treten und channeln.

Channeling sei eine Technik, die man erlernen könne, wenn man es wirklich wolle. Dazu brauche man keine jahrelange Meditation und keine übersinnlichen Gaben, und man müsse auch nicht unbedingt schon in früheren Leben ein Channeling-Medium gewesen sein. Orin und DaBen wollten den Menschen beibringen, wie man bewußt channelt, damit sie die Botschaften, die sie überbrachten, selbst hörten und kontrollieren könnten, mit welchen Führern sie in Kontakt traten. Auf diese Weise würden sie die höhere Weisheit ihrer Führer aufnehmen und dadurch selber spirituell wachsen. Der sicherste Weg dazu bestehe darin, den Kontakt mit einem hochstehenden Geistführer oder mit dem eigenen höheren Selbst zu erbitten und dann die Techniken und Methoden einzusetzen, die Orin und DaBen uns vermittelten.

Duane erklärte DaBen, er wolle in der Lage sein, seinen Schülern beweisbare, nachprüfbare Ergebnisse zu bieten. «Sonst mache ich nicht mit», sagte er. Er wolle ganz sicher sein, daß jeder, der wirklich channeln wollte, es auch lernen könne, so wie unsere beiden Geistführer es behauptet hatten. Einen Monat lang waren wir unschlüssig. War das wirklich möglich? Konnten wir einer ganzen Gruppe von Schülern auf einmal in einem Wochenendkurs beibringen, wie man seinen spirituellen Kanal öffnet, zu höheren Ebenen emporsteigt und mit einem hochentwickelten Geistführer in Kontakt tritt?

Orin und DaBen ließen uns Zeit, unsere Zweifel zu überwinden und uns unsere Fragen selbst zu beantworten, ehe sie uns weitere Anweisungen gaben. Ihnen ist es lieber, wenn wir unsere Probleme selber lösen und uns erst dann an sie wenden, wenn wir wirklich nicht mehr weiterwissen. Unserer Erfahrung nach schränken Geistführer die Eigeninitiative der Menschen niemals ein, sondern regen sie im Gegenteil an und fördern sie. Endlich beschlossen wir, einen Channeling-Kurs zu geben, um herauszufinden, wie es lief. Orin und DaBen versicherten uns, unsere Kursteilnehmer brauchten nicht lange, um den Kontakt herzustellen – es sei viel leichter, als sie glaubten. Wir sollten ihnen nur dabei Hilfestellung leisten, den ersten Schritt zu tun. Sobald wir unsere eigenen Fragen und Unklarheiten beseitigt hatten, fiel es uns mit Orins und DaBens Unterstützung leicht, die Techniken und Methoden zu entwickeln und den Aufbau des Kurses zu planen. Schließlich erklärten wir uns bereit, diesen Kurs so oft anzubieten, wie es Interessenten dafür gab. Zu der Bootsfahrt auf unserem See sind wir an jenem Tag nicht mehr gekommen, aber unseren Freunden wurde tatsächlich noch am gleichen Tag ihr Baby geboren. Es war für uns alle ein neuer Anfang.

Schon der erste Kurs war ein großer Erfolg. Alle Kursteilnehmer lernten, wie man channelt. Im Laufe der nächsten zwei Jahre unterrichteten wir in unseren Kursen mehrere hundert Menschen. Inzwischen sind wir überzeugt davon, daß Channeling tatsächlich eine Fähigkeit ist, die man erlernen kann. Diese Menschen kamen aus den verschiedensten sozialen Schichten, Berufs- und Altersgruppen – von 18 bis 70. Es war wirklich so, wie unsere Geistführer gesagt hatten: Man braucht keine Vorbereitung, keine jahrelange Meditation und keine übersinnlichen Erfahrungen, um channeln zu lernen – ja, man muß nicht einmal viel darüber wissen. Alle unsere Schüler hatten nur eines gemeinsam: den intensiven Wunsch, mit einem Geistführer oder ihrem höheren Selbst Kontakt aufzunehmen.

Die Menschen konnten channeln, und es fiel ihnen wesentlich leichter, als sie erwartet hatten. Mit vielen unserer Kursteilnehmer blieben wir auch hinterher noch in Verbindung und beobachteten, wie sie sich innerlich weiterentwickelten und veränderten. Sie stellten uns viele Fragen und vermittelten uns unzählige Erkenntnisse – über ihre Zweifel und über die Herausforderungen und Widerstände, die Erleuchtungen, Hoffnungen und Träume, die ihnen auf ihrem Weg des Channeling begegneten. Durch ihre und unsere eigenen Erfahrungen und die ständige Anleitung von Orin und DaBen lernten wir viel darüber, wie man sich zu einem klaren, bewußten Channeling-Medium entwickelt.

Als nächstes wollten Orin und DaBen den Menschen das Channeln mit Hilfe eines Buches beibringen. In diesem Buch sollten wir alles niederschreiben, was wir gelernt hatten, und sämtliche Techniken und Methoden beschreiben, die sie uns vermittelt hatten, um allen Menschen, die channeln lernen wollten, eine schriftliche Anleitung in die Hand zu geben. Deshalb beschreiben wir hier die Methoden und Verfahren unseres Kurses, die Orin und DaBen für dieses Buch so bearbeitet haben, daß du auch ohne Seminar mit deinem Geistführer oder deinem höheren Selbst in Verbindung treten kannst. Ihre Energie steht dir zur Verfügung; du brauchst nur darum zu bitten. Zuerst bezweifelten wir, ob die Menschen so etwas wirklich aus einem Buch lernen könnten, doch Orin und DaBen versicherten uns, daß es gehe. Sie erklärten uns, der Geistführer und das höhere Selbst des Menschen trügen dazu bei, die Verbindung herzustellen. Die Menschheit bekomme jetzt viel Unterstützung von den höheren Ebenen, um solche Durchgaben zu ermöglichen.

Orin und DaBen hatten uns schon vorher ein Buch schreiben lassen, das unseren Schülern zur Vorbereitung auf den Channeling-Kurs diente. Vieles von dem Material ist in dieses Buch eingeflossen. Wir erfuhren, daß die Menschen sich das Buch gegenseitig ausliehen und daß viele allein schon durch die Lektüre spontane Kontakte zu höheren Ebenen erlebten. Eine Frau las das Buch auf ihrem Flug nach Hause. Etwas skeptisch legte sie es in den Schoß und sagte: «Wenn es dich wirklich gibt, mein

Geistführer, dann nenne mir deinen Namen.» Da hörte sie plötzlich aus dem Nichts heraus eine Stimme, die einen Namen sagte, und spürte, wie eine Energiewelle sie durchströmte. In diesem Augenblick änderte sie ihre Meinung über Channeling und begann mit Geistführern in Kontakt zu treten. Auch viele andere Menschen haben mit Hilfe der Techniken in diesem Buch mit ihren Geistführern und ihrem höheren Selbst Verbindung aufgenommen.

In diesem Buch geht es hauptsächlich darum, wie man die Botschaften eines Geistführers weitergibt. Aber natürlich kannst du mit den beschriebenen Techniken auch mit deinem höheren Selbst in Kontakt treten. Wenn du lieber dein höheres Selbst channeln möchtest als einen Geistführer, so bitte vorher um diese Verbindung. Vielleicht ist dann auch Orins Buch *Zum höheren Selbst erwachen* interessant für dich; dieses Buch zeigt dir Wege, mit deinem höheren Selbst Kontakt aufzunehmen, es zu channeln und es zu SEIN.

Du kannst lernen, einen hochstehenden Geistführer oder dein eigenes höheres Selbst zu channeln. Du kannst Anleitung und Inspiration empfangen und mit dieser Ur-Weisheit in Verbindung treten. Wenn du dir diesen Kontakt wünschst, beginne gleich jetzt, darum zu bitten. Dieses Buch ist so aufgebaut, daß es dich durch die Vermittlung von Geschichten, gechannelten Informationen und Übungen ins Channeln einführt. Achte darauf, welche Teile dieses Buches dich beim Lesen besonders ansprechen und eine spezielle Botschaft für dich enthalten. Werte diese Stellen als erste Botschaften deines Geistführers oder deines höheren Selbst an dich, da sie dich dabei unterstützen, den Kontakt mit ihnen aufzubauen.

Teil I

Einführung ins Channeln

1 Willkommen beim Channeln!

Was ist Channeling eigentlich?

Orin und DaBen: Willkommen beim Channeln! Wenn du dich diesen höheren Bereichen öffnest, wird deine innere Entwicklung einen großen Sprung vorwärts machen, denn Channeling ist eine sehr wirksame Methode der spirituellen Entfaltung und bewußten inneren Wandlung. Dadurch baust du eine Brücke, die dich mit den höheren Ebenen verbindet – eine Brücke zu einem liebevollen, warmherzigen, zielgerichteten kollektiven höheren Bewußtsein, dem die Menschheit im Laufe der Jahrtausende viele Namen gegeben hat: Gott, Alles-was-ist oder Universaler Geist.

> *Channeling verschafft dir jetzt und in Zukunft Zutritt zu allen Ideen, allem Wissen und aller Weisheit.*

Beim Channeln klinkst du dich in diese höheren Bereiche ein, indem du mit einem Führer auf hoher spiritueller Ebene oder mit deinem höheren Selbst in Verbindung trittst. Diese Wesen senken dann ihre höheren Schwingungen auf ein niedrigeres Niveau herab, damit sie für dich leichter zugänglich sind. Um channeln zu können, mußt du dein Denken und deinen geistigen Raum bewußt verändern und einen erweiterten Bewußtseinszustand einnehmen, den man Trance nennt. Dazu lernst du am besten erst einmal, dich zu konzentrieren, deine eigenen Gedanken beiseite zu schieben und dich der höheren Führung zu öffnen. In diesem aufnahmefähigen Zustand wirst du zu einem Gefäß, das höhere Energien empfängt und weiterleitet. Diese Energien kannst du dann dazu einsetzen, Gutes zu bewirken.

Du besitzt die angeborene Fähigkeit, dich in diese höheren Sphären zu versetzen; in Augenblicken der Inspiration, der inneren Führung und Kreativität berührst du diese Bereiche ganz unmittelbar. Vielleicht erreichst du diese Regionen nicht so oft und so mühelos, wie du gerne möchtest. Doch es gibt Führer, die dich dabei unterstützen, diese natürliche Gabe zu entfalten. Sie schenken dir mehr Energie und bieten dir Gelegenheiten, dich in ganz neue Richtungen weiterzuentwickeln. Sie werden deine Lehrer und Dolmetscher sein und dir zeigen, wie du lernen kannst, dich in den höheren Dimensionen immer besser und müheloser zu bewegen. Diese Führer können dir zeigen, auf eine Weise in diese Dimensionen emporzusteigen, die dir angenehm ist und dem höheren Sinn und Ziel deines Lebens entspricht.

Dein Geistführer ist dein Freund. Er ist immer für dich da und liebt, ermutigt und unterstützt dich.

Dein Geistführer wird dich ermuntern und dabei unterstützen, dein eigenes inneres Wesen zu entdecken. Je öfter du mit ihm in Kontakt trittst, um so stärker, offener, verfeinerter und gleichzeitig stabiler wird deine Verbindung zu den höheren Bereichen werden. Du wirst häufigere und zuverlässigere intuitive Erkenntnisse gewinnen und innere Führung oder innere Weisheit erfahren, wenn die höheren Schwingungen direkt in deinen Geist einströmen.

Channeling ist ein Weg zu größerer Liebe, denn in den höheren Dimensionen gibt es Liebe in Hülle und Fülle. Es wird dich innerlich anregen, ermutigen und unterstützen. Dein Geistführer möchte dich zu einem stärkeren, selbständigeren, selbstsichereren Wesen machen. Du wirst in ihm alle Eigenschaften finden, die eine vollkommene Beziehung ausmachen: beständige Liebe, uneingeschränktes Verständnis und unendliches Mitgefühl.

Durch Channeling wirst du den weisen Lehrer finden, nach dem du suchst – einen Lehrer, der von innen kommt und nicht von außen.

Durch Channeln kannst du zu tieferer Einsicht und Erkenntnis gelangen und Antworten auf Fragen finden wie: «Warum bin ich auf der Welt? Worin liegt der Sinn des Lebens?» Es ist, als erklimme man einen Gipfel, von dem aus man eine viel weitere Sicht hat. Channeling ist eine Möglichkeit, mehr über das Wesen der Realität, über dich selbst und andere Menschen zu erfahren und dein Leben aus einer umfassenderen Perspektive zu betrachten. Dann wirst du den tieferen Sinn deiner gegenwärtigen Lebensumstände erkennen. Mit Unterstützung deines Geistführers kannst du Antworten auf all deine Fragen finden – von den kleinen Problemen des Alltags bis hin zu den schwierigsten spirituellen Fragen. Du kannst durch Channeling andere Menschen heilen oder belehren und deine Kreativität in allen Lebensbereichen steigern. Wenn du den Zugang zu diesen höheren Bereichen gefunden hast, kannst du großes Wissen, Weisheit, Erfindungen, Kunstwerke, philosophische Gedanken, Gedichte und Entdeckungen aller Art übermitteln.

Wir, Orin und DaBen, sind Lichtwesen. Wir existieren in den höheren Dimensionen und haben das Ziel, dich bei deiner Öffnung für diese Dimensionen zu unterstützen, damit du dich rascher entwickeln kannst. Wir lieben dich sehr und wünschen uns, daß du so mühelos und freudig wie möglich in die höheren Bereiche aufsteigst. Deshalb haben wir diesen Kurs zusammengestellt, um dich mit deinem Geistführer oder deinem höheren Selbst in Verbindung zu bringen.

Wir möchten in dir ein Verständnis dafür wecken, was Channeling ist und wie du diese natürliche Gabe entwickeln kannst. Es ist leichter, als du vielleicht denkst. Gerade weil man es als etwas so Natürliches und Selbstverständliches empfindet, fällt es manchen Menschen anfangs schwer zu glauben, daß sie tatsächlich mit einem Geistführer oder mit ihrem Ur-Selbst in Kontakt getreten sind.

Die Informationen in diesem Buch werden auf jeden Fall hilfreich für dich sein – gleichgültig, ob du nun zum erstenmal in deinem Leben mit dem Gedanken spielst, zu channeln, oder ob du dich schon seit Jahren mit der Reise in dein eigenes Inneres beschäftigst. Aus diesem Buch kannst du lernen, zwischen hochstehenden Geistführern und weniger hochentwickelten Geistwesen zu unterscheiden und zu beurteilen, ob der Rat eines Geistführers vertrauenswürdig ist. Das Buch wird dir zeigen, wie du mit dem höchsten Führer, der auf deiner jetzigen Entwicklungsstufe für dich erreichbar ist, in Kontakt treten kannst. Und wir möchten dir auch erklären, wie du selbst ein Channeling-Medium werden kannst, falls du dir das wünschst.

Ein hochstehender Geistführer wird dich dazu ansporen, dich mehr auf deine eigene innere Führung zu verlassen als auf seinen Rat.

Wir empfehlen dir, nur jene Informationen aus diesem Buch zu verwenden, die du im tiefsten Inneren deines Wesens als wahr empfindest, und alles andere zu ignorieren. Vertraue auf deine innere Führung und deine inneren Botschaften. Du bist ein ganz besonderes, einmaliges Wesen mit unbegrenzten Möglichkeiten. Entdecke mehr von deiner eigenen Göttlichkeit!

Was du durch Channeling erreichen kannst – und was nicht

Orin und DaBen: Channeling kann dich dabei unterstützen, auf der Welt wirklich etwas zu verändern. Das heißt nicht, daß du von jetzt an nicht mehr kämpfen und dich anstrengen wirst –

falls es immer noch dein Wunsch und deine innere Entscheidung ist, dich anzustrengen. Es bedeutet aber, daß du lernen kannst, deine Ziele mühelos zu erreichen, wenn du das möchtest. Damit meine ich nicht, daß dir einfach alles in den Schoß fallen wird, daß du dich entspannt zurücklehnen kannst und gar nichts mehr zu tun brauchst. Aber du kannst ein feineres Gespür dafür entwickeln, was du erschaffen möchtest, und einfachere Wege finden, dies dann auch wirklich umzusetzen. Wenn du dem Rat deines Geistführers folgst und weiter channelst, wird dein Gefühlsleben sich verändern, und du wirst seltener unter Depressionen, Sorgen, Ängsten und Bedrücktheit leiden.

Ein hochstehender Geistführer wird dich niemals beherrschen oder kontrollieren.

Channeling wird nicht alle deine Probleme lösen. Es wird dich nur insoweit verändern, wie du dich selbst verändern möchtest. Du bist es, der aus diesen Worten der Weisheit Nutzen zieht. Du bist es, der die Initiative ergreift, der diese Arbeit leistet und sie in die Welt hinausträgt. Du hast nach wie vor die Verantwortung für dein Leben. Channeling ist kein Allheilmittel und auch nicht das A und O. Es beschleunigt, wie schon gesagt, nur dein inneres Wachstum und deinen Lernprozeß. Möglicherweise wirst du viele alte Probleme und Konflikte noch einmal durchleben und sie nun endlich lösen. Manche dieser Erlebnisse werden anfangs vielleicht nicht besonders angenehm für dich sein, doch letzten Endes werden sie dir mehr Freude und Kraft schenken. Sei offen für alle kleinen Veränderungen. Deine Bemühungen werden reicher belohnt werden, als du erwartet hast. Vielleicht wirst du feststellen, daß schon die kleinste Mühe, die du investierst, um dem Rat deines Geistführers oder deinen eigenen inneren Anleitungen zu folgen, große, lohnende Veränderungen bewirkt. Allerdings wirst du diesen Lohn nicht immer in der Form erhalten, in der du ihn erwartest; sei also offen für angenehme Überraschungen.

Durch Channeling wirst du lernen, dich mehr zu lieben.

Channeling garantiert dir nicht die Liebe anderer Menschen, keinen Ruhm und auch keine Popularität. Aber wenn du channelst, wirst du deine Mitmenschen besser verstehen und dich leichter in sie hineinversetzen können; du wirst mehr Mitgefühl entwickeln. Und du wirst in der Lage sein, dich selbst, frei von deiner üblichen Voreingenommenheit, objektiv zu beobachten. Dadurch wirst du lernen, dich mehr zu lieben. Durch Channeling kannst du den Weg deiner Seele klarer und deutlicher erkennen. Vielleicht wirst du tatsächlich berühmt, anerkannt und beliebt sein, wenn du deinem höheren Weg folgst – doch das wird für dich nicht mehr die gleiche Wichtigkeit besitzen wie früher.

Wofür du das Channeln einsetzen kannst

Orin und DaBen: Manche Menschen channeln nicht nur, um höhere Weisheit zu erlangen und einen persönlichen Rat von ihrem Geistführer zu bekommen, sondern setzen ihr Channeling auch für kreative Tätigkeiten ein, zum Beispiel, um Theaterstücke oder Songtexte zu schreiben, um zu komponieren oder für künstlerische und kunsthandwerkliche Arbeiten wie Malerei, Bildhauerei und Töpferei. Manche Geistführer unterstützen ihr Medium dabei, andere Menschen zu beraten, zu unterrichten, zu heilen oder durch Körperarbeit und andere Heilverfahren zu therapieren. Es gibt Menschen, die mit Hilfe des Channeling-Zustandes und der höheren Schwingungen ihres Geistführers ihre Kreativität steigern – beispielsweise Schauspieler, Regisseure und andere Künstler. Jeder spirituelle Kontakt ist anders, ist etwas ganz Besonderes und Einmaliges. Manche Geistführer sind poetisch, andere inspirieren ihre Medien, wieder andere belehren sie. Manches Medium wird vielleicht sogar in der Lage sein, den Inhalt ganzer Bücher zu channeln oder sie zumindest mit so müheloser Leichtigkeit niederzuschreiben, daß es scheint, als entstünden sie von selbst, denn Channeling scheint sich hervorragend für schriftstellerische Tätigkeiten zu eignen. Durch Channeling kann sich der Autor mit einer beständigen Quelle der Inspiration und Information verbinden.

Channeling steigert die Kreativität.

Einige Künstler haben uns erzählt, daß sie im Zustand leichter Trance ihre Geistführer sogar mit offenen Augen channeln können. Dann erscheinen ihnen ihre Gemälde oder Skulpturen als Visionen, noch bevor sich ihre Finger rühren. Manche Künstler haben sogar das Gefühl, daß ihre Hände sich ganz instinktiv bewegen und wie von selbst die Bilder gestalten, die sie vor ihrem geistigen Auge sehen. Viele erlebten dabei einen leicht veränderten Bewußtseinszustand; sie waren entspannter und nahmen eine Fülle von Eindrücken wahr, die über ihre normale Erfahrungswelt hinausging.

Vielen Musikern fällt das Komponieren leichter, nachdem sie channeln gelernt haben. Dadurch bekommen sie ein feineres Gespür für ihren persönlichen Stil. Manche stellen sogar fest, daß sie ihre Musik schon immer, ohne es zu wissen, in einem natürlichen Channeling-Zustand geschrieben haben. Wenn sie nun bewußt mit ihrem Geistführer in Kontakt treten, wird dieser Zustand intensiviert und gleichzeitig verfeinert, und der Strom ihrer Kreativität fließt immer stetiger und zuverlässiger. Einige Künstler haben die Erfahrung gemacht, daß sie sich im Zustand der Trance besser in ihre Musik einfühlen können und jetzt nicht mehr aus dem Intellekt, sondern aus ihrer Intuition heraus komponieren. Ein bekannter Musiker hat sogar schon einmal sechzehn Soundtracks zu ganz unterschiedlichen Zeitpunkten gechannelt, und sie paßten alle auf Anhieb hervorragend zusammen.

Viele Menschen nutzen ihre Gabe, sich auf eine höhere Weisheit einzustimmen, auch dazu, um herauszufinden, welche Sportart, welche Ernährung und welche geistigen Disziplinen sich am besten für sie eignen. Entdecke selbst, wie viele verschiedene Möglichkeiten es gibt, diesen Kontakt zu den höheren Dimensionen zu nutzen!

Woran merkt man, ob man schon fürs Channeln bereit ist?

ORIN UND DABEN: Menschen, die sich gut als Channeling-Medien eignen, sind innerlich unabhängig, machen sich gern über alles ihre eigenen Gedanken und möchten ihr Leben selbst bestimmen. Solche Menschen sind häufig auch sehr neugierig und geistig aufgeschlossen. Sie sind bewußt, sensibel und gefühlsbetont. Sie lernen gern etwas Neues und sind offen für neues Wissen und neue Fähigkeiten. Menschen in kreativen Berufen – Schriftsteller, Heiler, Therapeuten, Dichter, Musiker, Künstler, Organisatoren, Designer und so weiter – haben eine natürliche Begabung fürs Channeln. Aber Channeling-Medien kommen aus allen möglichen sozialen Schichten und Berufen. Die Charaktereigenschaften, die wir Geistführer an euch Menschen am meisten schätzen, sind Engagement, Begeisterungsfähigkeit und die innere Bereitschaft, ein Channeling-Medium zu werden. Alle intelligenten oder intuitionsbegabten Menschen, die gern selbständig denken, die Wahrheit lieben und die Gabe besitzen, höhere Weisheit zu erkennen, eignen sich sehr gut fürs Channeling.

Menschen, die channeln, sind gütig und liebevoll zu anderen. Sie sind fleißig und ehrlich und begeistern sich für die Projekte, an denen sie mitwirken. Sie haben eine lebhafte Phantasie und träumen gern mit offenen Augen. Außerdem scheinen sie die Bedürfnisse anderer Menschen vorhersehen zu können und engagieren sich sehr für ihre Freunde und ihre Familie. In Partnerbeziehungen können sie manchmal nicht zwischen Realität und Phantasie unterscheiden, denn oft sehen sie eher das, was in anderen Menschen steckt, als das, was sie im Augenblick sind.

Ein Geistführer kann dich dabei unterstützen, den Horizont deiner persönlichen Fähigkeiten und deines spirituellen Wachstums zu erweitern.

Wir schätzen tatkräftige Menschen, die etwas bewirken können. Wir erwarten nicht, daß dein Leben perfekt funktioniert; schließlich wollen wir dazu beitragen, es in Ordnung zu bringen. Aber wir erwarten von dir, daß es dir wichtig ist, dein Leben in die richtigen Bahnen zu lenken. Am liebsten treten wir mit Menschen in Verbindung, denen die Zusammenarbeit mit uns so viel Freude macht, daß sie das alles schon zu ihrem eigenen bloßen Vergnügen tun. Wir suchen den Kontakt zu Menschen, die dankbar für diese Chance sind.

Die höchsten Geistführer kommen zu jenen Menschen, die ihre Informationen zu schätzen wissen und sie so intensiv wie möglich nutzen. Wir suchen Menschen mit Interesse an spirituellen Dingen, Ausdauer und Begeisterungsfähigkeit. Als höhere Geistführer sind wir dazu da, etwas auf der Welt zu bewirken, den Menschen zu dienen und mit ihnen gemeinsam an einem schöpferischen Projekt zu arbeiten. Wir nehmen unsere Verpflichtung euch Menschen gegenüber sehr ernst und werden alles tun, was in unserer Macht steht, um euch zu unterstützen. Von euch erwarten wir, daß ihr eure Verpflichtung und unsere Zusammenarbeit ebenfalls ernst nehmt. Wir wissen es zu schätzen, wenn Menschen ihre Zeit und ihre Energie in unser gemeinsames Projekt investieren; das sind die beiden größten Geschenke, die sie uns machen können.

Es wird dir leichterfallen, einen höheren Geistführer anzuziehen, wenn dir das Wohlbefinden deiner Mitmenschen am

Herzen liegt und du gern etwas für sie tun möchtest. Channeling ist stets ein Dienst an anderen Menschen, denn damit erhöhst du die Schwingung deiner Umwelt. Alle, die andere Menschen auf irgendeine Weise unterstützen – sei es durch ihren Beruf, ihr Privat- oder Familienleben oder durch irgendeine kreative Betätigung –, werden in der Lage sein, einen Führer von einer hohen spirituellen Ebene anzuziehen. Auch du selbst wirst innerlich wachsen, wenn du andere Menschen unterstützt und heilst.

Sei nicht verzagt, und zweifle nicht an deiner Fähigkeit, einen hochstehenden Geistführer anzuziehen, denn es gibt viele solcher Führer, und wir sind dazu da, euch zu dienen. Wir werden alles tun, damit du zu uns durchdringen kannst; du brauchst uns nur zu signalisieren, daß du das möchtest. Es liegt in unserem Interesse, die ganze Menschheit auf ein höheres Bewußtseinsniveau emporzuheben, also werden wir auch dir ein höheres Bewußtsein schenken.

Menschen, die channeln, berichten, daß sie sich innerlich stabiler fühlen, mit beiden Beinen auf der Erde stehen und die Verantwortung für ihr Leben übernehmen.

Manche Menschen fürchten, sie könnten zu weltfremd werden und den Kontakt zur Realität verlieren, wenn sie channeln lernen. Sie sagen, daß es ihnen ohnehin schon schwer genug fällt, mit dem ganzen praktischen Kleinkram ihres Alltagslebens fertig zu werden; eigentlich müßten sie viel mehr mit beiden Beinen auf der Erde stehen. Doch wir haben festgestellt, daß das Channeling den Menschen genau dazu verhilft: Sie werden zentrierter und kommen besser mit dem Alltagsleben zurecht.

Manche haben Angst, daß sie, wenn sie channeln oder mit einem Geistführer in Kontakt treten, ihre persönliche Identität verlieren oder von der übermächtigen Gegenwart ihres Führers vollkommen «aufgesaugt» werden könnten. Auch diese Befürchtung ist unbegründet. Ein hochstehender Geistführer möchte dich niemals beherrschen. Channeling bedeutet nicht, daß du die Kontrolle über dein Leben aufgibst. Die geistigen Führer haben ihr eigenes Leben; sie möchten dir nur auf deinem spirituellen Weg dienen. Du wirst dir deine eigene Identität bewahren und im Gegenteil wahrscheinlich sogar die Erfahrung machen, daß dein Ich-Gefühl sehr gestärkt wird. Vielleicht fällt es dir jetzt leichter, dich von anderen Menschen abzugrenzen und ihnen klarzumachen, wie weit sie gehen dürfen. Dein Geistführer wird also nicht die Kontrolle über dein Leben übernehmen, sondern du wirst stärker und ausgeglichener sein und klarer denken, wenn er bei dir ist. Ein Mann machte sich Sorgen, er könnte durch Channeling seine persönlichen Grenzen verlieren, und sein Geistführer würde ihn beherrschen. Doch seitdem er channelt, hat er das Gefühl, sein Leben besser im Griff zu haben; es fällt ihm jetzt viel leichter als zuvor, seine persönliche Integrität zu bewahren.

Manche Menschen befürchten, angreifbar für negative oder niedrigere Wesen zu werden, wenn sie sich fürs Channeling öffnen. In Wirklichkeit wird man nicht verletzlicher, denn man erkennt solche niedrigen Wesen leicht an ihrer Negativität. Du brauchst ihnen gegenüber nur bestimmt aufzutreten und sie aufzufordern, sich zu entfernen. Natürlich kannst du auch uns, Orin und DaBen, oder irgendeinen anderen hochstehenden Lehrer wie Jesus Christus oder deinen Schutzengel um Unterstützung anrufen. Sie sind viel mächtiger als alle niedrigen Wesen. Sobald du den Kontakt zu einem hochstehenden Geistführer erbittest, wird dieser dich auch beschützen – ob du nun bewußt channelst oder nicht. Wir möchten dich nur warnen, dich nicht aus bloßer Neugier auf den Kontakt mit niedrigen Wesen einzulassen.

Du kannst mit einem hochstehenden Geistführer in Verbindung treten. Die einzige Voraussetzung ist, daß du es wirklich möchtest und fest dazu entschlossen bist.

Wenn du dich für übersinnliche Dinge interessierst – wenn du schon immer gern Bücher von Channeling-Medien und Literatur über Science-fiction, Psychologie und Lebenshilfe gelesen hast und diese Ideen dich faszinieren –, dann besitzt du die Fähigkeit, mit einem hochstehenden Geistführer in Kontakt zu treten und ihn zu channeln. Wenn du dich zu Themen hingezogen fühlst, die ein wenig über das Denken der großen Masse hinausgehen, wenn du meist zu den ersten gehörst, die sich mit einer neuen Idee beschäftigen oder eine neue Bewegung in Gang bringen, dann bist du bereit fürs Channeling. Gute Gesundheit, emotionale Stabilität und die Fähigkeit, im Trancezustand zu bleiben und dich zu konzentrieren, werden zu deiner Klarheit als Channeling-Medium beitragen und es dir erleichtern, höhere Ebenen der Weisheit zu erreichen.

Zwar bringt Channeling dir einen direkten Nutzen für dein Leben, aber du brauchst schon etwas Übung, um es wirklich gut zu beherrschen. Die Medien, die sich zu Meistern im Channeling entwickeln, nehmen sich viel Zeit, um regelmäßig mit ihren Geistführern in Kontakt zu treten. Die meisten, die eine klare, gute Verbindung zu ihrem Geistführer haben, üben regelmäßig. Man wird ja schließlich auch nicht nach ein paar Unterrichtsstunden Konzertpianist!

Letzten Endes kannst nur du selbst wissen, ob du innerlich fürs Channeling bereit bist oder nicht. Horche in dich hinein, und frage dich: «Habe ich wirklich ein tiefes Bedürfnis, zu channeln oder mit meinem Geistführer Kontakt aufzunehmen? Ist es, als dränge mich eine innere Stimme dazu?» Höre auf deine inneren Botschaften.

Vielleicht bist du schon viel bereiter, als du denkst

Orin und DaBen: Normalerweise nimmt man seinen Geistführer ganz allmählich – Schritt für Schritt – immer bewußter wahr. Im Anfangsstadium weiß man oft noch gar nicht, daß man einen solchen Führer hat. Vielleicht empfängt man seine Anleitungen im Traum. Du träumst zum Beispiel, daß du zur Schule gehst oder daß jemand mit dir spricht und dir Ratschläge und Anweisungen gibt. Vielleicht denkst du auch nur über das Thema «spirituelle Führung» nach und fragst dich, ob du auch einen solchen Führer hast. Es kann auch sein, daß du dich zu Büchern hingezogen fühlst, die gechannelte Informationen enthalten oder in denen es um Geistführer geht.

Geistführer knüpfen ihre Verbindung zu dir häufig im Traum.

In den ersten Stadien deiner Vorbreitung aufs Channeling erfaßt dich vielleicht eine gewisse Unzufriedenheit mit deinem Leben, deinen zwischenmenschlichen Beziehungen oder deinem Beruf. Eigentlich sollten deine Arbeit und dein Privatleben sinnvoller und erfüllter sein. Wahrscheinlich regt sich in dir der Wunsch, mehr über deinen spirituellen Weg und deine Lebensaufgabe zu erfahren. Vielleicht wird dir immer bewußter, daß du eigentlich ein Lehrer oder Heiler sein und therapeutisch mit anderen Menschen in Verbindung treten möchtest. Oder dir wird klar, daß du gern schreiben, in den Medien arbeiten, ein Musikinstrument spielen oder neue Menschen kennenlernen würdest. Vielleicht langweilen dich plötzlich alte Freunde, deren Gesellschaft du früher einmal anregend fandest, und manche gesellschaftliche Veranstaltungen oder Aktivitäten, die dir früher Spaß machten, sind jetzt auf einmal nicht mehr so interessant. Du sehnst dich nach einem höheren Sinn, und es bereitet dir nicht mehr soviel Freude, deine Zeit mit sinnlosen Dingen zu füllen. Vielleicht hast du das Gefühl, daß etwas Wichtiges auf dich zukommt, daß du dich in einem Übergangsstadium befindest. Es kann sein, daß du nach etwas Neuem suchst, dir aber noch nicht sicher bist, was das sein könnte.

Vielleicht hast du schon ein paar deiner Lebensziele erreicht, doch das alles hat dich nicht so befriedigt, wie du erwartet hast, und jetzt fragst du dich, wie du dein Leben eigentlich gestalten müßtest, um wirklich glücklich zu werden. Es kann auch sein, daß du deinen Weg bereits kennst und nun das Bedürfnis hast, ihn auf konkretere, sinnvollere Weise zu leben. Du bist bereit, ein höheres Bewußtsein zu erreichen, und sehnst dich nach einer offenen Verbindung zu den höheren Dimensionen.

Channeling wird dazu beitragen, daß du den höheren Sinn deines Lebens entdeckst.

Manche Menschen machen erstaunliche Erfahrungen, die sie für den Kontakt mit höheren Ebenen öffnen. Sie erleben irgend etwas, wofür es keine rationale Erklärung gibt – zum Beispiel eine Vorahnung, die hinterher tatsächlich eintrifft, eine Reise an einen Ort, der ihnen so vertraut vorkommt, als hätten sie ihn schon immer gekannt, die Erfahrung, den Körper zu verlassen, oder einen hellsichtigen Traum. Oder es ereignen sich plötzlich seltsame Zufälle: Türen öffnen sich, Bücher über bestimmte Themen fallen ihnen in die Hände. Sie lernen neue Leute kennen und beginnen, ihre Sicht der Realität zu verändern. Manche Menschen, die sich bisher mit Yoga, Meditation und östlichen Religionen beschäftigt oder an New-Age-Seminaren wie EST oder Silva Mind Control teilgenommen haben, stellen sich nun die Frage: «Und was jetzt?», und ihnen wird klar, daß sie mehr über ihre Fähigkeiten erfahren möchten, zu channeln und andere Menschen zu heilen. Manche haben sich vorher gar nicht viele Gedanken über Geistführer gemacht. Dann lesen sie eines Tages etwas über Channeling und haben plötzlich das Gefühl, daß sie mehr darüber wissen sollten. Sie spüren, daß das die Veränderung in ihr Leben bringen wird, die sie bei all ihren bisherigen Aktivitäten gesucht haben.

Wenn du den Kontakt zu einem Geistführer erbittest, wird er in dein Leben treten.

Wenn du dich innerlich weiterentwickelst, wächst deine Sensibilität für die höheren Dimensionen. Plötzlich scheinen dir aus irgendeinem Bereich jenseits deines eigenen Ichs Ideen zuzufliegen. Du weißt auf einmal Dinge, von denen du vorher keine Ahnung hattest. Vielleicht hast du auch das Gefühl, mit einer Energie in Verbindung zu treten, die höher oder anders ist als dein normales Bewußtsein. Das liegt daran, daß du die höheren Dimensionen jetzt bewußt zu erleben beginnst. Wenn du nun um die Unterstützung eines Geistführers bittest, wird dir auch einer begegnen, und er wird beginnen, mit dir zu arbeiten. In diesem ersten Stadium findet der Kontakt mit dem Geistführer meistens im Traumzustand statt oder ganz spontan, wenn du am allerwenigsten damit rechnest.

Irgendwann hast du vielleicht einen sehr lebhaften Traum, in dem dir bewußt wird, daß dein Führer mit dir in Kontakt getreten ist. Es kann aber auch sein, daß du deine Verbindung zu deinem höheren Selbst oder zu einem Geistführer durch Tarot-Karten, das Ouija-Brett, automatisches Schreiben oder Meditation entdeckst. Oder vielleicht erhältst du während der Meditation plötzlich Ratschläge und Anleitungen, aus denen eine höhere Weisheit zu sprechen scheint als das, was du bisher beim Meditieren erlebt hast. Eine solche Verbindung läßt sich mit den verschiedensten Methoden herstellen. Es gibt keinen speziellen, genau festgelegten Weg, wie man sich aufs Channeln vorbereiten kann. Diese Vorbereitung ist eine ganz individuelle Erfahrung und sieht bei jedem Menschen anders aus.

Menschen, die nicht fürs Channeling bereit sind, wissen das

normalerweise auch. Ihnen ist vollkommen klar, daß Channeling nichts für sie ist. Vielleicht sind sie auf einer Seelenebene noch nicht darauf vorbereitet, oder die Möglichkeit des Channelns existiert in ihrer Weltsicht gar nicht. Ihre Skepsis wird sie so lange davon abhalten, bis sie innerlich dazu in der Lage sind. Vielleicht ist Channeling in dieser Lebensphase einfach noch nicht das Richtige für sie. Deshalb solltest du Menschen, die davor zurückschrecken, es auszuprobieren, auf keinen Fall dazu überreden.

Wenn deine Verbindung zu deinem Führer und deinem höheren Selbst stärker wird, spielst du vielleicht immer häufiger mit dem Gedanken, einen Geistführer oder dein eigenes höheres Selbst zu channeln. Vielleicht hat schon einmal jemand für dich gechannelt. Oder du hast etwas über den Geistführer eines anderen Mediums gelesen, an einer Channeling-Sitzung teilgenommen oder sie auf Audio- oder Videokassette miterlebt. Vielleicht quälen dich immer noch viele Fragen und Zweifel im Hinblick auf Channeling, aber es war doch ein so wichtiges Erlebnis für dich, daß du unbedingt mehr darüber erfahren möchtest. Wenn du innerlich bereit bist, wird der Gedanke, mit deinem Geistführer in Kontakt zu treten, ein Gefühl der Spannung und Vorfreude in dir wecken. Bist du noch unsicher und fragst dich, ob du diese Fähigkeit überhaupt besitzt, so sind diese Selbstzweifel ein Zeichen dafür, daß dieses Thema dir immer wichtiger wird. Sie bedeuten nicht, daß du nicht dazu in der Lage bist, mit deinem Geistführer oder deinem höheren Selbst Kontakt aufzunehmen.

2 Channeling im Trancezustand

Was ist Trance, und wie erreicht man diesen Zustand?

ORIN UND DABEN: Trance ist ein Bewußtseinszustand, in dem du mit einem Geistführer in Kontakt treten kannst. Es gibt viele Möglichkeiten, den Channeling-Zustand zu beschreiben. Doch meistens erscheint er in solchen Beschreibungen komplizierter, als er in Wirklichkeit ist. Dir fiele es sicherlich auch schwer, die innere Verfassung zu schildern, in der du Auto fährst, ein Musikinstrument spielst oder Sport treibst. Sobald du den Channeling-Zustand einmal erlebt hast, wirst du ihn dir mühelos ins Gedächtnis zurückrufen und dich immer wieder in ihn hineinversetzen können. Die meisten Menschen, die diesen Zustand erreichen, machen die Erfahrung, daß das einfacher und ganz anders ist, als sie es sich vorgestellt hatten; es ist eine sehr subtile, kaum merkliche Veränderung.

> *Der Channeling-Zustand ähnelt jenen Augenblicken, in denen dir eine Inspiration kommt, ohne daß du dich darum zu bemühen brauchst.*

Die meisten Menschen haben schon irgendwann einmal ein kurzes channeling-ähnliches Erlebnis gehabt – zum Beispiel, wenn sie mit einem Freund in Not sprachen und spürten, wie Weisheit sie durchströmte und sie plötzlich Dinge sagten, die sie eigentlich gar nicht geplant hatten. Augenblicke, in denen man eine tiefe Liebe zu einem nahestehenden Menschen empfindet, andächtig einen Sonnenuntergang oder eine schöne Blume betrachtet oder ein inbrünstiges Gebet spricht – sie alle enthalten Elemente dieses Bewußtseinszustands. Wenn eine klare und deutliche innere Stimme dir Dinge verrät, die von einer höheren Ebene zu stammen scheinen als deinem normalen Denken, wenn du andere Menschen belehrst und dir dabei plötzlich eine Idee kommt – ein Impuls, unerwartete, weise Worte zu sprechen oder deine Mitmenschen auf ungewöhnliche, heilende Art und Weise zu berühren –, dann erlebst du vielleicht einen Vorgeschmack jenes Trancezustandes.

Im Zustand der Trance hat man das Gefühl, plötzlich sehr weise geworden zu sein.

Der Trancezustand bewirkt sehr subtile Veränderungen in deiner Wahrnehmung der Realität. In diesem Zustand fallen dir die Antworten auf deine Fragen manchmal ganz mühelos ein und erscheinen dir einfach oder sogar selbstverständlich. Am Anfang kommt es dir vielleicht so vor, als dächtest du dir all diese Worte und Ideen nur aus. Vielleicht hast du das Gefühl, dich zu konzentrieren. Du sollst deinen Verstand ja auch nicht beiseite schieben, sondern ihn im Gegenteil aktiv einsetzen, um eine höhere Ebene zu erreichen.

Meistens verändert sich deine Atmung beim Channeling; anfangs ist dieser Zustand manchmal mit einer außergewöhnlichen Sensibilität in den oberen Körperregionen gekoppelt. Manche Menschen empfinden Hitze in den Händen, oder ihre Körpertemperatur steigt an. Der Trancezustand ist eine ganz individuelle Erfahrung. Einige Menschen fühlen sich dabei in physischer Hinsicht seltsam empfindungslos. Sobald du ein bißchen Erfahrung mit dem Channeling gewinnst, wirst du dich an die physischen Empfindungen gewöhnen, die du dabei erlebst; ungewöhnliche Gefühle kommen ohnehin selten vor. Wenn diese außergewöhnlichen Empfindungen schließlich nachlassen, werden sie von einigen Medien sogar vermißt. Sobald du eine neue Channeling-Ebene erreichst, wirst du vielleicht hin und wieder ein Kribbeln im Nacken oder an der Stirn fühlen. Manche Menschen haben Empfindungen an der Wirbelsäule oder fühlen, als ob sich ihnen ein beengender Reif oder ein Energieband um die Stirn lege. Bei einigen Medien klingt die Stimme anders und nimmt beim Channeln einen anderen Rhythmus an. Häufig ist sie dann viel langsamer und tiefer.

SANAYA UND DUANE: Jede Ebene der Entspannung, beziehungsweise der geistigen Wachheit, ist mit einem anderen Bewußtseinszustand verbunden. Du erlebst jeden Tag die verschiedensten Bewußtseinszustände. Wachen und Schlafen sind dir vertraut und leicht als unterschiedliche Zustände zu erkennen. Doch verschiedene Tätigkeiten erfordern unterschiedliche Bewußtseinsebenen. Einen Kinofilm schaust du dir in einem anderen Bewußtseinszustand an, als wenn du eine schwere Aufgabe erledigst, auf der Autobahn fährst oder eine Sportart ausübst, die sehr rasche Bewegungen erfordert. Du erlebst dabei unterschiedliche Grade der Wachheit, Entspannung oder Aufmerksamkeit, aber auch unterschiedliche Emotionen und physische Empfindungen; du denkst bei jeder dieser Tätigkeiten anders und reagierst verschieden auf deine Umgebung.

Im normalen Wachbewußtsein ist den Menschen ihre Umwelt sehr bewußt, und sie führen fast pausenlos geistige Selbstgespräche. An diesem Ende der Entspannungsskala sind Aktivitäten wie Denken, Planen oder Sich-Sorgen-Machen angesiedelt. Wenn du dich hingegen beim Musikhören, Fernsehen, Baden oder beim Spazierengehen in der Natur entspannst, kommt dir deine Umgebung häufig viel weniger intensiv zu Bewußtsein; möglicherweise nimmst du sie nur eingeschränkt wahr. Dabei kann man eine Ebene der Verträumtheit erreichen, in der man sie überhaupt nicht mehr bemerkt. Je tiefer du dich entspannst, um so weniger ist dir deine Umgebung bewußt, bis du schließlich einschläfst.

Beim Channeling erreichst du einen Zustand leichter Entspannung, in dem du deine Aufmerksamkeit nach innen und nach oben richten kannst, um Botschaften von höheren Ebenen zu empfangen. In einem solchen leicht entspannten Zustand nimmst du Geräusche normalerweise schon noch wahr – manchmal sogar lauter oder deutlicher als sonst. Doch sobald du dich tiefer entspannst oder intensiv auf irgend etwas konzentrierst, bist du innerlich vielleicht so versunken, daß du deine Umgebung überhaupt nicht mehr registrierst. Wenn jetzt jemand unerwartet ins Zimmer käme, würdest du wahrscheinlich aufschrecken. Trotzdem kann man auch in einem Zustand leichter oder tiefer Entspannung manchmal noch Informationen aufnehmen oder Geräusche wahrnehmen, also solltest du deinen Trancezustand lieber nicht danach beurteilen, wie wach oder wie bewußt du dich dabei fühlst.

Wenn du dich zum erstenmal in Trance begibst, wird dir deine Umgebung möglicherweise sogar deutlicher zum Bewußtsein kommen als sonst, vor allem dann, wenn du einen Geistführer empfängst, denn jetzt stellst du den Kontakt willentlich her und benutzt deine Stimme. Doch schon bald wird dir deine Umgebung gar nicht mehr so bedeutsam scheinen; du kannst lernen, dich nicht von Geräuschen der Außenwelt ablenken zu lassen. Sage dir einfach: «Alle Geräusche, die ich höre, werden mich dabei unterstützen, meine Trance zu vertiefen.»

Erfahrung mit meditativen Zuständen ist zwar hilfreich, aber fürs Channeling nicht unbedingt notwendig. Die Channeling-Ebene wie die Meditationsebene erreichst du durch entspannte innere Konzentration, aber du setzt dein Denken, deinen Willen und deinen Geist beim Channeln ganz anders ein. Im Zustand tiefer Meditation ist es kaum nötig, zu sprechen oder Informationen aufzunehmen und im Gedächtnis zu behalten; in diesem Zustand nimmst du hauptsächlich Bilder, Energien und Gefühle wahr.

Die meisten Menschen, die meditieren, haben auch Zugang zur Channeling-Ebene. Wenn man nicht um Kontakt zu einem Geistführer bittet, kommt man nämlich auf dem Weg in tiefere Meditationszustände direkt durch den Channeling-Raum hindurch, und auf dem Rückweg ebenso. In dieser Phase erhalten meditierende Menschen häufig ihre bewußten Erkenntnisse. Da Channeling einen leichteren Trancezustand erfordert als tiefe Meditation, ist dieser Zustand oft auch viel einfacher zu erreichen, als diejenigen, die meditieren, es sich vielleicht vorstellen. Beim Channeling lernst du, deinen Geist an einen bestimmten Ort zu lenken, an dem du dich mit deinem Geistführer verbindest. Es ist ganz ähnlich, wie wenn du eine bestimmte Tür suchst und endlich findest. Es kann lange dauern, bis man in tiefer Meditation versunken ist – eine Viertelstunde oder noch länger. Den Channeling-Zustand erreicht man dagegen meist schon nach kurzer Zeit – oft sind es nicht einmal fünf Minuten.

Wenn du in den Channeling-Raum aufsteigst, kommt dein Geistführer zu dir und unterstützt dich dabei, deine Energien in die richtige Richtung zu lenken. Zum Channeling brauchst du keinen ruhigen, stillen Geist wie für die Meditation, sondern die Fähigkeit, dich zu konzentrieren, und du bist dabei auch nicht auf dich allein gestellt, sondern wirst viel Unterstützung von deinem Geistführer erhalten, da du um den Kontakt zu ihm und um seine Anleitung gebeten hast.

Wie schafft man es, bei der Begegnung mit dem Geistführer bewußt zu bleiben?

Orin und DaBen: Manche Medien schalten ihr Wachbewußtsein beim Channeln völlig aus. Sie sagen, Channeling sei wie Einschlafen, und erinnern sich hinterher an nichts von dem, was sie gesagt haben. Solche Menschen, die ihr Wachbewußtsein während des Channelns verlieren, bezeichnet man als «unbewußte Channeling-Medien». Meist versinken sie in einem so tiefen Zustand der Entspannung, daß sie sich hinterher nicht mehr auf die Botschaften ihres Geistführers besinnen können. Zwar empfangen sie die Energie dieser Durchsagen – und auf Seelenebene eventuell auch den genauen Wortlaut –, aber sie wissen nachher nicht mehr, was ihr Geistführer gesagt hat. Die Erinnerung hängt von der Art des Trancezustandes ab.

Einige Medien bleiben während des Channeling halb bei Bewußtsein. Da sie sich hinterher noch an einen Teil der Botschaften erinnern können, nennt man sie «bewußte Channeling-Medien». Diese Menschen nehmen die Informationen, die sie empfangen, in unterschiedlichen Bewußtheitsgraden wahr. Manche haben hinterher noch eine vage Vorstellung von der Botschaft ihres Geistführers, aber den genauen Inhalt wissen sie nicht mehr. Einige Medien vergleichen das mit der Erinnerung an Träume, die nach dem Aufwachen sehr rasch verblaßt. In dem Augenblick, in dem sie aus ihrer Trance erwachen, besinnen sie sich vielleicht noch auf die Information, doch schon eine Stunde später wissen sie nichts mehr davon. Es gibt aber auch Channeling-Medien, die nur in einen ganz leichten Trancezustand fallen: Sie fühlen sich während der Channeling-Sitzung sehr wach und erinnern sich hinterher noch genau an die Worte ihres Geistführers. Bei den meisten Medien liegt die Channeling-Wahrnehmung irgendwo in der Mitte zwischen tiefer, bewußtloser Trance und vollem Wachzustand.

Wir empfehlen dir, während des Channelns bewußt zu bleiben. Wenn du spürst, daß du jetzt gleich einschläfst oder das Bewußtsein verlierst, dann zwinge dich unter Aufbietung all deiner Willenskraft, wach zu bleiben. Das wird dir leichterfallen, wenn du in ausgeruhtem Zustand channelst. Es schadet zwar nichts, während der Channeling-Trance das Bewußtsein zu verlieren, aber nur wenn du wach bleibst, kannst du das Licht und die höhere Weisheit deines Geistführers direkt in dein Bewußtsein strömen lassen, ganz bewußt etwas daraus lernen und dich innerlich weiterentwickeln. Deshalb raten wir dir, deine Durchsagen auch im Trancezustand bis zu einem gewissen Grad bewußt wahrzunehmen.

Bewußte Channeling-Medien nehmen die Botschaften ihres Geistführers teilweise bewußt in sich auf.

Wenn man die Durchsagen, die man während des Channeling empfängt, bewußt wahrnimmt, spürt man meist einen großen inneren Reichtum, eine Sinnfülle, die weit über die tatsächliche Bedeutung dieser Worte hinausgeht. Solche Medien haben das Gefühl, sich in einem erweiterten Bewußtseinszustand zu befinden, in dem jedes Wort eine tiefere Bedeutung annimmt, als es vorher für sie gehabt hat. Manchmal kommt es ihnen so vor, als seien sie auf einer Reise oder als erreichten sie eine höhere Schwingungsebene. Manche Medien sagen, Channeling sei wie ein lebhafter Traum mit einer Fülle an Handlung und Emotionen – oft sogar in Farbe. Wenn sie wieder aus ihrer Trance erwachen, beginnt diese ganze Bedeutungsfülle zu verblassen. Einige Medien haben während des Channelns das Gefühl, anderen spirituellen Ebenen anzugehören. Sie haben die Empfindung, sich physisch auszudehnen – es kommt ihnen so vor, als seien sie größer als sonst, oder es ist ihnen, als würden normale Worte zu Bildern, die dann in eine inhaltsreichere, vollständigere innere Sprache übersetzt werden. Einige Channeling-Medien haben auch den Eindruck, als lasse jemand Informations-«Kugeln» mit einem ganzen Bündel von Ideen in ihr Gehirn fallen, das sie dann langsam entwirren, wenn sie die Botschaften ihres Geistführers wiedergeben.

Medien, die schon geübt darin sind, ihr Wachbewußtsein auch im Tieftrancezustand aufrechtzuerhalten, erzählen, daß beim Channeling sehr viel geschieht; es ist, als erlebten sie unmittelbar die Gedankenimpulse ihres Geistführers. Das ist ein Gefühl, wie wenn man während eines Traums aktiv bei Bewußtsein ist. Diese in der universalen Sprache des Lichts vermittelten Gedankenimpulse enthalten Erfahrungen, Bilder und Eindrücke, die weit über das Ausdrucksvermögen der menschlichen Sprache hinausgehen. Medien, die bei vollem Bewußtsein channeln, nehmen diese Fülle an Energie, die über alle Worte hinausgeht, in unterschiedlichem Grad wahr – sie erleben ihre eigene Welt und die Welt ihres Geistführers gleichzeitig.

Beim bewußten Channeling befinden Medien sich oft in einem leicht losgelösten Zustand: Es ist ihnen zwar bewußt, was abläuft, aber sie greifen nicht ins Geschehen ein. Vielen kommt es dabei so vor, als nähmen sie ihr Leben aus zwei verschiedenen Perspektiven gleichzeitig wahr: der ihres Geistführers und ihrer eigenen.

Beim bewußten Channeling hebst du deine Schwingung an, um in den Dimensionen deines Geistführers fühlen, sehen oder hören zu können.

Es gibt unzählige verschiedene Varianten von Channeling-Erfahrungen. Und es gibt auch viele Gründe, warum manche Menschen sich hinterher noch an ihre Erlebnisse beim Channeling erinnern und andere nicht. Manche Medien wollen einfach nicht das Bewußtsein verlieren oder völlig von dieser Erfahrung überwältigt werden; sie möchten alle Botschaften, die durch sie vermittelt werden, bewußt wahrnehmen. Andere verfallen beim Channeling von Natur aus in Tieftrance. Für solche Medien ist es vielleicht besser, wenn sie lernen, während des Channelns bei Bewußtsein zu bleiben.

Es ist ein sehr intensives, wunderbares Erlebnis, deine eigene Persönlichkeit, deine Gedanken und Gefühle beiseite zu schieben und völlig bewußt zu sein, wenn dein Geistführer zu dir spricht. Manche Medien haben das Gefühl, nur dann wirklich zu channeln, wenn sie nicht bewußt sind, doch die meisten nehmen ihre eigenen Durchsagen zumindest bis zu einem gewissen Grad wahr.

Völlige Bewußtlosigkeit beim Channeling kommt viel seltener vor. Viele große, bekannte Channeling-Medien haben verschiedene Grade der Bewußtheit beschrieben, in denen sie sich befinden, während ihr Geistführer durch sie spricht oder schreibt.

Wenn du schon jetzt einen Vorgeschmack des Trancezustandes erleben möchtest, dann schlage Kapitel 6 auf und mache die Übung «Wie man sich entspannt und dabei gleichzeitig konzentriert bleibt».

Wie wir Orin und DaBen erleben

SANAYA: Ich empfinde Orin als sehr liebevolles, gütiges, weises Wesen mit unverwechselbarer Ausstrahlung. Er sieht die Dinge im richtigen Verhältnis und verfügt über Weisheit und ein umfassendes Wissen, neben denen mein bewußtes Wissensspektrum verschwindend klein wirkt. Ich erlebe beim Channeling eine Fülle an Eindrücken, die weit über Orins tatsächliche Worte hinausgehen. Ich bin zwar bei Bewußtsein, habe aber dennoch keinen Einfluß auf die Worte, die durch mich hindurchströmen. Ich kann den Strom abschalten, aber keine eigenen Worte hinzufügen oder die Botschaft abändern. Eine Woche, bevor Orin mir einen Text für ein Buch diktiert, spüre ich, wie er seine Ideen ordnet; dann strömen immer wieder einzelne Gedankenfetzen in mein Bewußtsein. Und wenn Orin beschlossen hat, ein Seminar über ein bestimmtes Thema abzuhalten, bekomme ich zu ganz unerwarteten Zeiten Informationen über dieses Thema, zum Beispiel beim Joggen oder Meditieren oder wenn ich zufällig gerade selber über dieses Thema oder Seminar nachdenke.

Ich empfang beim Channeling viele Bilder und Empfindungen und höre neben Orins Worten auch meine eigenen Gedanken und Kommentare dazu. Wenn Orin mich dann wieder verläßt, verblaßt meine Erinnerung an seine Worte wie ein Traum. Ich kann mich zwar noch bis zu einem gewissen Grad an die

Ideen erinnern, vor allem, wenn sie mich persönlich betreffen, aber die einzelnen Details weiß ich nicht mehr – es sei denn, ich lese sie hinterher. Ich glaube, mir sind die Gedanken oder Ideen – die allgemeine Richtung dessen, was Orin gesagt hat – bewußter als seine einzelnen Sätze. Wenn anschließend nicht über die Informationen gesprochen wird, erinnere ich mich kaum noch daran. Doch Orin weiß stets genau, was er den Leuten gesagt hat – sogar noch nach Jahren.

Mein Tranceerlebnis variiert je nach den Botschaften, die ich empfange und weitergebe. Wenn ich den Inhalt von Büchern oder esoterische Informationen über universales Wissen channele, verfalle ich in eine sehr tiefe Trance. Wenn ich dagegen für andere Menschen channele, ist mein Trancezustand nicht so tief, denn um solche Mitteilungen zu übermitteln, braucht Orin nicht so viel Energie.

DUANE: Die Sitzungen mit DaBen sind sehr unterschiedlich, je nachdem, was für Fragen man ihm stellt und von welcher Person die Frage stammt. Am schwierigsten ist es für mich, Antworten, die «wissenschaftliche» Erklärungen von DaBen beinhalten, exakt zu übermitteln. Wenn nach der Lebenskraft oder dem Wesen der Realität gefragt wird, sendet DaBen mir Bilder von Wellenmustern, die ich dann anschließend entziffern muß. Das heißt, ich muß ihren Sinn in meine eigenen Worte und Begriffe kleiden. Wenn DaBen mir Anleitungen für geführte Meditationen übermittelt, spüre ich, wie er seine Energie nach außen zu den Zuhörern leitet. Nach solchen Channeling-Sitzungen berichten die Teilnehmer mir oft, es sei wie ein Ausflug in eine höhere Realität gewesen, oder sie hätten sich anschließend viel besser gefühlt als vorher, beinahe euphorisch. Wenn DaBen mir allgemeine Informationen für andere Menschen übermittelt, die ihr Leben oder persönliche Dinge betreffen, erinnere ich mich hinterher kaum noch an seine Worte, obwohl ich spüre, wie seine Botschaften durch mich hindurchströmen.

Ich erlebe DaBen als strahlende Energie, voller Liebe, aber auch anspruchsvoll – ein sehr warmherziges, mitfühlendes Wesen. Er hat ein umfassendes, detailliertes Wissen. Manche seiner Informationen sind so kompliziert, daß ich mit seiner Unterstützung ganz neue Wörter dafür entwickeln mußte, denn er möchte nicht, daß ich seine Ideen beschönige oder vereinfache, selbst wenn die Leute sie nicht gleich auf Anhieb verstehen. Manchmal begreife ich sie auch erst später, nachdem ich mehrere seiner wissenschaftlichen Informationen zusammengesetzt und die Zusammenhänge und Querverbindungen zwischen ihnen erkannt habe. Und oft muß ich auch erst in meinen Physikbüchern nachschlagen, um zu verstehen, wovon DaBen spricht.

Wenn ich die Energiesysteme anderer Menschen durch Berührung beeinflusse, befinde ich mich in einem ziemlich leichten Trancezustand, denn schließlich muß ich mich dabei ja auch bewegen und mir meiner physischen Umgebung bewußt sein. Wenn ich allgemeine Informationen channele oder wenn DaBen Menschen in verschiedene erweiterte Bewußtseinszustände führt, ist meine Trance viel tiefer.

Natürlich sucht DaBen auch nach speziellen Informationen über das Leben von Menschen, wenn man ihm solche Fragen stellt, aber er arbeitet lieber direkt mit ihrer Energie. Durch meine Berührungen oder indem er ihnen Energie übermittelt, trägt DaBen dazu bei, daß diese Menschen einen höheren Energiezustand erreichen, in dem sie sich ihre Fragen selbst beantworten können.

Nach einer Channeling-Sitzung bleiben mir die allgemeinen Ideen und gedanklichen Konzepte, um die es dabei ging, in Erinnerung, und mir ist, als arbeite mein Geist jetzt ganz anders als vorher. Doch die Einzelheiten verblassen sehr rasch. Wenn ich mir hinterher die Protokolle der Channeling-Sitzungen durchlese, staune ich immer, weil sie viel mehr Informationen enthalten, als ich in Erinnerung habe. Es ist, als besänne ich mich nur auf ein paar von den vielen hundert Ideen, die sich in diesen Worten verdichten.

3 Wer sind die Geistführer?

Hochstehende Geistwesen

Orin und DaBen: Geistführer stammen aus den verschiedensten Bereichen – es scheint unendlich viele zu geben. Deshalb ist es vielleicht sinnvoll, sie in bestimmte Kategorien einzuteilen: Geistwesen, die früher einmal auf der Erde inkarniert waren und mindestens eine irdische Existenz hinter sich haben; Geistführer, die nicht auf der Erde gelebt haben, sondern aus Dimensionen außerhalb der Sterne und der Galaxis stammen, beispielsweise aus der vierten Dimension; die Meister, zum Beispiel Saint Germain; Engel wie Michael und Raphael und unsere Schutzengel; und außerirdische Wesen von anderen Galaxien und Planeten. Es gibt aber auch Geistführer, die in keine dieser Kategorien passen. Ich, Orin, habe vor langer Zeit – zumindest nach eurer Zeitrechnung – einmal auf der Erde gelebt, um die physische Existenz besser zu begreifen. Seitdem habe ich mich zu reinem Licht und Geist weiterentwickelt und besitze keinen physischen Körper mehr. Auch DaBen ist ein Lichtwesen; er hat noch nie auf der Erde gelebt.

Dein Geistführer wählt dich als Medium aus, weil ihr beide ähnliche Ziele verfolgt.

Nicht alle Wesen von den höheren Ebenen werden Geistführer, so wie auch nicht alle Menschen Channeling-Medien werden möchten. Auf den anderen Ebenen der Realität gibt es ebenso unterschiedliche Arbeiten und Aufgaben zu bewältigen wie bei euch auf der Erde. Nur ganz bestimmte Wesen, die eine große Begabung dafür haben, Energie von ihrer Dimension in eure zu senden, werden Geistführer. Es erfordert eine ungeheure Energie, von unserer Ebene bis zu eurer durchzudringen, und meistens tun wir das aus reiner Liebe zu euch Menschen und weil wir euch höhere Ideale vermitteln wollen. Auf den höheren Ebenen ist der selbstlose Dienst an anderen ein Weg, um sich rasch weiterzuentwickeln. Wir wählen euch als Medien aus, weil wir euch lieben und ähnliche Ziele verfolgen.

Wenn wir zu euch sprechen, können andere Geistwesen von unserer Ebene dazu beitragen, unsere Energie zu verstärken, denn wir sind so feinstoffliche Wesen, daß es großer Konzentration und Verstärkung bedarf, um zu euch durchzudringen. Unsere Schwingungsfrequenz ist so ausgedehnt, daß es viel Übung, Geschick und Willenskraft erfordert, sie auf eine Frequenz zu verengen, die euer Geist erfassen kann. Wir passen unsere Wahrnehmungsprozesse an eure Vorstellungen und euer geistiges Fassungsvermögen an. Um mit euch in Kontakt treten zu können, müssen wir die Fähigkeit besitzen, auf sehr subtilen Ebenen mit Energie und mit unseren elektromagnetischen Feldern zu arbeiten. Manche von uns können das besser, andere nicht so gut.

Wenn du dich mit übersinnlichen Dingen beschäftigst, wirst du vielleicht schon von der Kausalebene gehört haben. Das ist eine sehr hohe Dimension mit feinen Schwingungen, in der du nach diesem irdischen Leben nur existieren kannst, wenn du viele deiner Energien harmonisiert und eine sehr hohe Entwicklungsstufe erreicht hast. Die meisten Seelen halten sich nach dem Tod in der Astralebene auf, weil sie noch nicht hoch genug entwickelt sind, um in der Kausalebene zu leben. Viele hochstehende Geistführer stammen von der Kausalebene oder von noch höheren Ebenen – aus dem Bereich, den man «multidimensionale» Realität nennt. Um in diesen anderen Dimensionen leben zu können, muß man die Polaritäten gemeistert haben, sein

Denken und seine Emotionen sehr gut kontrollieren und gut mit Energie umgehen können. Manche Geistführer haben früher einmal auf der Erde gelebt, sich rasch weiterentwickelt und all ihre Lernaufgaben gemeistert, und sie existieren jetzt als reine Geistwesen in der Kausalebene. Durch ihren Dienst an der Menschheit entwickeln sie sich innerlich immer weiter. Andere stammen aus den multidimensionalen Realitäten und sind in ihrem System sehr hochstehende Wesen.

Manche Menschen möchten lieber ihr eigenes höheres Selbst channeln als einen Geistführer. Dein höheres Selbst kann dir Liebe, Mitgefühl, spirituelle Führung und weise Ratschläge geben. Beide – dein Geistführer und dein höheres Selbst – sind dazu da, deinem inneren Wachstum zu dienen und dich auf eine höhere Entwicklungsstufe emporzuheben. Sie wollen dich dabei unterstützen, den höheren Sinn und Zweck deines Lebens zu erfüllen.

Manche Geistführer erscheinen vor dem inneren Auge ihres Mediums als Angehörige einer bestimmten Nationalität mit entsprechender Kleidung. Ich, Orin, erscheine Sanaya immer als leuchtender Lichtschimmer, der ihren Körper umgibt, wenn sie channelt. Sie weiß, daß ich ungefähr zweieinhalb Meter groß bin. Doch wenn sie mir ins Gesicht zu sehen versucht, erkennt sie nur ein strahlendes weißes Licht. Ich erscheine ihr oft in Gewändern, wie eure Mönche sie früher getragen haben.

Manche Medien nehmen ihren Geistführer als Farbe oder Klang wahr oder einfach als Öffnung in ihrem Herzen. Sobald du ein bißchen Übung darin hast, auf den höheren Schwingungsebenen zu sehen, wirst du deinen Geistführer vielleicht deutlicher erkennen. Einige Menschen stellen sich ihren Geistführer als irgendeine bekannte Gestalt vor – zum Beispiel als Jesus Christus, Buddha oder einen Engel, der für sie große Liebe und Weisheit symbolisiert. Geistführer können ihrem Medium auch in Gestalt nordamerikanischer Indianer, chinesischer Weiser oder ostindischer Meister erscheinen oder als einer der Großen Meister wie zum Beispiel Saint Germain.

Die Führer können männliche oder weibliche Gestalt annehmen, obwohl es in den Bereichen der reinen Energie keine Gegensätze gibt – das heißt, in Wirklichkeit sind sie weder Männer noch Frauen. Sie wählen lediglich eine Identität, mit der sie das, was sie hier bewirken wollen, am besten erreichen können oder auf die du dich am leichtesten beziehst. Wenn ihre Arbeit es erfordert, daß sie Sanftheit, Güte, Fürsorge und ähnliche Eigenschaften verkörpern, werden sie vielleicht eine weibliche Gestalt annehmen. Ein Geistführer, der eine männliche Rolle spielen will, tritt dagegen oft auch in männlicher Gestalt auf. Manche nehmen wieder die äußere Erscheinung an, die sie in einem ihrer früheren Leben auf dieser Erde gehabt haben, und benutzen auch den Namen dieser Person. Für Geistführer gibt es ebenso viele Identitäten wie für Menschen, also sei aufgeschlossen für alle Formen und Gestalten, in denen dein Führer dir erscheint.

Manche Geistführer sind rein intellektuell orientiert und möchten den Menschen neue Ideen aus dem Bereich der Naturwissenschaften, Logik oder Mathematik oder neue Denksysteme vermitteln. Einige Wesen von anderen Dimensionen stammen aus den Welten der Essenz, die jenseits jeder Form liegen. Solche Wesen sollten von Menschen gechannelt werden, denen es nicht um die äußeren Formen oder irgendwelche spezifische Details ihres Lebens oder ihrer Arbeit geht, sondern die direkt mit Energie oder mit Erfahrungen der Energie-Essenz arbeiten möchten. Wenn du von solchen Führern erwartest, spezifische Antworten auf Fragen zu erhalten, z. B. wo du leben oder was für berufliche Entscheidungen du treffen sollst, wirst du vielleicht enttäuscht sein. Doch wenn du durch Berührungen oder Körperarbeit am Energiesystem anderer Menschen arbeiten möchtest, kannst du mit ihrer Unterstützung Erstaunliches zuwege bringen. Und wenn du etwas über das Wesen der Realität erfahren möchtest, können sie dir vielleicht auch dazu ausführliche Erklärungen geben.

Selbst auf den höchsten Ebenen haben Geistwesen unterschiedliche Talente und Fachgebiete, in denen sie sich auskennen, genau wie du. Manche können sehr gut konkrete Ratschläge geben, deine Probleme lösen und dich im täglichen Leben unterstützen. Andere wiederum können sehr informative, inspirierende Vorträge halten oder den Menschen spirituelle Wahrheiten vermitteln, und wenn du ihnen eine Frage über ein Thema stellst, das außerhalb ihres Zuständigkeitsbereiches liegt, beschaffen sie die betreffende Information und leiten sie an dich weiter. Um dir ein Beispiel zu geben: Vielleicht kann dein Geistführer sehr gut spirituelle Informationen übermitteln, weiß aber nichts über wissenschaftliche Themen. Wenn du aus irgendeinem Grund wissenschaftliche Informationen brauchst, wird er dafür sorgen, daß du sie bekommst – vielleicht, indem er dir ein Buch zukommen läßt oder dir einen Menschen schickt, von dem du die gewünschte Information erfragen kannst –, oder du wirst sie von einem anderen Geistführer erhalten.

Denke bitte nicht, daß du gleich alles können mußt, sobald du zu channeln begonnen hast. Dein Geistführer hat dich ausgewählt, weil du am besten auf die Botschaft eingestimmt bist, die er auf die Erde bringen möchte. Also wird er dich wahrscheinlich dabei unterstützen, deine Pläne und Ziele – das, was du in deinem Leben gern tun möchtest oder bereits tust – weiterzuentwickeln. Mach dir keine Sorgen um Dinge, die nicht in deinem Wissensbereich oder dem deines Geistführers liegen.

Manche Führer bezeichnet man als «Lichtwesen», weil sie mit Licht arbeiten und die Sprache des Lichts benutzen.

Viele hochentwickelte Geistführer sind beinahe reine Energie; sie haben sich zu reinem Geist entwickelt und zeigen sich als schimmerndes Licht. Manche könnte man auch als «Lichtwesen» bezeichnen, weil sie im Lichtspektrum arbeiten, die Sprache des Lichts benutzen und ihre Gedankenimpulse direkt in die Seelen der Menschen senden, mit denen sie arbeiten. Wir, Orin und

DaBen, sind solche Lichtwesen. Wir können uns in der vierten und fünften Dimension und auch in höheren Dimensionen bewegen. Wir haben uns über die Kausalebene hinausentwickelt und stammen aus jenem Bereich, den ihr Menschen als multidimensionale Realität bezeichnet. Wenn du uns oder deinen Geistführer anrufst, unterstützen wir dich. Wir wollen dazu beitragen, daß du mit deinem eigenen Geistführer aus unseren Ebenen oder mit einem ähnlich weisen und lichtvollen Geistwesen Kontakt aufnehmen kannst, damit du dich weiterentwickelst und ein höheres Bewußtsein erreichst.

Geistführer können aus so vielen verschiedenen Bereichen stammen, daß du dir am besten gar keine Gedanken darüber machst, woher dein Geistführer nun eigentlich kommt, sondern nur zwischen Führern unterscheiden lernst, die dein Bestes im Auge haben, und solchen, die es nicht gut mit dir meinen. In jeder Dimension können verschieden hoch entwickelte Seelen existieren. Geistwesen können aus den verschiedensten Dimensionen und Realitäten stammen und sich auf unterschiedlichen Entwicklungsstufen befinden, deshalb solltest du bei der Auswahl des Geistführers, mit dem du Kontakt aufnimmst, sehr kritisch sein. Auf allen Realitätsebenen gibt es großartige Lehrer. Uns geht es in erster Linie darum, daß dein Geistführer erfahren, fähig und engagiert genug ist, um dich bei deinem spirituellen Wachstum unterstützen zu können.

Ein hochstehender Geistführer bietet dir Anleitung, Klarheit und Orientierung.

«Woran merkt man eigentlich, ob der Geistführer, den man angezogen hat, ein hochentwickeltes Wesen ist?» werden wir oft gefragt. Wir glauben, daß jeder Mensch erkennen kann, wenn ein Geistführer nicht auf einem hohen Entwicklungsniveau steht. Wenn du Menschen triffst, kannst du auch sofort spüren, wie weise und liebevoll sie sind. Du merkst, ob du dich in ihrer

Nähe wohl oder herabgesetzt fühlst, glücklich oder unglücklich bist. Zur Einschätzung eines Geistführers kannst du das gleiche Urteilsvermögen einsetzen wie bei deinen Mitmenschen. Jeder Mensch kann Weisheit erkennen. Wenn dir jemand eine Wahrheit sagt, hast du das Gefühl, als hättest du sie schon immer gewußt.

Hochstehende Geistführer kommen zu dir, um deinen Weg zu erhellen. Sie haben nur dein höheres Wohl im Auge und wollen dich bei verschiedenen Dingen unterstützen; zum Beispiel dich daran zu erinnern, wer du in Wirklichkeit bist, dich von deinen Ängsten zu lösen und andere Menschen und dich selber lieben zu lernen. Sie wollen dir mehr Freude schenken und dir bei deiner persönlichen Entwicklung und deiner Arbeit hier auf der Erde zur Seite stehen.

Hochentwickelte Geistführer schüchtern dich weder ein, noch stärken sie dein Ego. Sie schmeicheln dir nicht, aber wenn du Fortschritte machst, werden sie dich loben. Sie schenken dir ein erweitertes Bewußtsein und großartige innere Visionen. Und sie ermutigen dich, nicht blindlings alles zu tun, was sie dir sagen, sondern dich auf deine Weisheit und dein Urteilsvermögen zu verlassen. Sie sagen nie, daß du irgend etwas tun «mußt», und versuchen auch nicht, dein persönliches Leben in eine bestimmte Richtung zu lenken. Sie unterstützen dich nur und ermuntern dich, deine inneren Stärken und deine tiefere Weisheit zu entwickeln und einzusetzen. Sie wollen nicht, daß du ihnen deine ganze Macht überantwortest.

Hochstehende Geistführer sind oft sehr bescheiden und akzeptieren, daß ihre Wahrheit nicht die einzige ist. Oft geben sie dir eindeutige Empfehlungen und unterstützen dich dabei, deine Entscheidungen zu treffen. Manchmal weisen sie dich auch auf irgend etwas hin, was in deinem Leben nicht richtig läuft, aber sie formulieren es stets so, daß du dich dadurch gestärkt und innerlich aufgerichtet fühlst.

Hochstehende Geistführer sagen selten künftige Ereignisse

voraus, und wenn sie es doch einmal tun, dann nur, weil diese Information für deine persönliche Entwicklung oder für die Menschheit von Nutzen ist. Wenn du dich durch die Information, die du vom Geistführer eines anderen Menschen erhältst, herabgesetzt oder in deinem Selbstwertgefühl gemindert fühlst, überlege dir genau, ob du diese Botschaft als Wahrheit akzeptieren willst. Wenn du nach einer Channeling-Sitzung voller Ängste bist und dir Sorgen über dein Leben machst, dann hattest du es nicht mit einem hochstehenden Geistführer zu tun, denn solche Führer bauen dich auf und unterstützen dich in deiner Identität. Sie bringen dich dazu, dich aus einer ganz neuen, erweiterten Perspektive zu sehen. Aber es kann auch passieren, daß du eine Botschaft, die dich eigentlich aufbauen will, in eine weniger ermutigende verwandelst, indem du sie negativ statt positiv interpretierst.

Einem hochstehenden Geistführer geht es in erster Linie um den höheren Sinn deines Lebens.

Hohe Geistwesen drücken sich sehr präzise aus und können mit wenigen Worten viel sagen. Sie lehren Toleranz und Vergebung. Ihr Rat ist praktisch, oft ganz schlicht und einfach, niemals hochtrabend, und sie orientieren sich stets am gesunden Menschenverstand. Alle Schritte, zu denen sie dir raten, sind sinnvoll und bringen Gutes in dein Leben. Hochentwickelte Geistführer sprechen nur gut über andere Menschen und Dinge, denn ihr ganzes Wesen ist voller Liebe und Güte.

Wenn du sie danach fragst, werden sie dir zeigen, worin deine Lernaufgaben hier auf der Erde bestehen, dich aber trotzdem so weitermachen lassen wie bisher, wenn du das möchtest. Sie wollen dir deine Lektionen nicht abnehmen.

Wenn du auf ein Ereignis zusteuerst, aus dem du etwas Wichtiges lernen kannst, das aber schwer für dich sein wird, zeigen sie dir vielleicht, wie du das gleiche auf freudvolle Weise lernen könntest. Doch wenn du deinen ursprünglichen Weg trotzdem weiterverfolgst, werden sie dich nicht davon abhalten. Es steht dir frei, den angenehmeren Weg zu wählen, aber wenn du besser durch Schmerz, Kampf und Mühsal lernst, wird ein hochentwickelter Geistführer dich nicht daran hindern.

Woran erkennt man weniger hochstehende Geistwesen?

Orin und DaBen: Manchmal sind die Menschen sich nicht sicher, ob sie dem Rat eines Geistführers folgen sollen. Bei dieser Frage mußt du dich auf dein eigenes kritisches Urteilsvermögen und deine Fähigkeit verlassen, Weisheit zu erkennen. Wenn du einen Rat von deinem Geistführer oder dem Führer einer anderen Person erhältst, so frage dich: «Ist es gut und richtig für mich, nach diesen Informationen zu handeln? Engen sie mich ein, oder erweitern sie meinen Horizont? Sind sie richtig? Haben sie einen praktischen Wert für mich, und bringen sie mir einen direkten, sofortigen Nutzen? Entsprechen sie meiner inneren Wahrheit?» Erinnere dich an das letztemal, als du einen Rat von einem Freund oder Geistführer bekamst, der sich hinterher als falsch herausstellte. War da nicht eine innere Stimme, ein Teil deiner selbst, der sich instinktiv dagegen wehrte, diesen Rat zu befolgen? Im allgemeinen weißt du schon, was das Beste für dich ist. Wäge die Botschaften, die du erhältst, sorgfältig ab. Entscheide mit Hilfe deines gesunden Menschenverstandes, ob du sie nutzen willst; akzeptiere nicht einfach blindlings irgendwelche Informationen über dein Leben. Ein hochstehender Geistführer wird dich dabei unterstützen, größeres Vertrauen in deine eigene innere Wahrheit zu entwickeln. Befolge einen gechannelten Rat nicht einfach, weil er von einem Channeling-Medium stammt, sondern nur dann, wenn er dir auch wirklich plausibel erscheint. Tue stets nur das, was dir richtig erscheint oder dir Freude bereitet.

Akzeptiere nur Botschaften, die du in deinem tiefsten Inneren als wahr empfindest.

Woran erkennt man weniger hochentwickelte Geistwesen? Nun ja, manche sagen gern Katastrophen voraus und genießen es, die Menschen in Angst und emotionalen Aufruhr zu versetzen. Sie wollen sie mit ihren Voraussagen nicht unterstützen und haben dabei auch kein höheres Ziel im Auge. Im Gegenteil: Manchmal wecken sie mit ihren Botschaften falsche Erwartungen, indem sie eine Person in dem irrigen Glauben wiegen, daß sie eines Tages reich oder berühmt sein wird, auch wenn das in Wirklichkeit gar nicht auf ihrem Lebensweg liegt. Du wirst es merken, wenn du mit einem niedrigen Geistwesen Kontakt aufgenommen hast. Nach solchen Ratschlägen wirst du dich machtlos oder deprimiert fühlen, Angst haben oder dir Sorgen über dein Leben machen.

Manche niedrige Wesen wollen dich vielleicht auch zu Handlungen anstacheln, von denen du genau weißt, daß sie keinem hochstehenden, liebevollen Geist entspringen. Solche Wesen säen häufig Streit und Zwietracht zwischen Freunden oder versuchen, Menschen zu Racheakten aufzuwiegeln. Vielleicht reden sie dir ein, daß du dich vor irgendwelchen unsichtbaren schrecklichen Gefahren schützen mußt. Manche Geistwesen – vor allem die niedrigeren – versuchen, intensive Emotionen in dir zu wecken, weil sie sich daran ergötzen. Oder sie vergeuden einfach nur deine Zeit und geben dir falsche oder unwichtige Informationen. Niedrige Geistwesen drücken sich sehr hochtrabend aus, geben Banalitäten von sich, oder ihre Botschaften klingen tiefschürfend, aber wenn man genau hinhört, merkt man, daß ihre Mitteilungen in Wirklichkeit völlig wertlos sind.

Niedrigeren Geistführern liegt meistens nichts daran, deine Energie auf eine höhere Ebene emporzuheben. Deine spirituelle Weiterentwicklung interessiert sie vielleicht gar nicht; möglicherweise kennen sie die Wege, die zu spirituellem Wachstum führen, nicht einmal. Oft ist ihnen die Richtung, in welche die

Menschheit sich momentan entwickelt, gar nicht bewußt. Das merkst du daran, daß die Ratschläge, die sie dir geben, zwar vielleicht ganz interessant klingen, aber keinerlei praktischen Wert für dich haben. Solche Wesen müssen nicht unbedingt schlecht sein, aber oft haben sie nicht die gleichen Ziele wie du und auch kein Verständnis für deine einmalige Bestimmung in diesem Leben, und deshalb sind sie auch nicht in der Lage, dich zu «führen». Wahrscheinlich schaden dir diese Wesen in keiner Weise, obwohl es ein unangenehmes Gefühl sein kann, wenn sie in deiner Nähe sind, weil du dann ihre Negativität spürst. Vielleicht meinen sie es sogar ganz gut, haben aber noch keine höhere Entwicklungsstufe erreicht als du selbst. Solche Wesen erkennst du daran, daß sie kein umfassendes Verständnis und auch keine besondere Weisheit besitzen.

Eine Frequenz oder Stufe von deiner Realitätsebene entfernt liegte eine Ebene, die man «Astralwelt» nennt. Dort halten sich viele Seelen zwischen ihren irdischen Existenzen auf. Auf den unteren Ebenen der Astralwelt gibt es viele Wesen, die gern zur Erde zurückkehren möchten. Solche Wesen versuchen möglicherweise durch dich am Leben teilzuhaben. Meistens meinen sie es nicht böse, sondern sind einfach nur unwissend. Wenn sie sich dir nähern, spürst du ihre emotionalen Ängste, ihren Schmerz, ihre Unsicherheit und ihren Mangel an innerem Frieden. Daran kannst du sie erkennen. Die meisten Seelen auf dieser Ebene sind nicht hoch genug entwickelt, um dich unterstützen zu können; deshalb empfehlen wir dir, sie nicht zu channeln. Sie stellen einen repräsentativen Querschnitt durch die Menschheit dar und stammen aus allen möglichen sozialen Schichten und Berufen. Oft wissen diese erdgebundenen Wesen gar nicht, daß sie gestorben sind. Wenn du das spürst, dann sage ihnen, daß sie ins Licht gehen sollen.

Ein Geistführer spricht nur durch dich, wenn du ihm die Erlaubnis dazu erteilst.

Wir empfehlen dir, solche niederen Wesen niemals in deinen Körper einzulassen oder verbal zu channeln. Du kannst sie leicht erkennen, denn ihre Schwingungen und Empfindungen sind nicht sehr hoch. Du wirst dich in ihrer Nähe bedrückt und niedergeschlagen fühlen oder sogar einen Widerwillen gegen sie verspüren. Sie können keine Kontrolle über dich erlangen, weil die Erdebene für sie sehr schwer zu durchdringen ist. Diese Realitätsebene hast *du* unter Kontrolle. Nur deine Neugier und deine Bereitschaft, mit ihnen zu spielen oder ihnen nachzugeben, hält sie in deiner Nähe. Tritt ihnen gegenüber sehr bestimmt auf, und brich die Verbindung ab. Geistführer lügen nicht, wenn man sie nach ihrer Herkunft fragt. Fragst du sie, ob sie aus dem Licht stammen, dann werden sie das nur bejahen, wenn es wirklich stimmt. Erbitte den Kontakt zu einem hochstehenden Geistführer, dann wird auch nur ein solches Wesen zu dir kommen.

Ein hochentwickelter Geistführer trägt dazu bei, daß du mehr Mitgefühl für dich selbst und andere Menschen entwickelst.

Wenn andere Wesen durch dich sprechen möchten, die keine hochstehenden, liebevollen Geistführer sind, dann sage einfach deutlich und energisch «nein». Du kennst das Gefühl, wenn du deinen Geistführer oder deine Geistführerin channelst, also kann dich kein anderes Geistwesen hinters Licht führen. Der Kontakt mit einem hochstehenden Geistführer ist etwas Wunderbares, Liebevolles, Aufbauendes. In seiner Gegenwart fühlst du dich wohl. Wenn du deprimiert, traurig oder zornig bist, dann ist dein Geistführer kein hochstehendes Wesen. Sage ihm, daß er sich entfernen soll, und bitte um einen Führer, der auf einer höheren Entwicklungsstufe steht.

Dein persönlicher Geistführer

Orin und DaBen: Jeder Mensch hat einen persönlichen Geistführer, der sein ganzes Leben lang bei ihm ist. Diese Wesen werden oft als Schutzengel bezeichnet. Manchmal hast du mehrere verschiedene Führer, die dich unterstützen, vor allem, wenn du gerade an einem wichtigen Wendepunkt in deinem Leben stehst. Meist existieren diese persönlichen Geistführer nicht auf einer so hohen Stufe wie die anderen, hochentwickelten Führer. Sie befinden sich zwar in einem höheren Entwicklungsstadium als du, weil sie ihre irdischen Existenzen in der Regel schon hinter sich gelassen haben und eine umfassendere Realität wahrnehmen als du. Oft sind es Menschen, die du früher einmal gekannt hast und die inzwischen gestorben und über die negativen Emotionen dieser Erde hinausgewachsen sind. Es können aber auch Wesen sein, mit denen du in anderen irdischen Existenzen zusammen warst.

Sie wollen dich dabei unterstützen, deiner selbstgewählten Bestimmung zu folgen und bestimmte Problembereiche deines Lebens im Blick zu behalten, und sie werden auf jeden Fall mit dir zusammenarbeiten – auch wenn du nicht immer auf deinem höchsten Weg bleibst und selbst wenn du sie gar nicht wahrnimmst. Denn sie wollen dazu beitragen, daß du die Aufgabe erfüllst, wegen der du auf diese Welt gekommen bist. Diese Geistwesen sind nicht «weniger wert» als die höherstehenden Geistführer, aber ihr Dimensions- und Bewußtseinsspektrum ist nicht so weit oder allumfassend wie das der hochstehenden Meister.

Die hochstehenden Geistführer arbeiten mit deinem persönlichen Geistführer zusammen, um dir detaillierte Informationen über dein Leben zu geben. In manchen Lebensbereichen fungiert dein persönlicher Führer als eine Art Bindeglied zwischen dir und deinem höheren Geistführer. Sobald du mit einem solchen hochstehenden Geistwesen in Kontakt getreten bist, läuft deine bewußte Verbindung zu deinem persönlichen Geistführer größtenteils über dieses höherstehende Wesen, das heißt, du kommunizierst dann gar nicht mehr direkt mit deinem persönlichen Führer.

SANAYA UND DUANE: Im Umgang mit Geistführern scheint es wirklich unendlich viele Möglichkeiten zu geben. Du hast mit solchen Geistwesen vielleicht ganz andere Erfahrungen gesammelt als wir. Wir empfehlen dir, deine eigenen Erfahrungen so zu akzeptieren, wie sie sind. Laß dir von den Geistwesen berichten, wer sie sind und woher sie kommen, und versuche nicht, sie in irgendwelche Kategorien einzuordnen. Die Informationen von Orin und DaBen sind keine Regeln, sondern nur Richtlinien.

4 Wie Geistführer mit dir kommunizieren

Wie übermittelt ein Geistführer seine Botschaften?

Orin und DaBen: Geistführer treten mit deiner Seele in Kontakt und lassen ihre Informationen – übersetzt in die Worte und Begriffe, die dir zur Verfügung stehen – durch deine Seele in dein Bewußtsein fließen. Es gibt unendlich viele Möglichkeiten, wie ein Geistführer deiner Seele solche Informationen übermitteln kann. Trance und Konzentration tragen dazu bei, persönliche Verzerrungen zu beseitigen, so daß ein klarer «Kanal» entsteht, durch den die Information strömen kann.

Wenn du dich in Trance versetzt, erhöhst du deine Schwingungsfrequenz, und wir senken die unsere auf dein Niveau herab. Deine und unsere Energien entsprechen einander nicht genau, sondern ergänzen sich gegenseitig. Wir schaffen in unserer Dimension elektromagnetische Felder, die den Feldern in deiner Dimension ähneln. Wenn wir unsere Energiefelder aneinander anpassen, können Botschaften übermittelt werden. Aber es ist ebenso wichtig, daß es uns gelingt, uns auf deine Frequenzen einzustimmen, sonst wird die Übertragung ungenau. Im Laufe der Zeit lernen wir durch Rückmeldungen, wie wir unsere Übertragung überwachen und die elektromagnetischen Felder kontrollieren können. Und auch du lernst, dich präziser auf unsere Felder einzustimmen, sobald du mehr Übung im Channeling hast. Außerdem geben wir dir jedesmal einen Energieschub, wenn du in Trance gehst.

Um diesen sehr komplexen Prozeß zu verstehen, stelle dir vor, daß es nur ein einziges Universum gibt. Betrachte uns nicht als Wesen, die in einem anderen Universum existieren, sondern im gleichen wie du – nur auf einer anderen Wellenlänge. Wir bleiben so lange unsichtbar für dich, bis du dein Bewußtsein veränderst oder erweiterst, so daß du unsere Gedankenimpulse empfangen kannst.

Wir nehmen alle Menschen wahr, die nach Kontakt mit den höheren Ebenen streben.

Aber wir können nur Botschaften durch dich senden, wenn wir Frequenzen schaffen, die den deinen entsprechen, und auf diese Weise die Tür zwischen unseren beiden Welten öffnen. Wir können dich nur dann sehen und hören, wenn wir unsere Frequenz so verändern, daß dein Universum für uns sichtbar wird. Wenn du nach Kontakt mit den höheren Ebenen strebst und um einen Geistführer bittest, veränderst du deine Energie, und dann können wir dich sehen. Deine Absicht, eine höhere Ebene zu erreichen, ist in unserem Universum deutlich erkennbar, und wir nehmen dich dabei genau wahr. Doch selbst dann sehen wir dich normalerweise nicht so, wie ihr Menschen euch gegenseitig seht, sondern als Energiemuster, Farben und Harmonien, die sich bewegen. Und auch deine Welt nehmen wir als sich bewegende Harmonien aus Energie und Lebenskraft wahr. Wenn du um Kontakt zu uns bittest, schaffen wir in unseren Dimensionen die passenden Frequenzen, um diese Verbindung zu ermöglichen.

Für uns Geistführer ist deine irdische Realität die dreidimensionale Welt. Je höher die Dimension ist, in der man sich bewegt, um so weniger Begrenzungen oder Hindernisse gibt es. Wenn du stirbst, erhöht sich deine Frequenz so, daß du auf der Erdebene unsichtbar bist, aber dafür in anderen Realitäten sichtbar wirst. Dann kannst du durch Wände und andere physische Materie hindurchgehen, denn daß die Wände in deinem jetzigen irdischen Zustand für dich undurchdringlich sind, liegt nicht an ihrer Dichte, sondern an der Beziehung zwischen deiner Schwingung und der ihren. Wenn sich deine Schwingung erhöht, werden Dinge, die du vorher nicht sehen konntest, plötzlich sichtbar für dich, und Hindernisse, wie beispielsweise eine Wand, werden durchsichtig.

Channeling ist eine Fähigkeit, die man lernen kann.

Dein Gehirn besteht aus eine rechten und einer linken Hälfte. Intuitionen, Gefühle, nichtverbale Kommunikation, Kreativität und Inspiration entspringen normalerweise deiner rechten Gehirnhälfte. In der linken Hälfte sind dein Gedächtnis, Logik, Worte und Sprache angesiedelt. Diese Gehirnhälfte verbindet, organisiert und ordnet deine Erlebnisse und Erfahrungen auf rationale Art und Weise. Meistens senden Geistführer ihre Botschaften in deine rechte Gehirnhälfte, weil sie aufnahmefähiger und sensibler für solche Eindrücke ist. Um channeln zu können, ist es entscheidend, daß du eine ganz spezielle Art von Informationsfluß zwischen deinen beiden Gehirnhälften schaffst und sie dadurch aufeinander abstimmst. Das erreichst du in den ruhigeren, friedvolleren Zuständen der Trance; sie machen dich empfänglicher für die höheren Bereiche.

Channeling erfordert, daß du deine rechte und deine linke Gehirnhälfte gleichzeitig einsetzt. Das Schwierige an der Kontaktaufnahme mit einem Geistführer ist es, loszulassen und zu lernen, wie man den höheren Informationsfluß empfängt (das übernimmt die rechte Gehirnhälfte) und dabei gleichzeitig zu sprechen oder zu schreiben (das fällt in den Aufgabenbereich der linken Gehirnhälfte, denn dabei geht es um Aktivität, Organisation und Worte). Nur wenn du gleichzeitig mit deiner linken und deiner rechten Gehirnhälfte arbeitest, kannst du die Botschaften des Geistführers präzise übertragen.

Beim Channeling werden neue Nervenbahnen in deinem Gehirn geschaffen, benutzt und weiterentwickelt. Dadurch verändert sich dein Denken. Jedesmal, wenn du eine neue Fähigkeit wie beispielsweise Maschineschreiben oder Zeichnen erlernst, entstehen neue Nervenbotschaften und -bahnen zwischen der Muskulatur deiner Arme und deinem Gehirn. Und jedesmal, wenn du durch dein Channeling mehr Licht empfängst und weitervermittelst, wirst du auf eine höhere, konzentriertere Art und Weise denken, selbst dann, wenn du gerade nicht channelst.

Beim bewußten Channeling übermittelt dir dein Geistführer seine Botschaften durch eine Art höherer Telepathie. Das ist die Art von Botschaftsempfang, die wir dir empfehlen; dabei behältst du deine Muskeln unter Kontrolle. Manche Medien «wissen» die Botschaft ihres Geistführers (solche Medien bezeichnet man als hellfühlend), manche «sehen» die Informationen (das sind die hellsichtigen Medien), und manche «hören» sie (hellhörend). Einige Medien empfangen die Botschaft auch als Fülle von Eindrücken, die sie dann in Worte fassen.

Manche Geistführer übermitteln dir ihre Botschaften durch eine Art höherer Telepathie.

Wie bei jeder telepathischen Verständigung lassen sich allgemeine Ideen leichter vermitteln als spezifische Bilder wie beispielsweise Namen, Daten und sonstige Einzelheiten. Oft muß ein Medium sich erst einmal lange Zeit auf seinen Geistführer einstimmen, ehe es die Fähigkeit entwickelt, solche speziellen Informationen zu empfangen. Wir senden häufig Bilder aus Licht, Gedankenimpulse und Daten auf Energieebenen, die unsere Medien dann mit Substanz und Handlung füllen und in jene Worte kleiden, die unserer Energiebotschaft am ehesten entsprechen. Viele unserer Botschaften lassen sich am besten in Form von Bildern und Symbolen übermitteln; die Medien müssen sie dann in ihre Worte und Begriffe übersetzen.

Manche Geistführer sprechen in Metaphern und wählen Geschichten mit anschaulichen Beispielen. Es gibt aber auch Führer, die direkt an Energieblockaden oder mit Farben und Formen arbeiten. Einige Geistführer reden unmittelbar durch deine Kehle oder schaffen Kunstwerke durch deine Hände. Die Geistführer haben sich auf sehr unterschiedliche Themenbereiche spezialisiert: Manche sprechen über Energiezentren, andere über frühere Leben oder das Ziel deiner Seele, wieder andere erläutern die höheren Wahrheiten des Universums. Manche sind poetisch, andere philosophisch, humorvoll oder ernst. Manchmal geben sie den Menschen auch gar keine Informationen, sondern spornen sie durch eine Reihe direkter Fragen dazu an, ihre Antworten selbst zu finden.

Jeder Geistführer sucht sich das Medium aus, dessen sprachliches Ausdrucksvermögen oder dessen Fähigkeiten sich am besten für ihr gemeinsames Projekt eignen. Ein wissenschaftlich orientierter Geistführer wird sich wahrscheinlich ein Channeling-Medium aussuchen, welches das naturwissenschaftliche Vokabular beherrscht. Ein künstlerisch begabter Geistführer wählt einen Künstler, ein philosophischer Geistführer entscheidet sich für ein Medium, das an Philosophie interessiert ist, und so weiter. Wenn ein Geistführer dir etwas übermitteln möchte, was außerhalb deines Wortschatzes liegt, sucht er nach den Worten, die der Botschaft, die er ausdrücken möchte, am nächsten kommen. Wenn er zum Beispiel von einem Organ des menschlichen Körpers spricht, wird er es vielleicht eher beschreiben, statt es beim Namen zu nennen, wenn du diesen Namen nicht kennst.

Geistführer kleiden ihre Botschaften in deine Worte und Begriffe.

Manchmal fallen dir auf Anhieb bestimmte Worte ein, wenn du mit deinem Geistführer in Kontakt trittst. Vielleicht spürst du auch einfach nur, wie sich die Worte in deinem Mund bilden, und sprichst sie aus, ohne vorher zu wissen, was du gleich sagen wirst. Ein Medium erzählte uns, daß es die Worte vor sich sah, als würden sie von einer Schreibmaschine auf ein Blatt Papier getippt, bevor es sie aussprach. Es las die getippte Botschaft einfach ab. Andere Medien sehen einen Bildschirm vor sich und sprechen dann über diese Bilder oder deuten sie. Dein Geistführer wird sich der Methode bedienen, die sich im Augenblick am besten für dich und die Information eignet, die er senden will. Nicht immer wird er seine Botschaft durch deine Stimme übermitteln, sondern vielleicht auch in anderen Ausdrucksformen, die dir zur Verfügung stehen; zum Beispiel dadurch, daß du andere Menschen berührst und ihnen durch deine Hände Energie sendest. Geistführer wählen stets den einfachsten Weg, ihre Botschaft zu übermitteln. Du wirst die Information in der Form erhalten, die dir am natürlichsten und naheliegendsten erscheint. Die Übertragungsform kann sich im Laufe der Zeit auch ändern.

Deine Rolle als Empfänger/in und Übersetzer/in der Botschaft

ORIN UND DABEN: Da du beim Channeling sprichst, läßt sich deine Rolle vielleicht am ehesten mit der eines Übersetzers oder einer Übersetzerin vergleichen. Vielleicht «fühlst» du, was du sagen sollst oder ob du die Botschaft richtig übersetzt hast; du «spürst», welches Wort das richtige ist und welches nicht so ganz paßt. Wenn du die Genauigkeit deiner Übersetzungen verbessern möchtest, achte darauf, wie du dich dabei fühlst. Wenn dir plötzlich unbehaglich zumute ist, brich die Channeling-Botschaft lieber ab und warte, bis sich eine andere Richtung abzeichnet. Verlangsame den Prozeß, und achte genau auf die Worte, die zu dir durchdringen. Wir signalisieren dir durch einen mißklingenden Ton oder ein unharmonisches Gefühl, wenn du nicht den richtigen Begriff gewählt hast.

Wenn dich deine Durchgaben zu langweilen beginnen, ist das ein Zeichen dafür, daß du die Verbindung zu deinem Geistführer verloren hast. Manchmal merkst du während des Sprechens, daß der ursprüngliche Impuls deines Geistführers, der hinter deinen Worten stand, plötzlich verschwunden ist. Um diese Leere zu überbrücken, redest du in deinen eigenen Worten weiter. In solchen Fällen ist es besser, sehr langsam fortzufahren. Das gibt dir Zeit, das Gefühl, das du beim Aussprechen deiner Worte hast, mit dem Energiestrom zu vergleichen, den dein Geistführer durch dich hindurchsendet.

Manchmal signalisieren wir dir im Anschluß an eine Channeling-Sitzung, wie du deinen Empfang verbessern kannst. Das ist immer dann der Fall, wenn du deine Botschaft hinterher in Gedanken noch einmal an dir vorüberziehen läßt und dir überlegst: Wie hätte ich mich genauer oder mitfühlender ausdrücken oder meine Botschaft in einer positiveren Haltung übermitteln können? In diesen Gedanken, die du dir machst, spiegeln sich unsere Versuche wider, die Übertragung zu verbessern.

In der Regel brauchst du eine gewisse Übung, um die Botschaften deines Geistführers klar und präzise zu empfangen.

Dein Geistführer muß sich erst einmal an deine Energiesysteme gewöhnen und sich sehr fein darauf einstimmen. Auch wenn es dir manchmal so erscheint, als kämen die Worte aus deinem eigenen Denken, werden sie doch auf eine höhere Schwingungsfrequenz angehoben und anders formuliert. Am schwierigsten sind jene Botschaften zu channeln, die im Grunde naheliegend und einleuchtend sind oder Antworten beinhalten, die du ohnehin erwartet hattest. Manchmal ist es schwieriger, Botschaften für Menschen zu channeln, die du liebst oder gut kennst, denn tief in deinem Inneren kennst du die richtige Antwort vielleicht schon, und wenn dein Geistführer nun das gleiche sagt, glaubst du womöglich, die Information komme von dir selber und nicht von ihm. Doch die meisten Channeling-Medien, mit denen wir bis jetzt gearbeitet haben, übermitteln ihre Botschaften sehr aufrichtig und genau so, wie sie diese empfangen. Wenn dein Geistführer dir etwas sendet, was du schon weißt, sollte das die Botschaft in deinen Augen nicht entkräften.

Nicht für alle Botschaften gibt es Formen, Worte oder Begriffe, die ihnen genau entsprechen. Meist geht bei der Übersetzung irgend etwas verloren. Alle Übersetzer wissen, wie schwierig es ist, die Worte einer Sprache in die Begriffe einer anderen Sprache zu übertragen, denn in verschiedenen Sprachen spiegeln sich unterschiedliche Denkprozesse wider. Wenn du zu channeln beginnst, achten wir darauf, in welchen Worten und Formulierungen du unsere Botschaften wiedergibst. Wir machen uns ein Bild von deiner Persönlichkeit, deinen Vorstellungen, Begriffen und Ideen und richten die Gedankenimpulse, die wir dir senden, danach aus. Und wir überwachen deine Übersetzung genau und stimmen unsere Übertragung immer genauer auf dich ab, so daß das, was du empfängst, mit der Zeit immer mehr dem wahren Wesen unserer Botschaften entspricht.

Vielleicht hast du beim Channeling manchmal das Gefühl, dich an ein Erlebnis aus deiner Vergangenheit zu erinnern und darüber zu sprechen, und es scheint wunderbar in die Sitzung hineinzupassen. Es kann sein, daß es sich dann für dich so anfühlt, als ob du dein eigenes Erinnerungsvermögen einsetzt statt einen Geistführer zu channeln. Zuweilen veranlaßt dich dein Geistführer dazu, von einem persönlichen Erlebnis zu erzählen. Dann ist es so, als sprächst du von einer höheren Ebene der Weisheit und Erkenntnis über dieses Erlebnis.

Alles, was du tust, um dein Bewußtsein zu erweitern, wird dich zu einem besseren Channeling-Medium machen.

Alles, was du in deinem Leben schon gelesen oder womit du dich beschäftigt hast, macht dich wertvoller für deinen Geistführer, denn dann hast du ihm mehr zu bieten, worauf er bei seinen Botschaften zurückgreifen kann. Dein Führer wird auf den Ideen aufbauen, über die du schon gelesen hast, und sie neu zusammenfügen. Vielleicht greift er einen Gedanken auf, mit dem du dich vor zehn Jahren beschäftigt hast, oder er macht sich etwas zunutze, was du erst gestern lerntest. Alles, was sich in deinem Geist befindet, kann deinem Geistführer als Werkzeug dienen.

Wenn dein Geistführer oder deine Geistführerin durch dich zu einem anderen Menschen spricht, fordert er oder sie dich vielleicht auf: «Erinnere dich an dieses Buch, das du gelesen hast. Rufe dir diesen Abschnitt, diese Idee ins Gedächtnis zurück.» Denn das ist vielleicht genau das, was die Person, für die du channelst, in diesem Augenblick braucht.

Dein Geistführer kann aber auch deine Gedächtnisinhalte durchgehen und irgend etwas auswählen, was du jetzt sagen solltest. Oder er gibt dir ein Stichwort. Vielleicht empfängst du das Wort «Mut». In dem Augenblick, wo du es aussprichst, kommt dir eine ganze Reihe von Assoziationen, Gedanken und Ideen, die alle durch diesen einen Begriff ausgelöst wurden.

Dein Geistführer wird deine persönliche Weisheit in allgemeinere Zusammenhänge übertragen. Er wird dir zeigen, welche allgemeinen Lernaufgaben du durch deine Erlebnisse auf der Erde meisterst, und dazu beitragen, daß du dein Leben aus einer höheren, spirituelleren Perspektive siehst. Er kann diese universalen Wahrheiten mit deiner Hilfe auch anderen Menschen zukommen lassen.

Dein Geistführer ermutigt dich dazu, mit der Weisheit deiner Seele in Kontakt zu treten.

Normalerweise bedienen wir uns deiner Gedanken, um dich zum Sprechen zu veranlassen. Wir sind die Strömung unter deinen Gedanken – jener Teil, der einzelne Gedanken auswählt und aktiviert, damit du in einer bestimmten Weise über bestimmte Themen sprichst. Wir erhellen spezielle Bereiche deines Denkens und aktivieren das Wissen deiner Seele. Zwar beziehen wir unsere Ideen nicht aus deinem Denken, wohl aber die Worte, die erforderlich sind, um unsere Ideen in deiner Sprache auszudrücken. Je mehr Wissen und Erfahrungen in deinem Gedächtnis gespeichert sind, um so mehr Wörter stehen uns zur Auswahl, um unsere Gedankenimpulse auszudrücken.

Dein Geistführer (beziehungsweise deine Geistführerin) wird sich deiner Persönlichkeit und deiner Stimme bedienen, und deshalb wirst du anfangs das Gefühl haben, daß er oder sie dir sehr ähnlich ist. Schließlich bist du es gewohnt, deine Stimme mit dir selbst zu identifizieren, und wenn du nun deinen Geistführer mit Hilfe dieser Stimme sprechen hörst, wird es dir automatisch so vorkommen, als spreche dein eigenes Ich. Oft fällt es Channeling-Medien leichter zu glauben, daß tatsächlich ihr Geistführer durch sie spricht, wenn die Botschaft verändert klingt – wenn er einen anderen Akzent, ein anderes Sprechtempo oder einen anderen Tonfall als sie hat.

Sprache ist etwas sehr Wichtiges, und je größer dein geistiges Fassungsvermögen ist, um so präziser wird oft auch deine Übertragung sein. Wir müßten ganze Bücher schreiben, um dir auch nur die Grundlage zu vermitteln, die du bräuchtest, um viele unserer Ideen zu verstehen. Und wenn wir unsere Botschaften verkürzen, um dir das Verständnis zu erleichtern, geht einiges an Genauigkeit und Treffsicherheit verloren, und es kann auch zu Mißverständnissen kommen. Das ist eine delikate Gratwanderung für uns: Wir vereinfachen unsere Botschaften so weit, daß sie für dich verständlich bleiben, und gleichzeitig achten wir darauf, daß die Gedankentiefe, Klarheit, Weisheit und Wahrheit bewahrt bleiben, die sie auf unserer Ebene besitzen.

Oft veranschaulichen wir unsere Botschaften durch Beispiele, Metaphern und Vergleiche. Dabei besteht natürlich immer die Möglichkeit einer zu großen Vereinfachung. Ausnahmen und

Sonderfälle werden leider hin und wieder nicht berücksichtigt. Manchmal prägen wir auch neue Worte, um zu erklären, was wir meinen, denn oft gibt es in deinem Wortschatz keine entsprechenden Begriffe. Je weiter du dich entwickelst und je größer dein geistiges Fassungsvermögen wird, um so komplexere, umfassendere Botschaften können wir dir übermitteln. Wir geben dir stets nur solche Hinweise, die du in deiner jetzigen Situation nutzen und begreifen kannst. Manchmal ziehst du aus unseren Empfehlungen allerdings falsche Schlüsse, weil du die größeren Zusammenhänge nicht siehst. Die Informationen über ein Thema, die du in einem bestimmten Entwicklungsstadium von uns empfängst, werden hinterher meistens deinem inneren Wachstum entsprechend näher ausgeführt, erläutert und modifiziert. Deshalb ist es sehr sinnvoll, deine gechannelten Botschaften aufzuzeichnen und immer wieder zu lesen. Denn wenn du dich beim Lesen bereits auf einer Entwicklungsstufe befindest, wo du die größeren Zusammenhänge erkennst, interpretierst du unsere Informationen rückblickend oft anders als damals, als du sie gechannelt hast. Vielleicht erkennst du in den Worten deines Geistführers jetzt eine größere Weisheit, als du damals vermutet hattest; die Botschaft kann dir viel tiefgründiger und bedeutsamer vorkommen, wenn du sie hinterher noch einmal an deinem geistigen Auge vorüberziehen läßt.

5 Vorbereitung aufs Channeling

Wie zieht man einen hochstehenden Geistführer an?

Orin und DaBen: Deine erste Begegnung mit einem Geistführer ist ein ganz besonderes Ereignis, und es ist gut, wenn du dich auch entsprechend darauf vorbereitest. Sie ist ein einmaliges Erlebnis und bei jedem Menschen anders. Selbst Menschen, die bereits Hinweise auf die Anwesenheit eines Geistführers erhalten haben, erleben die letzten Vorbereitungen kurz vor dem ersten richtigen Kontakt als eine Zeit der freudigen Erwartung und Spannung.

Wenn dein Geistführer dann tatsächlich in dein Leben tritt, kann das auf sehr unterschiedliche Art und Weise geschehen. Die Kontaktaufnahme kann von einem anderen hochstehenden Geistwesen überwacht und gesteuert werden; du kannst aber auch selbst mit deinem Führer in Verbindung treten, indem du einfach um den Kontakt bittest. In diesem Buch wollen wir dir zeigen, wie man mit seinem Geistführer Kontakt aufnimmt. Du kannst die Kapitel 6 und 7 in Teil II dieses Buches als eine Art Kurs benutzen, um deinen Geistführer herbeizurufen. Diesen Kurs kannst du entweder allein oder mit Unterstützung eines Freundes oder einer Freundin absolvieren. Du kannst die Übungen in diesen Kapiteln aber auch auf Kassette aufsprechen.

Es kann dir den Einstieg erleichtern, wenn du die Übungen im Beisein eines Freundes oder einer Freundin durchführst, der/die dir Fragen stellt, an dich glaubt, dir zuhört, dich unterstützt und dir beim Konzentrieren hilft. Manchen Menschen fällt das Channeln leichter, wenn eine Person anwesend ist, die Unterstützung oder Antworten braucht; der Wunsch, anderen zu helfen, läßt sie häufig ihre anfängliche Scheu vor der Kontaktaufnahme oder dem Sprechen überwinden. In Kapitel 7 erfährst du, wie du dich bei der Kontaktaufnahme mit deinem Geistführer von einem Freund oder einer Freundin unterstützen lassen kannst. Irgendwann wirst du wahrscheinlich ohnehin einmal in Anwesenheit eines anderen Menschen channeln wollen, denn die Reaktionen einer anderen Person geben deinem Geistführer zusätzliches Feedback, wie komplex die Informationen sein dürfen, die er durchgibt. Wenn du gemeinsam mit deinen Freunden in Worte faßt, was ihr von der Botschaft verstanden habt, kann dein Geistführer oder deine Geistführerin besser beurteilen, wie genau du die Mitteilungen übersetzt, und seine Übertragung darauf einstellen. Er oder sie merkt dann auch, ob die Botschaften vereinfacht werden müssen oder ruhig noch ein bißchen komplizierter sein dürfen und ob du zusätzliche Hintergrundinformationen brauchst.

Was geschieht beim ersten Kontakt?

Orin und DaBen: Ein höherer Geistführer tritt fast immer sanft und behutsam in dein Leben – es sei denn, seine Schwingung unterscheidet sich grundlegend von deiner; dies kommt jedoch eher selten vor. Nach unserer Erfahrung (und das entspricht auch den Erfahrungen der vielen Medien, die wir beobachtet haben) nähert sich ein Geistführer dir lieber so sanft und unmerklich, daß du anfangs gar nicht recht an seine Gegenwart glaubst, statt das Risiko einzugehen, dich zu beunruhigen oder gar zu erschrecken. Deshalb und weil du dich beim Channeling meistens nur in einem leichten Trancezustand befindest, in dem du das Bewußtsein nicht verlierst, wirst du dich vielleicht fragen: Bilde ich mir das alles nicht nur ein?

Geistführer treten so sanft und kaum merklich in deine Aura ein, daß du anfangs an ihrer Gegenwart zweifeln magst.

Manchen Menschen fällt der Einstieg ins Channeling sehr leicht. Wenn dein Energiefeld gut auf das deines Geistführers eingestimmt ist, kannst du in Trance fallen, ohne eine lange Übergangszeit zu brauchen oder dabei ein physisches Unwohlsein zu empfinden. Bei anderen Medien dauert es länger, bis sie sich in Trance versetzt haben; sie benötigen Zeit, um innerlich zur Ruhe zu kommen, ihre Energien zu konzentrieren und sich auf ihren Geistführer einzustimmen. Manche Menschen durchfährt ein Schauer, oder sie haben andere intensive physische Empfindungen, wenn ihr Geistführer sich ihnen nähert, das kommt jedoch selten vor. Meist verschwinden diese Gefühle ganz von selbst wieder, wenn du dich innerlich öffnest und lernst, mit der intensiveren Energie umzugehen, die deinen Körper beim Channeling durchströmt. Am häufigsten sind Hitzeempfindungen und Prickeln auf der Haut. Diese Gefühle hast du meistens in dem Augenblick, wenn der Geistführer in deine Aura eintritt, doch normalerweise legen sie sich, sobald du ein bißchen mehr Übung im Channeling hast. Wenn du unangenehme Empfindungen haben solltest, bitte deinen Führer um Unterstützung dabei, dich seiner Energie zu öffnen.

Mit der Zeit wirst du spüren, daß die Schwingung deines Geistführers oder deiner Geistführerin sich von deiner eigenen unterscheidet. Geistführer haben eine Schwingung, die über dein normales Wahrnehmungsspektrum hinausgeht, und deshalb kann es schon eine Weile dauern, bis du in der Lage bist, zwischen dir selbst und deinem Führer zu unterscheiden. Vielleicht nimmst du leichte, kaum merkliche Veränderungen in deinem Körper, an deiner Haltung oder Atmung oder am Rhythmus und Sprechtempo deiner Stimme wahr. Manche Menschen spüren diese Unterschiede sofort, andere nicht.

Sobald dein Geistführer merkt, daß du in der Lage bist, mit

seiner Energie umzugehen, wird er den Kontakt mit dir intensivieren. Vielleicht übermittelt er dir Empfehlungen, wie du eure Verbindung verstärken kannst. Jedesmal, wenn du channelst, vertiefst und festigst du die Beziehung zu deinem Führer. Um ihn besser wahrzunehmen, kannst du dir vorstellen, daß du von einem kraftvollen, liebevollen Wesen umgeben bist, das dich vollkommen akzeptiert, dich beschützt, dich unterstützt und das weise und einfühlsam ist. Stelle dir einfach immer vor, daß dein Führer anwesend ist, dann wirst du irgendwann spüren, daß er wirklich da ist und nicht nur in deiner Phantasie existiert.

Es kann auch vorkommen, daß du die Gegenwart deines Geistführers spürst, ihn aber nicht als Gestalt wahrnimmst. Manche Menschen sehen Lichter und Farben, andere haben das Gefühl, irgendwo im Raum zu schweben. Die Welt der Geistführer ist so voller Licht, daß die Menschen manchmal wie geblendet sind, wenn sie sie betreten. Es ist, wie wenn du aus einem dunklen Raum ins strahlende Sonnenlicht trittst: Anfangs kannst du gar nicht klar sehen, denn deine Augen müssen sich erst einmal an die Helligkeit gewöhnen. Einige Menschen sind so überwältigt von ihren Empfindungen, wenn sie diese höhere Ebene zum erstenmal erreichen, daß sie gar keine konkreten Botschaften und Ratschläge übermitteln können. Sie nehmen eine Welt wahr, die auf einer höheren Schwingungsebene existiert, und oft dauert es eine ganze Weile, bis sie sich darin zurechtfinden.

Um deinen Geistführer zu erreichen, ist es wichtig,
daß du dich gut konzentrieren kannst.

Wenn deine Gedanken abschweifen, kann der Kontakt zu deinem Geistführer abbrechen. Solange du die erforderliche Konzentration nicht mühelos aufrechterhalten kannst, mußt du vielleicht deine ganze Willenskraft einsetzen, um dich auf die Worte deines Geistführers zu richten, damit deine Verbindung zu ihm stabil bleibt und du dich von allen störenden eigenen Gedanken löst. Manche Menschen beschreiben diesen Zustand als intensives inneres Lauschen. Sobald du ein bißchen mehr Übung hast, wirst du in der Lage sein, deine Gedanken und die Botschaften deines Geistführers gleichzeitig wahrzunehmen. Anfangs hast du vielleicht nur einen vagen, verschwommenen Eindruck von den Informationen. Du hast ein Gefühl, als ob dir «die Worte auf der Zunge liegen» und du die Botschaft beinahe erfassen kannst – aber eben nur beinahe. Dann gehe einfach zur nächsten Idee. Vielleicht wird dir der erste Gedanke klarer, wenn du von etwas anderem sprichst.

Wenn die ersten Worte kommen, müssen diese vielleicht zuerst einmal ausgesprochen werden, ehe die nächsten Worte nachfließen. Es kann sein, daß dich das oft verunsichert, denn normalerweise weißt du ja immer schon im voraus, was du gleich sagen wirst. Wenn du zum erstenmal channelst, laß die Informationen einfach fließen. Vielleicht hast du Angst, dich lächerlich zu machen oder sinnlose Botschaften zu übermitteln. Laß los, vertraue, spiele wie ein Kind, sei bereit zu experimentieren. Wenn die Botschaften zu schnell oder zu langsam kommen, bitte deinen Führer, sein Tempo zu ändern. Manchmal wirst du dich so von Informationen überschwemmt fühlen, daß es dir schwerfällt, sie alle in Worte zu fassen. Wenn du lauter kleine Bruchstücke und Einzelheiten wahrnimmst, die nichts miteinander zu tun zu haben scheinen, wähle einfach irgendeinen Teil davon aus, der dich interessiert, und fange damit an.

Anfangs geht aus den Informationen, die du empfängst, nicht immer eindeutig hervor, ob dein Führer ein hochstehendes Wesen ist. Doch die Gegenwart eines hochstehenden Geistführers löst immer ein gutes, positives, erhebendes Gefühl aus. Ein Geistführer stimuliert bestimmte Bereiche deines Gehirns. Anfangs kann er vielleicht noch nicht so gut mit dir arbeiten, weil er dich nicht kennt. Oft dauert es eine Zeitlang, bis eine Verbindung zwischen dir und deinem Geistführer entstanden ist. Deine ersten Worte geben die Eindrücke, die er dir sendet, vielleicht noch nicht so exakt wieder. In dieser Übergangszeit können, genau wie bei jedem anderen Lernprozeß, viele Zweifel in dir aufsteigen. Das ist ganz normal.

Channeling ist mit gesteigertem Bewußtsein und innerem Wohlbefinden verbunden.

Zuerst wird dein Geistführer ein wenig herumexperimentieren, um herauszufinden, wie er seine Botschaften am klarsten durch dich übermitteln kann. Es gibt unzählige Möglichkeiten, unsere Botschaften auf dein Bewußtsein zu übertragen, und wir wählen stets den Weg des geringsten Widerstandes. Je wohler und ungezwungener du dich beim Kontakt mit deinem Geistführer fühlst, um so besser ist es ihm gelungen, dir seine Botschaften zu übermitteln; dann hat er den richtigen Wahrnehmungskanal gefunden. Wenn die Botschaft und ihre Bedeutung dir dagegen fremd und abwegig vorkommen, liegt das meistens daran, daß dein Geistführer nicht auf den direktesten Wegen mit dir kommuniziert.

Nach einer Weile werden deine Gedanken und Ideen denen deines Geistführers sehr ähnlich sein. Oft wird es dir so vorkommen, als wärt ihr eine Einheit. Je harmonischer du auf deinen Führer eingestimmt bist, um so dünner wird der Schleier zwischen euren beiden Ebenen; dann wirst du viele neue Dinge selber sehen und begreifen können.

Den meisten Menschen fällt das Channeln viel leichter, als sie erwartet hatten.

Die meisten Menschen sagen: «Es ist viel einfacher, als ich es mir vorgestellt hatte» oder «Dieses Gefühl habe ich auch schon vorher erlebt – es kommt mir so vertraut vor.» Nimm diese Leichtigkeit an. Die größte Herausforderung beim Channeling ist, deine Worte einfach fließen zu lassen und den Strom nicht zu unterbrechen, indem du darüber nachgrübelst, ob du auch wirklich channelst oder dir das alles nur ausdenkst.

Vielleicht wirst du über die Weisheit der Durchsagen staunen. Während du sprichst, wird die Anwesenheit der höheren Schwingung deine eigene Persönlichkeit völlig überschatten. Suche nicht nach versteckten, verschlüsselten, vagen oder rätselhaften Botschaften. Channeling ist keine Suche nach verborgener Information. Sprich ruhig auch Dinge aus, die dir vielleicht selbstverständlich erscheinen, denn manchmal ist das Selbstverständliche am wichtigsten. Wenn du dich im Umfeld eines höheren Wesens befindest, wird dir die Wahrheit stets selbstverständlich und oft sehr einfach vorkommen.

Am Anfang, wenn du gerade erst mit dem Channeln begonnen hast, dringen vielleicht nicht immer verbale Botschaften zu dir durch. Vielleicht arbeitet dein Führer nur auf einer Energieebene mit dir und erweitert und öffnet dich, um dich auf deine nächste Entwicklungsstufe vorzubereiten. Oder du empfängst seine Anleitung in Form einer inneren Botschaft oder eines geistigen Bildes.

Ab einem bestimmten Punkt kannst du dann anfangen zu experimentieren: Bevor du deinen Geistführer herbeirufst, stelle irgendeine Frage, und schreibe die Antwort auf, die dir spontan dazu einfällt. Dann rufst du deinen Führer und stellst ihm die gleiche Frage. Du wirst fast immer eine andere Antwort erhalten – eine liebevollere und mitfühlendere Sichtweise des Themas. Und selbst wenn die Antwort deines Geistführers genauso ausfällt wie deine, wird er wahrscheinlich einen anderen Aspekt betonen.

Im Anfangsstadium ist es ganz besonders wichtig, alles aufzuschreiben, und zwar aus mehreren Gründen: Erstens erkennst du daran, was für Fortschritte du machst. Zweitens kannst du die Botschaften dann später noch einmal lesen, und oft erkennst du erst im Rückblick ihren Gehalt. Eine Frau, die sich nicht sicher war, ob sie auch wirklich channelte, ließ die Informationen ihres Geistführers abtippen. Drei Monate später stieß sie zufällig wieder auf diese Notizen und war von der Weisheit der Übermittlungen wie erschlagen. Erlebnisse und Erfahrungen, die ihr Geistführer ihr vorausgesagt hatte, waren tatsächlich eingetroffen. Das nachträgliche Lesen des Protokolls stärkte ihren Glauben an den Wert ihrer Arbeit.

Aber es gibt auch noch einen anderen Grund, warum es sich empfiehlt, die Botschaften deines Geistführers aufzuzeichnen: Sobald die Worte auf Band aufgenommen oder niedergeschrieben sind, werden sie zu einem Teil deine Realität. Mit ihrer Unterstützung kannst du in der physischen Welt noch mehr Weisheit erschaffen. Jedesmal, wenn du deine Worte zu Papier bringst oder auf Kassette aufnimmst, ist das ein Schritt zu ihrer Manifestation, da du sie damit der physischen Realität näherbringst.

Dein Geistführer ist stets für dich da, wenn du ihn rufst.

«Wie kommst es eigentlich, daß mein Geistführer immer sofort da ist, wenn ich ihn rufe?» werden wir oft gefragt. Wir existieren in einer Welt jenseits von Zeit und Raum, und wenn wir uns dazu entschließen, mit dir zusammenzuarbeiten, haben wir das ganze Spektrum unserer gemeinsamen Arbeit im Blick. Wenn du deine Meinung änderst, so ist das natürlich etwas anderes, doch wir haben ständig das Gesamtbild unseres gemeinsamen Vorhabens vor Augen. Für uns verstreicht zwischen unseren Channeling-Sitzungen mit dir keine Zeit. Es gibt keinen Anfang und kein Ende, sondern nur einen Faden, der nicht abreißt: Das ist die Zeit, die wir miteinander verbringen. Sobald du in Trance versinkst, befindet sich ein Teil von uns wieder in deinem Universum; dieser Teil unserer selbst kennt keine lineare Zeit, und ihm ist die letzte Sitzung mit dir noch voll und ganz bewußt. Oft ist das für uns so, wie du vielleicht ein Telefongespräch erlebst, bei dem die Verbindung zwischendurch immer wieder unterbrochen wird. Wir warten einfach auf den nächsten Augenblick, in dem der intensive Kontakt erneut zustande kommt. Unser Bewußtsein ist viel weiter und umfassender als deines. Wir können Tausende von Dingen gleichzeitig tun. Unsere Verbindung mit dir macht nur einen ganz kleinen Teil unseres Gesamtbewußtseins aus, und wir halten es für unsere Aufgabe, stets einen klaren, offenen Verbindungskanal aufrechtzuerhalten, so daß wir jederzeit zu dir durchkommen können, wenn du uns rufst.

Sollte man seine eigene Seele channeln oder lieber einen Geistführer?

ORIN UND DABEN: Wenn Menschen zu channeln beginnen, suchen sie normalerweise nach Erklärungen für diesen Vorgang. Sie fragen sich, ob sie mit einem Teil ihres Ichs kommunizieren oder ob die Weisheit, die sie empfangen, von einem Geistführer stammt. Manche Medien erleben ihren Geistführer als eigenständiges Wesen. Andere haben das Gefühl, mit ihrem höheren Selbst oder ihrer Seele in Kontakt zu stehen. Mit diesen Wahrnehmungen wollen wir uns jetzt näher beschäftigen.

Vielleicht fragst du dich, wie es sich anfühlt, statt eines Geistführers deine eigene Seele zu channeln. Viele Menschen wissen gar nichts von ihrer Seele, und deshalb ist es schwer für sie, den Unterschied zwischen den Gedanken ihrer «Seele» und den Gedankenimpulsen eines «Geistführers» zu erkennen. Wenn wir von deiner Seele sprechen, meinen wir jenen größeren Teil deiner selbst, der außerhalb dieser Dimension existiert, nach deinem Tod weiterlebt, sich an all deine irdischen Leben erinnert, deine nächste Existenz und die damit verbundenen Wachstumsmöglichkeiten auswählt, und so weiter. Dafür verwenden wir die Begriffe «Seele», «Ur-Selbst» und «höheres Selbst»; sie bedeuten alle das gleiche.

Solange du diese sehr feinen Unterschiede nicht wahrnimmst, wirst du aufgrund deiner mangelnden Erfahrung schwerlich feststellen können, ob du deinen Geistführer channelst oder das Licht deiner eigenen Seele. Mit der Zeit, wenn du mehr Übung hast, werden dir die Unterschiede deutlicher bewußt werden.

Jedes Channeling geschieht mit Hilfe deiner Seele.

Ehe wir durch dich sprechen können, muß deine Seele erst einmal damit einverstanden sein. Wir senden unsere Botschaften immer zuerst an deine Seele. Sie leitet die Informationen dann an deinen Geist weiter. Ob du nun bewußt channelst oder nicht – wir richten unsere Durchsagen stets an deine Seele. Deshalb werden unsere Mitteilungen auch immer bis zu einem gewissen Grad von deiner Seele geprägt, selbst wenn du während des Channelns nicht bei Bewußtsein bist. Da die Botschaft durch deine Seele fließt, wird sie dir höchstwahrscheinlich auch vertraut vorkommen.

Wenn du nach Beweisen dafür suchst, daß du einen Geistführer channelst und nicht dein höheres Selbst, wirst du vielleicht keine finden. Ein Beweis sieht für jeden Menschen anders aus. Vielleicht hast du das Gefühl, daß du nie von selber auf die Informationen gekommen wärst, die du beim Channeling empfängst, und möglicherweise sind deine Visionen und Voraussagen erstaunlich präzise und zutreffend. Das mag für dich ein Beweis sein, aber für jemand anderen vielleicht nicht.

Früher oder später wirst du ein Gespür dafür entwickeln. Manche Menschen behaupten, daß ihre höhere Weisheit, ihre Seele oder ihr höheres Selbst durch sie spricht. Andere wieder sind sich ganz sicher, daß es ein Geistführer oder eine Geistführerin ist. Wenn du den Namen eines Geistführers empfängst und das Gefühl hast, daß ein solches Wesen durch dich redet, dann vertraue deinem eigenen tieferen Wissen.

Vielleicht hast du aber auch den Eindruck, daß kein Geistführer spricht, sondern deine Seele. Manchmal ist es tatsächlich so. Es ist nichts dagegen einzuwenden, dein höheres Selbst oder Ur-Selbst zu channeln, denn auch du bist ein wunderbares, weises Wesen. Die Weisheit deiner Seele ist viel größer, als du dir zu wissen erlaubst. Das Wissen von den höheren Ebenen deines Ur-Selbst kann ebenso tiefgründig sein wie das eines hochentwickelten Geistführers.

DUANE: Wenn ich Menschen beim Channeling beobachte, nehme ich eine deutliche Veränderung in ihrem Energiefeld wahr, sobald sie sich aus jenem Zustand lösen, den sie als ihr «intuitives» Selbst bezeichnen, und in den Raum ihres Geistführers eintreten, um Informationen und Energien aus einer Dimension zu beziehen, die außerhalb ihrer selbst liegt. Ich erkenne das an der Harmonisierung und Beruhigung ihrer Energien. Wenn ich dann mit den Leuten rede und sie auf diese Veränderung hinweise, nehmen sie fast immer wahr, daß sich ihre physischen Empfindungen, ihre Gedanken oder die Botschaften, die sie empfangen, genau zu diesem Zeitpunkt wandeln.

Wie erfährt man den Namen seines Geistführers?

SANAYA UND DUANE: Manchen Medien wird der Name ihres Geistführers sofort genannt. Andere nehmen zunächst einzelne Laute und Buchstaben wahr, die sich später zu einem Namen verdichten. Einige Menschen bemühen sich aber auch so krampfhaft, den Namen «richtig» zu verstehen, daß sie ganz durcheinander geraten. Erst später, wenn sie sich entspannen, dringt der Name in ihr Bewußtsein. Andere empfangen den Namen erst Wochen, nachdem sie darum gebeten haben, und manche erfahren ihn nie. Die Geistführer haben uns erklärt, daß es ihnen gar nicht so sehr auf den «richtigen» Namen ankommt, sondern eher darauf, daß sich das Medium bei diesem Namen gut fühlt. Viele Medien haben die Erfahrung gemacht, daß sich der Name ihres Geistführers im Laufe der ersten Tage veränderte oder zumindest leicht abgeändert wurde, bis eine Bezeichnung gefunden war, der ihnen gut und passend erschien.

Die Geistführer sagen, daß es deine Verbindung zu deinem Führer stärkt, wenn du seinen Namen von ihm erfährst und nicht von irgendeinem anderen Geistwesen. Auch Orin sagt immer: «Legt nicht so großen Wert darauf, gleich von Anfang an den Namen eures Geistführers zu wissen. In unseren Dimensionen erkennen wir einander an unseren Energiemustern und suchen uns einen Namen, der am besten zu unserer Energie paßt. Das können auch Namen sein, die wir in früheren irdischen Existenzen trugen.»

Manche Medien empfingen nur den ersten Buchstaben oder einen Laut des Namens und arbeiteten dann allein damit weiter, bis sie die richtige Klang- beziehungsweise Buchstabenkombination gefunden hatten. Oder sie sahen beim Lesen plötzlich einen Namen und wußten, daß das der Name ihres Führers war. Einige Medien hatten auch zu mehreren Geistführern gleichzeitig Kontakt und erfuhren mehrere verschiedene Namen. Eine Frau hatte zwölf Geistführer, die «der Rat der Zwölf» hießen. Eine andere Frau stand mit drei Führern in Verbindung, die sich «die Lieben» nannten. Die meisten Fragen wurden von einem einzigen Geistführer beantwortet, doch hin und wieder – je nach Fragestellung – antwortete auch ein anderer. Ein Mann fragte seinen Geistführer ständig nach seinem Namen, doch dieser erklärte ihm immer nur: «Wir gehören zu den Namenlosen.» Eine Frau, die einen sehr weisen, informativen Führer hatte, erfuhr seinen Namen nie. Nach zwei Jahren hörte sie schließlich auf, danach zu fragen. Vertraue einfach darauf, daß deine Erfahrung mit deinem Geistführer gut und richtig für dich ist.

Viele Medien schlugen den Namen ihres Geistführers in

Wörterbüchern und Lexika nach und stellten fest, daß er tatsächlich eine ganz besondere Bedeutung für sie hatte. Eine Frau, die mit Blütenessenzen arbeitet, spürte oder hörte die Energie ihres Führers und den Namen «Maya». Als sie später nachschlug, erfuhr sie, daß dieser Name soviel wie «Blumensammeln» bedeutet. Ein Mann träumte in der Nacht, nachdem er zu channeln begonnen hatte, immer wieder vom Mond. Der Name, den seine Geistführerin ihm genannt hatte, lautete Margaret: Als er im Lexikon nachschaute, stellte er fest, daß dieser Name von dem griechischen Wort für «Perle» abgeleitet war, und dieses stammte ursprünglich von einem persischen Wort ab, das «Mond» bedeutete. Experimentiere einfach spielerisch mit dem Namen und laß ihn sich entwickeln.

Wenn du nun bereit bist, channeln zu lernen, lies das nächste Kapitel (Kapitel 6). Wenn du lieber noch mehr über unsere Channeling-Erfahrungen und die Erlebnisse anderer Medien wissen möchtest, dann beginne mit Kapitel 10.

Teil II

Wie man sich fürs Channeln öffnet

6 So versetzt man sich in Trance

Anleitung für die Übungen

SANAYA UND DUANE: Anhand der nun folgenden Übungen und Techniken kannst du lernen, mit einem hochstehenden Geistführer Kontakt aufzunehmen und ihn zu channeln. Die Übungen basieren auf den Methoden, die Orin und DaBen uns für unseren Channeling-Kurs vermittelt haben. Mehreren hundert Menschen ist es mit Hilfe dieser Übungen gelungen, sich fürs Channeling zu öffnen. Für dieses Buch haben Orin und DaBen noch zusätzliches Informationsmaterial bereitgestellt, damit auch du als Leser ohne unsere direkte Unterstützung und ohne den äußeren Rahmen eines Kurses channeln lernen kannst. Orin und DaBen werden dich dabei anleiten und mit ihrer Energie unterstützen, wenn du sie darum bittest, und auch dein eigener Geistführer wird dir zur Seite stehen.

Am besten ist es, wenn du diese Übungen der Reihe nach ausführst und dabei so schnell voranschreitest, wie es für dich am angenehmsten ist. Beginne bei der Entwicklungsstufe, auf der du dich im Augenblick befindest. Die Übungen bilden einen zusammenhängenden Block innerhalb dieses Buches, und so kannst du mit der ersten Übung anfangen und eine nach der anderen an einem einzigen Nachmittag durchführen, wenn du bereit dazu bist. Aber du kannst sie natürlich auch im Laufe von ein paar Wochen absolvieren. Sei liebevoll und geduldig mit dir, und gehe die Sache spielerisch an. Vergiß nicht: Du bist ein einmaliges Wesen, und deshalb wirst du auch deine ganz eigenen, individuellen Erfahrungen beim Channeling sammeln.

Wie immer, wenn du etwas Neues lernst, solltest du bis zu einem gewissen Grad bereit sein, völlig unbekanntes Terrain zu erkunden. Es ist ganz normal, daß Menschen aufgeregt, ja sogar nervös und ein bißchen ängstlich sind, wenn ihnen zum erstenmal die Gelegenheit zum Channeln geboten wird. Führe diese Übungen nur durch, wenn du auch wirklich innerlich bereit dazu bist. Solltest du dich im Augenblick noch nicht gut damit fühlen, ist es vielleicht besser, diesen Abschnitt zu überspringen und erst einmal bei Teil III, Kapitel 10 unseres Buches weiterzulesen, wo wir von unseren Channeling-Erfahrungen und den Erlebnissen anderer Medien berichten. Wenn du wirklich den Wunsch hast zu channeln, wird der richtige Zeitpunkt dafür schon kommen – wahrscheinlich viel eher, als du glaubst.

Man kann sich aufs Channeln vorbereiten; vielleicht hast du schon viel dafür getan. Zunächst einmal solltest du einen Zustand der Entspannung erreichen und aufrechterhalten und dich in diesem entspannten Zustand mindestens fünf Minuten lang konzentrieren können. Bei der Meditation oder Selbsthypnose ist dir das vielleicht schon gelungen.

Wenn du das Gefühl hast, dich gut entspannen und konzentrieren zu können, absolviere die ersten beiden Übungen sehr rasch und beginne dann mit der dritten Übung, «Wie man sich auf die Energie der Lebenskraft einstimmt». Denke daran, daß Entspannung und Konzentration die beiden wichtigsten Stützpfeiler des Channeling sind. Das sind die beiden Bereiche, an denen du arbeiten kannst, um deine Channeling-Fähigkeiten weiterzuentwickeln und die Botschaften deines Geistführers immer klarer und deutlicher zu empfangen und zu übermitteln. Wenn es dir im Augenblick noch schwerfallen sollte, einen entspannten, konzentrierten Trancezustand zu erreichen, werden dir die beiden ersten Übungen dabei Hilfestellung leisten. Mache dich erst einmal ein paar Tage lang mit verschiedenen Entspannungstechniken vertraut, und lerne, dich zu konzentrieren, wie es in der Konzentrationsübung gezeigt wird. Auch durch Tonkassetten mit geführten Meditationen kannst du lernen, wie man einen Trancezustand erreicht. Du kannst selber Texte auf Kassette aufsprechen oder auch fertige Tonkassetten mit Meditationstexten benutzen. Die einzelnen Schritte unserer Übungen sind so angelegt, daß du sie als Richtlinien zur Erstellung eines eigenen Meditationstextes benutzen kannst, um dich in Trance zu versetzen.

Es gibt auch Zeiten, in denen man lieber nicht channeln lernen, sondern mit diesen Übungen noch warten sollte. Wenn du krank bist, gerade Kummer oder einen Schock erlitten hast oder eine sehr schwere Krise durchmachst, ist das kein günstiger Zeitpunkt für den Einstieg ins Channeling. Auch während einer längeren Depression oder in Zeiten körperlicher oder geistiger Erschöpfung solltest du nicht channeln lernen. Am besten ist es, den ersten Kontakt zu deinem Geistführer zu knüpfen, wenn du gesund, ausgeruht und positiv eingestellt bist. Sobald du eine klare Verbindung zu deinem Führer aufgebaut hast, wirst du dich mit Hilfe dieses Kontakts sogar aus negativen emotionalen Zuständen befreien können. Doch wenn du momentan noch unverarbeitete Ängste oder Zweifel und unbeantwortete Fragen mit dir herumschleppst, warte mit dem Channeln lieber, bis du dich gründlich mit diesen Problemen auseinandergesetzt und eine akzeptable Lösung dafür gefunden hast.

Der Weg zur Meisterschaft sieht beim Channeling nicht anders aus als bei jeder anderen Fähigkeit, die man sich aneignet. Du solltest bereit sein, ständig dazuzulernen, felsenfest entschlossen sein, es zu schaffen, und ehrliche Begeisterung und Offenheit für alles zeigen, wodurch du deine Fähigkeiten verbessern kannst. Dein Wunsch, ein sehr gutes, klares Medium zu werden, ist der beste Lehrmeister, den es gibt.

Die nun folgenden Übungen und Techniken bauen alle aufeinander auf. Sie stellen eine Möglichkeit dar, das Channeln zu erlernen. Strebe jedesmal, wenn du sie machst, so weit wie möglich in höhere Dimensionen empor, dann wird sich deine Fähigkeit, mit den oberen Ebenen in Kontakt zu treten, allmählich immer mehr verbessern. Du kannst dazu die Techniken in diesem Buch benutzen oder auch eigene, ähnliche Methoden entwickeln. Sobald du channeln gelernt hast und dieses Erlebnis dir vertraut geworden ist, empfehlen wir dir, die äußeren Formen und Techniken, die du in diesem Buch gelernt hast, aufzugeben und deinen eigenen Stil zu entwickeln. Uns fällt es leicht, uns in Trance zu versetzen; wir brauchen dazu kaum oder gar keine Rituale.

Manche Kursteilnehmer fragen uns: «Muß ich mich dabei unbedingt in weißes Licht einhüllen?» Am Anfang ist es vielleicht wirklich besser, dich in deiner Phantasie mit einer weißen Lichtblase zu umgeben. Dieses Licht brauchst du nicht, um dich zu beschützen, sondern um deine Schwingung zu erhöhen. Wir benutzen das Bild von der Lichtblase nur, wenn wir anderen Menschen beim Channeln assistieren, denn anscheinend können sie mit diesem Hilfsmittel leichter ihre Zweifel über Bord werfen und in einem höheren Zustand bleiben. Wenn Sanaya in Trance fällt und als Orin zu uns spricht, hat sie das Gefühl, sich von allem zu lösen und sich ganz einem höheren Wesen hinzugeben. Sie umgibt sich nicht mit einer Lichtblase, bevor Orin kommt, denn wenn Orin kommt, IST er Licht.

Am besten ist es, mit einer Haltung innerer Freude zu channeln. Laß dich beim Channeling stets davon leiten, was dir Freude bereitet. Experimentiere! Lasse nichts zu einem Muß oder Soll für dich werden. Je mehr du dich an die Channeling-Zustände gewöhnst, um so feinere Nuancen wirst du entdecken, die es in diesen Räumen gibt. Die Bereiche, in die du dich während des Channelns begeben kannst, sind endlos. Es sind Tore zu grenzenlosen neuen Wachstumserfahrungen. Wenn du dich erst einmal in Entspannungstechniken üben möchtest, führe zunächst die Übung «Wie man sich entspannt» aus. Sobald du gelernt hast, dich zu entspannen, gehe weiter zur Übung «Wie man konzentriert bleibt». Sobald du beides beherrschst, beschäftige dich als nächstes mit der Übung «Wie man sich auf die Energie der Lebenskraft einstimmt».

Übung von Orin und DaBen
Wie man sich entspannt

Ziel: Diese Übung ist die grundlegende Vorbereitung darauf, dich in Trance zu versetzen. Wir möchten, daß das Channeling für dich ein müheloses, freudvolles, entspannendes Erlebnis ist.

Vorbereitung: Wähle einen Zeitpunkt, an dem du mindestens zehn bis fünfzehn Minuten lang ungestört bist. Stelle das Telefon leise. Wenn du mit anderen Menschen zusammenlebst, sag ihnen, daß du jetzt deine Ruhe haben möchtest, und schließe die Tür. Es ist erstaunlich, wie anziehend ein friedlicher, meditativer Zustand auf Kinder und andere Menschen wirken kann, die dann plötzlich mit dir reden wollen.

Schaffe dir eine angenehme, beruhigende Umgebung. Trage keine eng sitzende Kleidung; es ist wichtig, daß du dich behaglich fühlst. Wähle einen Augenblick, in dem du hellwach bist. Wenn du gerade gegessen hast oder müde bist, verschiebe diese Übung auf später. Schalte eine leise, besänftigende, beruhigende Musik ein.

Übungsschritte:

1. Finde eine bequeme Sitzposition – entweder auf einem Stuhl oder auf dem Boden –, die du mühelos zehn bis fünfzehn Minuten lang beibehalten kannst.
2. Schließe die Augen. Beginne langsam und ruhig zu atmen: ungefähr zwanzig langsame, rhythmische, zusammenhängende Atemzüge in den oberen Brustkorb.

3. Lasse alle deine Sorgen los. Sieh, wie sie verschwinden. Wenn dir ein Gedanke kommt, stell dir vor, daß er auf einer schwarzen Tafel steht, und dann wische ihn weg – leicht und mühelos. Oder hülle jeden Gedanken in eine Blase ein, die langsam davonschwebt.
4. Entspanne deinen Körper. Spüre, wie du ganz ruhig und gelassen wirst. Reise in Gedanken durch deinen Körper, und entspanne jeden einzelnen Körperteil: Füße, Beine und Schenkel, Bauch, Brust und Arme, Hände, Nacken und Schultern, deinen Kopf und dein Gesicht. Dein Mund ist leicht geöffnet. Lockere auch die Muskeln rund um die Augen.
5. Hülle dich in eine weiße Lichtblase ein. Stell dir ihre Form vor, ihre Größe und ihr helles Strahlen. Experimentiere damit, sie so lange größer und wieder kleiner werden zu lassen, bis sie genau die richtige Größe hat.
6. Wenn du ganz ruhig und entspannt und zur Rückkehr bereit bist, ziehe deine Aufmerksamkeit langsam wieder ins Zimmer zurück. Genieße den Zustand der Ruhe und des Friedens.

Auswertung: Wenn du dich jetzt ruhiger und entspannter fühlst als sonst – und richte dich dabei nur nach deiner Empfindung, nicht nach dem Gefühl anderer Menschen –, dann kannst du zur nächsten Übung («Wie man konzentriert bleibt») weitergehen. Solltest du dich nicht ruhiger und entspannter fühlen als gewöhnlich, dann beende die Übung für heute und wiederhole sie ein anderes Mal, oder gehe die Übungsschritte noch einmal durch, und nimm dir diesmal mehr Zeit, um deine einzelnen Körperteile zu entspannen. Versuche, eigene Techniken oder Gedanken zu entwickeln, die dich in einen ruhigeren, entspannteren Zustand versetzen. Wenn es dir jetzt immer noch nicht gelingen sollte, dich zu entspannen, reicht es normalerweise aus, ein bis zwei Wochen lang jeden Tag ungefähr zwanzig Minuten zu üben, um dich an diesen Zustand tieferer Entspannung und innerer Stille zu gewöhnen. Dieses Verfahren ist zwar keine unbedingte Voraussetzung fürs Channeling, aber es trägt dazu bei, dich an die innere Verfassung zu gewöhnen, die für die Kontaktaufnahme mit deinem Geistführer am günstigsten ist.

Konzentration – ein wesentlicher Bestandteil des Channeling-Raums

Orin und DaBen: Die Fähigkeit, sich zu konzentrieren, damit man gleichzeitig Energie empfangen und weitergeben kann, ist ein wichtiger Bestandteil des Channeling. Wenn du einen anderen Menschen heilst, mußt du ein Empfangskanal für die höhere Energie sein und gleichzeitig alle Handgriffe ausführen, die für die Heilung erforderlich sind. Wenn du verbale Informationen von deinem Geistführer erhältst, mußt du seine Botschaften empfangen und dabei gleichzeitig sprechen. Für manche Menschen besteht die größte Herausforderung beim Channeling darin, daß sie zwar leicht Botschaften von ihrem Führer empfangen, es ihnen aber schwerfällt, sie gleichzeitig auszusprechen. Diese mental-physische Fähigkeit läßt sich jedoch erlernen.

Wenn du dich ruhig hinsetzt, um zu meditieren oder dich zu entspannen, können alle möglichen Gedanken auftauchen. Eine Frau erzählte uns, daß ihr jedesmal, wenn sie sich zum Channeln niedersetzte, alles einfiel, was sie noch zu erledigen hatte: Menschen, die sie vergessen hatte anzurufen, Briefe, die beantwortet werden mußten, und alle möglichen Arbeiten im Haus. Daraufhin nahm sie sich vor, einen Notizblock bereitzuhalten, auf dem sie diese Gedanken niederschreiben konnte. Sobald sie wußte, daß sie alles notiert hatte, konnte sie sich entspannen und tiefer in Trance sinken. Doch wenn sie diese Dinge nicht aufschrieb, machte sie sich so große Sorgen, sie vielleicht zu vergessen, daß es ihr schwerfiel, einen tieferen Trancezustand zu erreichen, und schließlich brach sie die

Übung ab. Bei ihr hat der Trick mit dem Notizblock funktioniert. Wenn du das gleiche Problem hast, dann probiere aus, ob er auch bei dir wirkt.

Es ist wichtig, daß du dir genügend Zeit nimmst, dich an Zustände erweiterten Bewußtseins zu gewöhnen. Lerne, den normalen Fluß deiner Gedanken zum Schweigen zu bringen und dich immer nur auf eine einzige Idee zu konzentrieren. Mach dir keine Sorgen, wenn dir das Konzentrieren vorläufig noch schwerfallen sollte; wenn du weiterübst, wird es dir mit der Zeit immer leichter gelingen. Deine Fähigkeit, dich zu konzentrieren und deine Aufmerksamkeit auf einen einzigen Punkt zu richten – nämlich nach oben –, ist die Voraussetzung für eine klare Verbindung zu deinem Geistführer.

Übung von Orin und DaBen
Wie man konzentriert bleibt

Ziel: Der menschliche Geist ist von Natur aus aktiv und arbeitet schnell. Um channeln zu können, muß er diese Aktivitäten und dieses Tempo auf den Informationsfluß konzentrieren, der von deinem Geistführer stammt. Diese Fähigkeit läßt sich erlernen.

Vorbereitung: Du solltest nun schon in der Lage sein, dich in einen Zustand körperlicher und emotionaler Entspannung zu versetzen. Wenn du möchtest, kannst du dabei beruhigende, besänftigende Musik hören. Du kannst aber auch Papier und Kugelschreiber in deiner Nähe bereithalten.

Übungsschritte:

1. Sobald du dich ganz entspannt fühlst, wähle *ein* positives Element aus, das du gern in dein Leben integrieren möchtest. Das kann zum Beispiel Liebe, Mitgefühl, Freude oder innerer Friede sein.

2. Wenn du an diese positive Empfindung denkst, male dir aus, wie viele Möglichkeiten es gibt, sie in deinem Leben zu erfahren. Wie würde sie dein Leben verändern? Was würdest du anders machen, wenn du mehr davon hättest? Was würde sich an deiner Beziehung zu anderen Menschen ändern?
3. Behalte diese Vorstellungen und Gedanken so lange wie möglich klar und deutlich vor deinem geistigen Auge. Versuche es mindestens fünf Minuten lang.
4. Registriere, wie sich Gedanken über andere Themen dazwischendrängen. Wenn sie wichtig sind und du sie nicht vergessen darfst, notiere sie, damit du sie wieder aus deinem Denken ausschalten kannst.

Wiederhole diese Übung öfters, und konzentriere dich beim nächsten Mal auf einen Gegenstand, beispielsweise eine Blume, einen Kristall oder irgend etwas anderes, wozu du dich hingezogen fühlst. Betrachte diesen Gegenstand – seine Farbe, seine Größe und alle seine Einzelheiten – mindestens fünf Minuten lang, ohne daß sich andere Gedanken dazwischenschieben.

Du kannst auch versuchen, dir vorzustellen, daß irgendein hochstehendes Wesen – ein Meister – vor dir sitzt. Male dir aus, wie du diesem Meister in die Augen schaust und dich auf seine oder ihre höhere Schwingung einstimmst. Versuche dieses Bild und diese Verbindung mindestens fünf Minuten lang aufrechtzuerhalten.

Auswertung: Achte darauf, wie lange du dich konzentrieren kannst. Fünf Minuten sind für den Anfang schon sehr gut. Wenn du es noch nicht so lange schaffen solltest, dann versuche es ungefähr eine Woche lang mit einer Minute pro Tag, bis es dir gelingt, mindestens fünf Minuten hintereinander konzentriert zu bleiben. Sobald du deine Konzentration fünf Minuten oder noch länger aufrechterhalten kannst, gehe weiter zur nächsten Übung: «Wie man sich auf die Energie der Lebenskraft einstimmt.»

Übung von Orin und DaBen
Wie man sich auf die Energie der Lebenskraft einstimmt

Ziel: Beim Channeln solltest du die Gegenwart deines Geistführers auf intuitiver, gefühlsmäßiger Ebene spüren. Wenn du die feinen Schwingungen der Energie der Lebenskraft wahrnimmst, beginnt sich dein Bewußtsein zu öffnen.

Vorbereitung: Es ist gut, wenn du dich nun schon entspannen und mindestens fünf Minuten lang konzentrieren kannst, so wie es in der Übung «Wie man konzentriert bleibt» gezeigt wurde. Bereite dich auf diese Übung genauso vor wie auf die Entspannungsübung; auch hier kannst du wieder Musik zu Hilfe nehmen. Wähle einen Ort und einen Zeitpunkt, wo du ungestört bist. Stelle Kristalle und Blumen bereit. (Du brauchst zwei Kristalle, am besten einen echten Quarz und einen Amethyst, und zwei Blumen oder Pflanzen, egal welcher Art, die du berühren kannst.)

Übungsschritte:

1. Finde eine bequeme Position, entspanne deinen Körper, bringe deine Gedanken und Gefühle zur Ruhe. Laß dir mindestens zwei oder drei Minuten Zeit, um dich zu entspannen. Stell dir vor, wie du deine ganze Energie von überallher im Universum zu dir zurückrufst. Male dir aus, wie du alle Energien anderer Personen, die du vielleicht in dich aufgenommen hast, losläßt und nach oben sendest.
2. Nimm einen der beiden Kristalle in deine rechte Hand, und heiße ihn willkommen. Spüre sein vollkommenes Muster. Stell dir vor, daß jeder Kristall über eine besondere Art von Energie verfügt, die irgend etwas, was dir guttut, verstärken kann. Spüre die Energie in diesem Kristall wirklich ganz intensiv. Frage ihn in Gedanken nach seiner Aufgabe, und versuche das, was du daraufhin spürst, in Worte zu fassen. Be-

schäftige dich mindestens zwei oder drei Minuten lang mit diesem Kristall.

3. Nun lege ihn wieder beiseite, und nimm den anderen in die Hand. Verfahre mit ihm genauso, und achte darauf, welche Unterschiede du zwischen den beiden Kristallen wahrnimmst. Vielleicht hast du das Gefühl, daß die Energie nur deiner eigenen Vorstellungkraft entspringt. Genauso soll es sein. Du merkst jetzt, daß du Energie auf dieser feinstofflichen Ebene spüren KANNST.
4. Lege die Kristalle beiseite, und nimm eine der Blumen in die Hand, oder berühre eine der Pflanzen. Begrüße diese Blume oder Pflanze, und lerne sie kennen. Achte darauf, wie du ihre Lebendigkeit, ihre Energie zu spüren vermagst. Spüre und begrüße sie mindestens zwei bis drei Minuten lang.
5. Lege sie wieder weg, und nimm die andere Blume zur Hand, oder berühre die andere Pflanze. Begrüße auch sie, und lerne sie kennen. Achte darauf, wie du ihre Lebendigkeit, ihre Energie spüren kannst. Achte auch auf die Unterschiede in den Energien der beiden Blumen oder Pflanzen.
6. Nun erwache wieder aus deiner Trance, strecke dich, und öffne die Augen.
7. Führe dir deine Erkenntnisse vor Augen, und laß dich von dem Wissen erfüllen, daß du die feinstofflichen Energien anderer Lebensformen voller Leichtigkeit erspüren kannst. Versuche, dich an möglichst viele Eigenschaften der Lebenskraft der Kristalle und Blumen zu erinnern.

Auswertung: Es ist gut, wenn du diese feinen Schwingungen spüren kannst – wenn auch vielleicht nur ganz schwach und von dem Gefühl begleitet, dir das alles nur einzubilden. Gehe nun weiter zur nächsten Übung, «Die richtige Körperhaltung, um sich in Trance zu versetzen». Wenn du bis jetzt noch nichts spüren konntest, wiederhole diese Übung noch mehrere Male zu anderen Zeiten – so lange, bis es dir gelingt.

Übung von Orin und DaBen
Die richtige Körperhaltung, um sich in Trance zu versetzen

Ziel: Die Körperhaltung zu finden, die deinem Trancezustand am besten dient, in der du höhere spirituelle Ebenen erreichen und dich in harmonischen Einklang mit ihnen bringen kannst.

Vorbereitung: Du hast die Übung «Wie man sich auf die Energie der Lebenskraft einstimmt» bereits gemacht und kannst dich nun schon ganz gut entspannen und konzentrieren. Trage locker sitzende Kleidung, und setze dich in einer bequemen, aufrechten Haltung, in der du ungefähr zwanzig Minuten lang bleiben kannst, auf den Fußboden oder einen Sessel. Sitze gerade; achte darauf, daß die Wirbelsäule aufgerichtet ist. Wenn du auf dem Boden sitzt, ist es vielleicht angenehmer, ein Kissen als Unterlage zu benutzen. Dein physischer Körper sollte sich bis zu einem gewissen Grad behaglich fühlen – nicht unbedingt ganz schmerzfrei, doch so, daß etwaige Schmerzen oder unangenehme Gefühle beim Sitzen dich nicht ablenken. Im Zimmer sollte es weder zu warm noch zu kalt sein. Schalte Musik ein, die dazu beiträgt, dir ein hohes, spirituelles Gefühl zu vermitteln.

Übungsschritte:

1. Schließe die Augen, und beginne dich zu entspannen. Bringe deine Gedanken und Gefühle zur Ruhe. Laß dir mindestens zwei bis drei Minuten Zeit, dich zu entspannen und deine Gedanken verstummen zu lassen. Rufe alle deine Energien, die du vielleicht im Universum verstreut hast, zu dir zurück.
2. Stell dir vor, daß du gleich eine Reise nach oben in die höheren Bereiche des Lichts und der Liebe machen wirst. Stimme deine Energie darauf ein, so daß du das Gefühl bekommst, dich in einem hohen spirituellen Raum zu befinden. Du kannst alle beliebigen geistigen Bilder benutzen, die dazu

beitragen, dieses besondere Gefühl in dir zu wecken. Stell dir vor, wie du unter dem Sternenhimmel liegst, oder erinnere dich an das Gefühl der Andacht, das du in einer Kirche oder einem Tempel empfindest. Stimme dich auf irgend etwas ein, was dich in einen höheren Raum emporhebt und dazu beiträgt, daß du die Einheit mit dem Gott in deinem Inneren besser spürst.

3. Gib dich ganz dieser Stimmung hin. Vielleicht mußt du deine Haltung dazu ein wenig verändern. Experimentiere mit *ganz leichten* Bewegungen deines Gesichts, deines Halses und deiner Schultern. Entdecke, in welchen Körperhaltungen du dich innerlich weiter und ausgedehnter fühlst und höhere Gedanken fassen kannst. Atme einmal tief in den oberen Brustkorb hinein, und achte darauf, wie deine Haltung sich dabei verändert und dein Kopf automatisch eine andere Position einnimmt. Halte deinen Kopf so, daß es sich anfühlt, als schwebe er. Du kannst ihn ein wenig nach vorn oder nach hinten, nach rechts oder nach links neigen. Probiere ruhig verschiedene Neigungswinkel aus. Verlangsame deine Gedanken, und entspanne deinen Bauch. Achte darauf, wie du dich manchmal gerade durch minimale Veränderungen in deiner Körperhaltung völlig anders fühlst.
4. Erlebe deine inneren Sinne. Lausche in all deine Sinnesorgane hinein. Merkst du, wie sich deine stummen Selbstgespräche und dein ständiges inneres Beschäftigtsein dabei allmählich legen? Fällt dir auf, daß deine Umgebung, das Zimmer, die Geräusche, Gerüche und Energien dir jetzt plötzlich viel deutlicher zu Bewußtsein kommen? Laß dich von dieser Bewußtheit höher emporheben.
5. Achte auf deine Atmung. Entspanne deine Hände und Handgelenke. Vielleicht spürst du sogar ein leichtes Kribbeln, und dir wird plötzlich wärmer, wenn du den Kanal zu einer höheren Energie zu öffnen beginnst. Öffne dich ganz den höheren Bereichen, die jenseits der Erdebene liegen. Stell dir vor, daß

alle Zellen in deiner rechten Gehirnhälfte – deinem empfangenden Geist – die höheren Realitätsebenen vollkommen widerspiegeln. Male dir aus, wie die höhere Energie mit hundertprozentiger Präzision und Klarheit von deiner rechten in die linke Gehirnhälfte – deinen bewußten Geist – strömt. Beobachte dein Denken, als sei es ein klarer Gebirgssee, in dem sich die höheren Bereiche spiegeln. Verweile ein paar Minuten dabei, diese höheren Schwingungen in dich aufzunehmen.

6. Strebe im Geiste so hoch empor, wie du nur kannst. Vielleicht hast du dabei ein viel intensiveres Gefühl der Liebe und des Mitgefühls als sonst. Fühle dich zentriert, ausgeglichen, offen und voller Liebe. Experimentiere ruhig ein wenig, indem du dich mehrmals in diesen Raum hinein- und wieder hinausbewegst. Achte darauf, wie dein Körper diesen Veränderungen folgt und wie du dieses Gefühl unmittelbar und spontan durch deine Gedanken beeinflussen kannst.
7. Sobald du ein paar der Möglichkeiten erkundet hast, die sich dir von diesem Raum aus bieten, kehre wieder in dein Zimmer zurück, und sei ganz wach und in der Gegenwart.

Übe an den verschiedensten Orten und unter den verschiedensten Umständen, dich in diesem Channeling-Raum zu bewegen. Lerne, Alltagssituationen zu erkennen, in denen du dich vielleicht ganz spontan in einem Channeling-Raum befindest, zum Beispiel, wenn du dich auf die Lösung eines Problems konzentrierst, jemandem deine Liebe schenkst oder vielleicht einen guten Rat gibst, oder wenn du malst, zeichnest, jemandem etwas beibringst, und so weiter. Mache dich nicht von einer bestimmten Haltung oder Situation abhängig, die dann vielleicht zu einem Ritual oder Muß wird. Lerne, in allen möglichen Situationen eine gute Verbindung zu deinem Geistführer oder einen guten Channeling-Zustand herzustellen.

Auswertung: Wenn du bei dieser Übung ein intensiveres Gefühl der Liebe und des Mitgefühls hattest als sonst oder dich innerlich weiter und ausgedehnter fühltest, kannst du jetzt bei Kapitel 7 («Wie man mit dem Geistführer Kontakt aufnimmt») weiterlesen. Wenn dir das alles noch sehr schwergefallen ist, machst du die Dinge vielleicht komplizierter, als sie sind. Entspanne dich, löse dich von allen vorgefaßten Meinungen, welches Gefühl du bei diesen Übungen haben solltest, und führe die Übung noch einmal durch – so schnell oder so langsam, wie du es am angenehmsten erlebst.

7 Wie man mit dem Geistführer Kontakt aufnimmt

Willkommen!

Orin und DaBen: Es ist soweit! Jetzt ist der Augenblick gekommen, wo du deinen Kanal öffnen kannst. Du hast schon so lange davon geträumt, so viel darüber gelesen und nachgedacht; jetzt wirst du es endlich tun!

In der ersten Übung werden dich die Geistführer willkommen heißen. Du wirst deinen eigenen Geistführer (oder deine Geistführerin) herbeirufen und ein «mentales» Gespräch mit ihm oder ihr führen. Dabei kannst du dir auch darüber klarwerden, ob dies das Geistwesen ist, welches du künftig verbal channeln wirst; wenn ja, dann gehe zur nächsten Übung («Wie man seinen Geistführer verbal channelt») weiter.

Seit du begonnen hast, dieses Buch zu lesen, ist schon einige Zeit vergangen. Deshalb schlagen wir dir vor, Kapitel 3, 4 und 5 noch einmal zu lesen, in denen steht, wer die Geistführer sind, wie sie mit dir kommunizieren und was für ein Gefühl du beim Channeln haben wirst.

Mache diese Übungen nur, wenn du auch wirklich innerlich bereit, gesund und emotional positiv eingestellt bist und wenn du meinst, dir im großen und ganzen darüber klar zu sein, woran man einen hochstehenden Geistführer erkennt. Denke immer daran: Du bist bei deinen Bemühungen nicht allein. Dein Geistführer wird dich dabei unterstützen; das ist einer der Gründe, warum dir das Channeln eventuell sogar leichterfallen könnte, als du denkst.

Übung von Orin und DaBen
Willkommenszeremonie im Reich deines Geistführers und erste Begegnung mit ihm

Ziel: Mit dieser Übung wirst du im Reich deines Geistführers willkommen geheißen. Durch sie kannst du dir einen bewußten Eindruck von dem Geistwesen verschaffen, das du channeln wirst.

Vorbereitung: Du beherrschst inzwischen die Übungen «Wie man sich auf die Energie der Lebenskraft einstimmt» und «Die richtige Körperhaltung, um sich in Trance zu versetzen» aus Kapitel 6. Schalte irgendeine schöne, beruhigende Musik ein, die ein Gefühl der Andacht in dir weckt und erhebend auf dich wirkt; wähle ein Musikstück aus, das dir schon früher – zum Beispiel bei der Übung der richtigen Trancehaltung – ein Gefühl innerer Weite vermittelt hat.

Übungsschritte:

1. Nimm deine Trancehaltung ein; achte darauf, daß du bequem und mit geradem Rücken sitzt. Überprüfe deine Körperhaltung noch einmal. Beginne bei den Füßen; achte auf die Stellung deiner Hände, deines Rückens, deiner Beine. Werde dir deiner Atmung bewußt. Schließe die Augen, und atme ein paarmal tief ein und aus. Versetze dich in Trance, so wie du es geübt hast.
2. Nun stell dir vor, wie du immer höher emporschwebst, über deine gewöhnliche Realität hinaus und in eine höhere Dimension der Liebe, des Lichts und der Freude hinein. Male dir aus, wie du in Licht badest; spüre, daß der Raum um dich herum von einem schönen, sanften, weißen Licht erfüllt ist.
3. Und jetzt sieh vor deinem geistigen Auge, wie sich dir viele Lichtwesen nähern. Fühle ihre liebevolle Zuwendung. Öffne dein Herz, um dieses Geschenk zu empfangen. Stell

dir vor, wie sich die Tore zwischen deiner und ihrer Realität öffnen. Spüre die Anwesenheit vieler liebevoller hochstehender Wesen überall um dich herum, die dich in den höheren Bereichen willkommen heißen, wo Freude und bedingungslose Liebe herrschen. Stell dir vor, wie sie ein Tor zu dieser Welt für dich schaffen.

4. Sei dir darüber klar, daß es kein Zufall ist, daß du diesen Kontakt jetzt herstellst. Halte dir die ganze Kette von Ereignissen vor Augen, die zu diesem Augenblick geführt hat: all die zufälligen Begegnungen, die Bücher, die du gelesen hast, und die Veränderungen, die in deinem Leben bereits stattgefunden haben. Dein Geistführer und die anderen Geistwesen sind sich deiner Anwesenheit bewußt und entbieten dir einen ganz speziellen Willkommensgruß, wenn du dich ihnen näherst.
5. Und nun sieh eine Tür vor dir. Jenseits dieser Tür liegt eine Welt des Lichts und der höheren Schwingung, die es dir ermöglicht, dich viel schneller weiterzuentwickeln. Horche in dich hinein, in dein Herz, und frage dich, ob du bereit bist, von nun an mehr für dich selbst und deinen Weg im Dienste für andere zu tun. Wenn du bereit bist, *geh durch dieses Tor hindurch.* (Solltest du momentan innerlich noch nicht bereit sein, so macht es auch nichts, wenn du das Tor erst nach ein paar Wochen durchschreitest.) Spüre, wie das Licht sich über dich ergießt, dich heilt und reinigt. Öffne dein Leben dieser neuen Ebene des Lichts. Mache dir klar, daß diese Tür wirklich existiert und daß sich dein Leben verändern wird, sobald du hindurchgehst.
6. Es gibt einen Plan für die Entwicklung der Menschheit, den viele höhere Geistwesen aussenden. Sitze ganz still da, und stell dir vor, wie du dich auf diese Botschaft einstimmst. Tue so, als ob all deine Energien sich an diesem Plan orientieren, so daß alles, was du von heute an auf deinem Lebensweg tust, mit diesem höheren Plan übereinstimmt. Du wirst nun

ein Kanal für das Licht sein, ganz gleich, auf welche Weise du dein inneres Wachstum weiterverfolgst.

7. Achte auf deine Körperhaltung, während du immer höher emporschwebst, und korrigiere sie, falls es notwendig sein sollte. Bitte den höchsten Geistführer und Lehrer, der auf dich eingestimmt ist, vorzutreten. Stell dir vor, daß dein Geistführer, dein ganz spezieller Führer, daraufhin tatsächlich auf dich zukommt. Spüre dieses Geistwesen und seine Liebe zu dir. Sei innerlich ganz offen und aufnahmebereit. Fühle, wie dein Herz diesen Geistführer willkommen heißt, und spüre seine Reaktion auf diesen Gruß. Glaube daran, daß das alles wirklich geschieht! Deine Vorstellungskraft ist die Fähigkeit, die dem Channeling am nächsten kommt, und sie ist am Anfang auch der Kanal, durch den dein Führer am leichtesten mit dir in Verbindung treten kann.
8. Wie sieht dein Geistführer aus, was für ein Gefühl hast du in seiner Gegenwart? Lasse die Eindrücke in dich hineinströmen. Bewerte oder zensiere die Empfindungen, Bilder, Eindrücke oder Informationen nicht, die du empfängst. Mache dich mit diesem erhabenen Gefühl vertraut, das du in der Gegenwart deines Geistführers empfindest.
9. Und nun begrüße deinen Geistführer in Gedanken. Frage ihn, ob er aus dem Licht kommt. Bekräftige noch einmal, daß du um Kontakt mit dem höchstmöglichen Führer bittest, der auf dein höheres Wohl und deinen spirituellen Weg eingestimmt ist. Vielleicht möchtest du dich erst einmal mental mit ihm unterhalten, bis du dich bei dem Gedanken gut fühlst, ihn näher an dich herankommen zu lassen. Wenn dir bei diesem Geistführer unwohl zumute ist, frage ihn, ob er dir irgend etwas Wertvolles vermitteln will, und dann fordere in auf, fortzugehen. Bitte nochmals darum, daß ein hochstehender, heilender Meister-Lehrer zu dir kommt. (Wenn du an dieser Stelle noch Fragen haben solltest, lies noch einmal Kapitel 4.) Sobald du das Gefühl hast, den rich-

tigen Geistführer gefunden zu haben, führe den nächsten Übungsschritt aus.

10. Nun, wo du fest entschlossen und bereit bist, verbal zu channeln, bitte deinen Geistführer, alles in seiner Macht Stehende zu tun, um den Kanal zwischen euch zu öffnen. Fordere ihn oder sie auf, dir mental mitzuteilen, ob du noch irgend etwas tun mußt, um dich aufs verbale Channeln vorzubereiten.
11. Sobald du diese Botschaften erhalten hast, danke allen Lichtwesen, und spüre ihre Wertschätzung und Anerkennung. Bedanke dich auch bei deinem Geistführer, und bitte ihn oder sie, dir zur Seite zu stehen, wenn du dich nun fürs verbale Channeln bereitmachst. Verabschiede dich, und gleite langsam und mühelos wieder in deine normale Alltagsrealität zurück. Jetzt hast du Verbindung mit dem Geistführer aufgenommen, den du verbal channeln wirst.

Auswertung: Wenn es dir gelungen ist, durch das Tor zu gehen und deinen Geistführer mental zu spüren und ihm zu begegnen, kannst du die nächste Übung durchführen: «Wie man seinen Geistführer verbal channelt.»

Wenn du zwar durch das Tor gegangen bist, aber keinen Geistführer wahrnehmen oder im Geist mit ihm sprechen konntest, wiederhole diese Übung ein anderes Mal. Beginne erst dann mit der nächsten Übung, wenn du deinem Führer mental begegnet bist und mit ihm gesprochen hast.

Wenn du dich innerlich noch nicht bereit dazu fühltest, das Tor zu durchzuschreiten, dann warte noch mit der nächsten Übung. Das Durchschreiten dieses Tores und dein verstärktes Bemühen um dein eigenes inneres Wachstum sind wirklich große Schritte. Ehe du weitermachst, ist es vielleicht besser, erst einmal Kapitel 10 bis 13 zu lesen, wo wir die Channeling-Erfahrungen von Sanaya, Duane und anderen Medien beschreiben. Wenn du danach beschließt, doch durch das Tor zu gehen, dann wiederhole diese Übung noch einmal – so lange, bis du eine gute mentale Verbindung zu deinem Geistführer hergestellt hast.

Sanaya: Als Orin mir zum erstenmal die Gelegenheit bot, durch das Tor zu gehen, brauchte ich drei Wochen, bis ich «ja» sagte. Ich habe mir die Sache vorher genau überlegt. Schon ein paar Tage, nachdem ich «mental» durch das Tor geschritten war, begann sich mein Leben grundlegend zu verändern. Plötzlich ergaben sich überall Gelegenheiten, andere Menschen zu unterstützen und ihnen zu dienen. Duane hat ganz ähnliche Erfahrungen gemacht. Auch er nahm sich viel Zeit zum Nachdenken, ehe er sich zu diesem Schritt entschloß. Und auch in seinem Leben fanden innerhalb von ein paar Tagen drastische Veränderungen statt.

Übung von Orin und DaBen
Wie man seinen Geistführer verbal channelt

Ziel: In dieser Übung wird dein Geistführer mit Hilfe deiner Stimme sprechen, während du dich in Trance befindest. Du wirst seinen Namen erfahren und Fragen beantworten.

Vorbereitung: Du solltest alle vorigen Übungen bereits ausgeführt haben. Bevor du anfängst, lies erst einmal den ganzen Text dieser Übung, damit du weißt, worum es geht. Laß immer einen Kassettenrecorder mitlaufen, wenn du verbal channelst, denn du wirst wertvolle Erkenntnisse gewinnen, wenn du dir die gechannelten Informationen hinterher noch einmal anhörst. Achte darauf, wo sich das Mikrophon bei deinem Recorder befindet, damit du es nicht versehentlich zudeckst oder von dir weghältst. Du kannst natürlich auch ein separates Mikrophon benutzen. Schreibe das Datum, die Seite und vielleicht auch noch das Thema, um das es bei dieser Channeling-Sitzung geht, auf die

Kassette, und schiebe sie in den Recorder. Prüfe, ob Recorder und Mikrophone richtig funktionieren, und spüre, wie deine Stimme mit ihnen Kontakt aufnimmt. Es sind deine Übertragungsgeräte. Mit ihrer Hilfe kannst du deine Channeling-Informationen aufzeichnen und für den späteren Gebrauch sichern. Hülle deinen Recorder und die Mikrophone im Geiste in Licht ein, und stell dir vor, wie sie deine Channeling-Botschaften empfangen. Im Trancezustand werden mechanische Handgriffe dir vielleicht Schwierigkeiten bereiten. Denke also daran, den Kassettenrecorder schon vorher einzuschalten und auf die richtigen Knöpfe zu drücken.

Vergewissere dich, daß du die Abschnitte über die erste Begegnung mit deinem Geistführer und darüber, wie du seinen Namen erfährst, inzwischen gelesen hast. Auch die Fragen, die du deinem Geistführer stellen möchtest – einschließlich der persönlichen Fragen –, solltest du parat haben. Du kannst diese Fragen auch auf Kassette aufsprechen und sie dann auf einem zweiten Kassettenrecorder abspielen. Wenn du die Übung gemeinsam mit einem Freund oder einer Freundin machst, schreibe die Fragen für ihn oder sie auf einen Zettel. Achte darauf, daß er (oder sie) vorher die Anleitungen «Wie man einen Partner/eine Partnerin bei der ersten Begegnung mit dem Geistführer unterstützt und führt» gelesen hat.

Bleibe beim erstenmal nicht länger als vierzig Minuten in Trance. Es ist zwar nicht gefährlich, den Trancezustand länger auszudehnen, aber es kann dich ermüden. Sobald du spürst, daß die Verbindung schwächer wird oder daß du müde wirst, solltest du aus der Trance auftauchen. Den ersten Kontakt zu deinem Geistführer hast du nun schon geknüpft, und es wird noch viele weitere Gelegenheiten geben, mit ihm in Verbindung zu treten. Warte ungefähr eine Stunde, bevor du dich wieder in Trance versetzt.

Übungsschritte:

1. Wenn du möchtest, kannst du eine Musik auswählen, um dir diese Übung zu erleichtern. Nimm eine bequeme, aufrechte Sitzhaltung ein. Dann schließe die Augen, begib dich in deine Tranceposition, und versetze dich in Trance. Atme langsam und tief in den oberen Brustkorb. Stell dir vor, wie in deinem Hinterkopf und im oberen Nackenbereich ein goldenes Licht erstrahlt, um die Verbindung zu deinem Geistführer zu aktivieren. Wenn du möchtest, kannst du dich in deiner Phantasie auch in eine weiße Lichtblase einhüllen.
2. Nun stell dir vor, wie Energie und Licht in deine Kehle und deine Stimmbänder fließen. Öffne diesen Körperbereich für die hohe Lichtenergie deines Geistführers. Das kannst du zum Beispiel tun, indem du bei jedem Ausatmen die Silbe «Om» aussprichst. Entspanne dich noch tiefer, und wiederhole diesen Laut mehrere Minuten lang. Laß dich von dem Klang und der Schwingung emporheben.
3. Glaube einfach daran, daß du diese Verbindung mühelos herstellen kannst. Stimme deine Energie so ein, daß du spürst, wie du mit den höheren Bereichen des Lichts und der Liebe in Kontakt trittst. Und dann stelle dir wieder vor, wie du emporschwebst und dein ganzes Sein erweiterst und wie die Geistführer ein Tor für dich schaffen, durch das du hindurchgehen kannst.
4. Rufe denselben Geistführer zu dir, dem du schon begegnet bist. Begrüße ihn wieder. Vielleicht möchtest du im Geist noch einmal mit diesem Führer reden. Hast du auch wirklich das Gefühl, daß es sich um ein hochstehendes, weises, liebevolles Wesen handelt? Sobald du innerlich bereit und zuversichtlich bist, lasse deinen Geistführer näher in den Bereich deiner Aura und Energie eintreten.
5. Und jetzt stell dir vor, daß du deinen Geistführer aufforderst, tiefer in deine Energiesysteme einzudringen. Male dir aus, wie dein Führer sanft in deine Aura eintritt und sich dir be-

hutsam und liebevoll nähert. Spüre die Gegenwart deines Geistführers immer intensiver. Laß die Verbindung zwischen euch beiden immer enger werden, und bitte ihn oder sie, dich dabei zu unterstützen. Vielleicht sind weitere kleine Veränderungen in deiner Haltung, der Position deines Kopfes und Nackens erforderlich, um den Kontakt zu intensivieren und die Energie in deinem Hinterkopf und Nacken offenzuhalten. Stell dir vor, wie das Geistwesen ganz nah an dich herankommt, so daß du nun in seinem oder ihrem Licht sitzt; wisse aber auch, daß deine persönliche Energie dabei unversehrt bleibt. Stell dir vor, daß dein Ichgefühl stark und intakt ist.

6. Und nun laß deinen Geistführer ganz in deine Aura eintreten. Seine Schwingung ist sehr hell, liebevoll und weise; wahrscheinlich hast du das Gefühl, ganz von der Gegenwart eines liebevollen Wesens eingehüllt zu werden. Es wird dir vielleicht so vorkommen, als verstärke er oder sie das Beste in dir. Dabei sollte dich ein Wohlbefinden durchströmen. Öffne dich deinem Geistführer nur dann weiter, wenn du das Gefühl hast, daß es sich wirklich um ein hochstehendes Wesen handelt, und wenn er dir bestätigt, daß er aus dem Licht kommt. Wenn dich ein negatives Gefühl des Bedrücktseins oder des inneren Widerstandes beschleicht, lasse diesen Geistführer nicht weiter in deine Aura herein. Fordere ihn auf, sich zu entfernen, und bitte um Kontakt zu einem höherstehenden Geistwesen.
7. Achte auf deine Gefühle. Oft spürst du eine Art Mitgefühl, wenn wir zu dir kommen, denn wir sind liebevolle Wesen. Vielleicht empfindest du Ruhe und inneren Frieden. Wir wissen, daß es viel Zeit und Übung erfordert, die Verbindung zu uns zu verstärken. Du kannst unsere – Orins und DaBens – Energie anrufen, damit sie dich bei diesem Prozeß der inneren Öffnung unterstützt. Wir beglückwünschen dich heute zu deiner Bereitschaft, diesen ersten Kontakt zu knüpfen.

8. Nun stell dir vor, daß die Verbindung zu deinem Geistführer noch stärker wird. Und wenn dein Geist dir einflüstert: «Womöglich bilde ich mir das alles nur ein» oder «Habe ich auch wirklich Kontakt mit einem Geistführer aufgenommen?», löse dich von diesen Gedanken, und glaube vorläufig einfach daran, daß du tatsächlich mit einem hochstehenden Führer in Kontakt getreten bist, selbst wenn du es nicht spüren oder beweisen kannst.
9. Schalte deinen Kassettenrecorder ein, und bitte deinen Geistführer um einen Namen oder Laut, an dem du ihn oder sie künftig erkennen kannst. Nimm dir viel Zeit dafür. Wenn du keinen Namen empfängst, frage nach dem ersten Buchstaben des Namens oder des Lauts. Nimm diesen Namen unbedingt auf Kassette auf. Vielleicht werden dein Geistführer und du den Namen im Laufe der nächsten Wochen noch verändern. Manche Medien stellen auch fest, daß sie mehr als nur einen Geistführer haben; dann werden ihnen vielleicht mehrere Namen genannt. Sobald du einen Namen erfahren hast, geh zum nächsten Übungsschritt weiter. Wenn dir nicht gleich ein Name genannt werden sollte, macht das auch nichts, denn nicht alle Geistwesen besitzen einen. Manche Medien erfahren den Namen ihres Führers nie. Wenn du nach kurzer Zeit keine Bezeichnung empfängst, widme dich einfach dem nächsten Übungsschritt.
10. Beginne nun mit dem Channeling, indem du deinem Geistführer Fragen stellst. Wähle sie aus der Liste «Fragen, die man seinem Geistführer stellt, wenn man zum erstenmal channelt». Sollte es dir schwerfallen, Antworten auf die Fragen, die das Leben und das Universum betreffen, zu erhalten, stelle ihm die «Persönlichen Fragen». Wenn du keine konkreten Antworten empfängst, achte darauf, ob Bilder oder Symbole vor deinem inneren Auge aufsteigen, und wenn ja, dann beschreibe sie. Wenn du weder Antworten noch Bilder wahrnimmst, bitte deinen Geistführer, die Ver-

bindung noch weiter zu öffnen und zu verstärken. Dann sprich deine physischen Empfindungen oder sonstigen Gefühle laut aus, um eure verbale Verbindung anzukurbeln. Nimm alles, was du sagst, auf Kassette auf. Wenn es dir anfangs noch schwerfallen sollte, direkt im Namen deines Geistführers zu sprechen, gib die Botschaften einfach indirekt weiter, in Worten wie «Mein Geistführer sagt...». Wenn du irgendwo einen Schmerz oder ein unangenehmes Gefühl spürst, bitte deinen Geistführer um Unterstützung dabei, den schmerzenden Körperbereich zu öffnen.

11. Sobald du und dein Führer die Fähigkeit entwickelt habt, Fragen zu beantworten, dann fahre damit fort, solange es angenehm für dich ist. Sobald ihr fertig seid, sitze noch eine Weile ruhig da und genieße die Energie deines Geistführers, ehe du die Sitzung beendest. Es bedarf keiner Worte. Entdecke einfach das Gefühl der Harmonie, das dieser Zustand in dir auslöst.
12. Zum Schluß bitte deinen Geistführer, eure Verbindung zu intensivieren, damit es dir beim nächsten Mal noch leichter fällt, Kontakt mit ihm aufzunehmen.
13. Bedanke dich bei deinem Geistführer, und spüre auch seine Dankbarkeit dir gegenüber. Wache wieder auf aus deiner Trance. Strecke dich, bewege dich ein wenig, öffne die Augen, und trete wieder ganz ins Wachbewußtsein ein.

Auswertung: Herzlichen Glückwunsch, daß es dir gelungen ist, dich fürs Channeling zu öffnen! Das ist der Beginn einer ganz besonderen Beziehung. Willkommen im Reich der Freude und der Abenteuer, die dir nun bevorstehen. Bitte lies als nächstes die Einweihungszeremonie (das ist der letzte Abschnitt in diesem Kapitel).

Wenn du deinen Geistführer noch nicht erreicht haben solltest, wiederhole diese Übung einfach so lange, bis es dir gelingt, ihm zu begegnen. Normalerweise brauchen Menschen viel Konzentration, Geduld und Ausdauer, bis sie die Fähigkeit entwickeln, sich auf die richtige Schwingungsfrequenz emporzuheben. Bitte deinen Geistführer immer wieder, dich beim Aufbau dieser Verbindung zu unterstützen, und suche regelmäßig Augenblicke ungestörter Ruhe, in denen er dich erreichen kann. Wenn du diese Übung beim erstenmal allein ausprobiert hast, ist es vielleicht besser, dir beim nächstenmal von einer befreundeten Person assistieren zu lassen, die Fragen stellt und den Antworten deines Geistführers zuhört. (Nähere Anleitungen dazu findest du in dem Abschnitt «Wie man einen Partner/eine Partnerin bei der ersten Begegnung mit dem Geistführer unterstützt und anleitet».)

Wenn es dir nach ein paar Versuchen immer noch nicht gelungen ist, Kontakt aufzunehmen, solltest du es vielleicht mit einer anderen Methode versuchen. Du kannst die Ideen zum Beispiel auch durch deinen Geist in deine Hände und die Tastatur eines Computers oder einer Schreibmaschine fließen lassen oder das gleiche mit Papier und Kugelschreiber probieren. Manchen Menschen fällt es leichter, ihren ersten Channeling-Kontakt auf diese Weise herzustellen.

Solltest du dich nach dem Aufwachen aus der Trance immer noch «wie weggetreten» fühlen, liegt das daran, daß du die Verbindung zu deinem Geistführer nicht richtig abgebrochen hast. Gib dir die Anweisung, voll und ganz aus deiner Trance aufzuwachen. Vielleicht fällt dir das leichter, wenn du dich streckst und bewegst. Falls du danach immer noch dieses entrückte Gefühl spürst, geh nach draußen oder laufe in deiner Wohnung umher. Tue irgend etwas, was analytisches, linkshirniges Denken erfordert.

Wir haben dir empfohlen, mit geschlossenen Augen zu channeln, weil es einfacher ist, dich zu konzentrieren und innere Botschaften zu empfangen, wenn keine visuellen Reize auf dich einstürmen. Die meisten Medien channeln auch später weiterhin lieber mit geschlossenen Augen; es funktioniert aber auch, wenn man die Augen geöffnet hält.

Fragen, die man seinem Geistführer stellt, wenn man zum erstenmal channelt

SANAYA UND DUANE: Wenn du diese Übungen nicht mit einem Freund oder einer Freundin machst, ist es vielleicht sinnvoll, die folgenden Fragen auf eine zweite Kassette aufzusprechen und zwischendrin lange Pausen zu lassen. Sobald du mit deinem Geistführer Verbindung aufgenommen hast, schaltest du dann noch einen zweiten Recorder ein, damit du die Fragen im Trancezustand beantworten kannst. Wenn dir eine befreundete Person assistiert, laß ihn oder sie deinem Geistführer diese Fragen stellen. Wenn dein Führer nur ganz kurze Antworten gibt, bitte ihn, seine Worte näher auszuführen. Der Sinn dieser Fragen ist es, eine verbale Verbindung zu deinem Geistführer aufzubauen und zu festigen.

Manche Medien bekommen leichter Antworten auf die Fragen, die das Leben und das Universum betreffen, wenn sie zum erstenmal channeln. Wenn es dir schwerfällt, Antworten auf diese Fragen zu empfangen, so stelle deinem Geistführer die persönlichen Fragen, die als nächstes aufgelistet sind. Wenn du keine konkreten Antworten erhältst, sondern nur Bilder und Symbole vor deinem inneren Auge siehst, dann sprich über diese Bilder.

Fragen von Orin und DaBen
Fragen, die das Leben und das Universum betreffen

1. Ist es möglich, wirklich mit Freude zu leben? Was ist wirklich Freude? Wie kann man diese echte Freude von einem Gefühl der Freude unterscheiden, das bloße Illusion ist? Gibt es einen Unterschied zwischen der Freude des höheren Selbst und der Freude unseres persönlichen Ichs? Kann man auch beides empfinden?

2. Unterscheidet sich das höhere Selbst von dem Ich, das uns Menschen vertraut ist? Wie können wir unser höheres Selbst erreichen? Ist es bei allen Menschen gleich? Was für ein Gefühl vermittelt uns dieses höhere Selbst?
3. Welche Aufgabe hat unser Willen? Können wir ihn lenken, ohne Gewalt anzuwenden? Wie können wir ihn in eine andere Richtung lenken, um zu bekommen, was wir gern haben möchten? Wie kann unser Wille uns dienen? Was kann man tun, um zu manifestieren, was man sich wünscht (Übungen, Methoden usw.)?
4. Wie können Menschen mehr Licht in ihr Leben bringen?
5. Hat jedes Leben einen Sinn und ein Ziel? Aus welchen Gründen entscheiden sich Seelen, geboren zu werden? An was für Aufgaben arbeiten sie während ihrer irdischen Existenz?
6. Leben wir wirklich in einem freundlichen Universum, in dem alles in Hülle und Fülle vorhanden ist?
7. Können die Gedanken oder Gefühle anderer Menschen uns beeinflussen? Woran erkennt man, ob man unter einem solchen Einfluß steht, und was kann man dagegen tun?
8. Hat jede zwischenmenschliche Beziehung einen Sinn? Ist alles, was man in einem anderen Menschen sieht, eine Widerspiegelung dessen, woran man bei sich selbst arbeitet? Stimmt es, daß man eine Beziehung verändern kann, indem man sich selbst ändert?
9. Ist die Zukunft vorherbestimmt? Gibt es einen freien Willen? Was gewinnen die Menschen durch Willensfreiheit? Wie können sie die Zukunft erschaffen, die sie sich wünschen?
10. Hat auch die Erde selbst ein Bewußtsein oder eine Lebenskraft? Wie ist dieses Bewußtsein oder diese Kraft beschaffen? Was wünscht sich die Erde im Augenblick? Sendet sie irgendwelche Botschaften aus?
11. Wie kann man als einzelner Mensch zum Weltfrieden beitragen? Und was kann eine einzelne Person für den Schutz und die Bewahrung der Natur tun?

12. Was für einen Sinn hat es eigentlich, channeln zu lernen? Was für Dienste wird es mir und der Menschheit leisten?

Fragen von Orin und DaBen
Persönliche Fragen

Manche Menschen bekommen auf solche Fragen eher Antwort als auf die Fragen, die das Leben und das Universum betreffen. Stelle deinem Geistführer ein paar dieser Fragen. Wenn du keine Antwort bekommst und diese Übung nicht mit Unterstützung eines Freundes oder einer Freundin machst, dann sprich einfach in dein Mikrophon und beschreibe deine Gefühle, Gedanken, körperlichen Empfindungen usw. Es ist wichtig, daß du zu sprechen beginnst, auch wenn du am Anfang das Gefühl hast, daß das alles nur von dir selber stammt und nicht von deinem Geistführer. Sobald du eine verbale Verbindung zu deinem Führer aufgebaut hast, beginne wieder mit den Fragen, die das Leben und das Universum betreffen.

Allgemeine Fragen

1. Was hat mein Leben für einen Sinn?
2. Worin bestehen meine Lernaufgaben in diesem Leben?
3. Wie kann ich mehr Reichtum und Fülle in mein Leben bringen?
4. Was lerne ich gerade in meiner Beziehung zu ____________?
5. Welcher Weg ist im Augenblick mein höchster?
6. Wie kann ich meine Kreativität am besten zum Ausdruck bringen?
7. Wie kann ich inneren Frieden erlangen? Was für ein Gefühl wird es sein, wenn ich diesen Frieden gefunden habe?

Private Fragen
Schreibe hier die Fragen nieder, die du gern von deinem Geistführer beantwortet haben möchtest:

1. ______________________________
____
2. ______________________________
____
3. ______________________________
____
4. ______________________________
____
5. ______________________________
____

Wie man einen Partner oder eine Partnerin bei der ersten Begegnung mit einem Geistführer unterstützt und anleitet

Wenn du einer Person assistierst, die sich gerade fürs Channeln öffnet, lies diese Anleitung bitte sorgfältig durch. Dies ist ein ganz besonderer Augenblick für den Menschen, mit dem du zusammenarbeitest, und vielleicht auch für dich. Du kannst einer Person, die sich zum erstenmal für den Kontakt zu ihrem Geistführer öffnet, eine ungeheure Unterstützung sein. Zum Beispiel kannst du deinem Partner oder deiner Partnerin die Übungsanleitungen vorlesen und Hilfestellung leisten, wenn er oder sie sich zum erstenmal in Trance versetzt und Kontakt mit dem Geistführer aufnimmt. Du kannst auch den Kassettenrecorder bedienen und darauf achten, daß er eingeschaltet ist und die Antworten des Geistführers richtig aufzeichnet.

Laß deinen Partner/deine Partnerin nach den Übungsschritten 1 bis 8 der Übung «Wie man seinen Geistführer verbal channelt» in Trance fallen. Sobald er/sie in Trance ist und den Geistführer herbeigerufen hat, schalte den Kassettenrecorder ein und frage nach dem Namen des Geistführers. Wenn ihr daraufhin einen Namen empfangt, frage, wie man ihn buchstabiert, und schreibe ihn auf. Wenn der Geistführer euch keinen Namen nennt, frage deinen Partner/deine Partnerin, ob er oder sie einen Buchstaben oder Laut empfängt. Wenn daraufhin immer noch keine Antwort kommt, frage den Geistführer, ob er bereit ist, Fragen zu beantworten. Von nun an empfiehlt es sich, den Geistführer direkt anzusprechen, und zwar mit seinem Namen, falls er euch einen Namen genannt hat. Wenn er damit einverstanden ist, stelle ihm zunächst einmal Fragen über das Leben und das Universum. Wenn es dem Medium schwerfällt, Antworten auf diese Fragen zu erhalten, geht zu den persönlichen Fragen über. Sollte dein Partner/deine Partnerin jetzt immer noch keine verbale Verbindung zu seinem/ihrem Geistführer aufgebaut haben, stelle langsam ein paar Fragen über physische Empfindungen. Das Wichtigste, was du jetzt tun kannst, ist, das Channeling-Medium im Trancezustand zum Sprechen zu bringen.

Der Sinn dieser Fragen besteht darin, daß das Medium sein Kehlchakra öffnet und spricht. Mach dir keine Sorgen, wenn es nicht sofort reagiet. Viele Medien zögern lange, ehe sie antworten; gib ihm viel Zeit. Das Schweigen bedeutet häufig nichts anderes, als daß es sich mit seinem Geistführer verbindet, also laß ihm genügend Zeit, die Antworten zu «finden». Wenn das Medium auf die Fragen sehr kurze, rasche Antworten gibt, ermuntere es, ausführlicher zu antworten – vielleicht, indem du ihm weitere Fragen über einen bestimmten Aspekt seiner Antwort stellst; zeige Interesse an seinen Informationen.

Wenn das Medium zwar eine verbale Verbindung aufgebaut, aber trotzdem immer noch Schwierigkeiten hat, Antworten zu empfangen, stelle ihm Fragen über irgendeine Person, die es nicht kennt, vielleicht einen Freund, über den du gut genug Bescheid weißt, um hinterher bestätigen zu können, ob die Antworten richtig waren. Nenne dem Geistführer den Namen deines Freundes oder deiner Freundin, und dann stelle Fragen, etwa: «Wie kann ich diesen Menschen unterstützen?» oder: «Was lerne ich in meiner Beziehung zu ihm oder ihr?» Bitte jedoch nicht um Zukunftsvoraussagen, und stelle auch keine Fragen, die detaillierte Antworten (beispielsweise bestimmte Daten oder Zeiten) erfordern.

Für deinen Partner/deine Partnerin ist es am besten, nicht länger als zwanzig bis vierzig Minuten hintereinander im Zustand der Trance zu bleiben. Sobald er/sie wieder aus dem Trancezustand erwacht, werden dein positives Feedback und deine Begeisterung dazu beitragen, die Verbindung zum Geistführer zu festigen. Wenn es dem Medium noch nicht gelungen sein sollte, verbalen Kontakt zu seinem Geistführer herzustellen, unterstütze es weiter, und wiederholt diese Übung ein anderes Mal.

Fragen von Orin und DaBen
Fragen für den Partner/die Partnerin über die physischen Empfindungen des Mediums

Stelle diese Fragen nur, wenn das Medium keine verbalen Antworten auf die «Fragen, die man seinem Geistführer stellt» empfängt. Sobald das Reden in Fluß gekommen ist, kehre wieder zurück zu den «Fragen über das Leben und das Universum».

1. Hast du irgendwelche physischen Empfindungen? Wie fühlt sich dein Körper an?
2. Was für Emotionen hast du im Augenblick?
3. Siehst oder hörst du irgend etwas?
4. Beschreibe das, was du gerade erlebst, so gut du kannst.

Wenn das Medium überhaupt nichts empfindet oder Schwierigkeiten hat, diese Fragen zu beantworten, bitte den Geistführer, ob er die Verbindung verstärken kann. Wenn das Medium sagt, daß es sich blockiert fühlt, bitte den Geistführer, ihm zu zeigen, was es dagegen tun kann. Deine positive, hilfsbereite Haltung ist sehr wichtig; dadurch erleichterst du es dem Geistführer, das Medium zu erreichen. Ermutigung, Interesse, Geduld und Liebe sind das Wichtigste, was du deinem Partner/deiner Partnerin in dieser Situation bieten kannst.

Einweihungszeremonie – Glückwunsch zu deiner Öffnung als Channel

Orin und DaBen: Wenn ein Medium bewußt einen Geistführer empfangen hat, herrscht große Freude auf unserer Ebene. Wir sind ungeheuer begeistert über diese Öffnung, und wir feiern es, daß wir mit unserem Licht bis zur Erde durchgedrungen sind. Nicht nur dein Geistführer freut sich über diesen bewußten Kontakt, wir alle feiern deine Fähigkeit, mit uns zu kommunizieren. Wir feiern sie mit Liebe. Dein erweitertes Bewußtsein, das nun bis in unsere Ebenen reicht, ist wie ein neues Leben, das geboren wird. Es ist deine Geburt ins Licht.

Wir feiern, wenn du mit uns Kontakt aufnimmst.

Nun, da du dich fürs Channeling geöffnet hast, werden sich viele positive Veränderungen in deinem Leben ergeben; du brauchst sie dir nur zu wünschen. Deine Wünsche werden viel rascher in Erfüllung gehen als früher. Wenn du dich spirituell weiterentwickelst, wird es immer wichtiger, daß du deine Wünsche präzise formulierst. Denke genau darüber nach – denn du wirst bekommen, was du dir wünschst. Wenn du jetzt, in diesem Augenblick, alles hättest, was du wolltest, was würdest du dir dann als nächstes wünschen? Mit dieser Frage wirst du dich irgendwann auseinandersetzen müssen, denn du wirst viele deiner Ziele erreichen. Wähle positive Gedanken und Worte, und achte genau auf deine Formulierungen. Von nun an wirst du eine stärkere Verbindung zum universalen Geist haben. Höhere Bereiche der Kreativität, der Essenz und des Lichts werden dir offenstehen. Deine Worte und Gedanken werden mehr Einfluß bekommen. Du wirst immer mehr Macht haben, andere Menschen mit deinen Worten oder Gedanken zu heilen oder zu verletzen. Deshalb fasse deine Wünsche und Bedürfnisse in positive Worte. Konzentriere dich mehr auf das, was du willst, als auf das, was du nicht willst, denn du wirst genau das bekommen, worauf du dich konzentrierst. Benutze erhebende Worte, und achte mehr auf das Gute und Richtige an anderen Menschen als darauf, was sie falsch machen.

Willkommen in unserem Reich des Lichts.

Das Leben muß nicht schwer sein. Du brauchst nicht mehr zu kämpfen. Wir können dir Hilfe zur Selbsthilfe geben, doch du mußt uns immer um Unterstützung bitten, denn nur dann können wir etwas für dich tun. Wir werden dir in allen Lebensbereichen zur Seite stehen. Dein Geistführer wird dazu beitragen, daß du alles bekommst, was du brauchst, damit dein Leben gut funktioniert. Wenn du channelst, gehörst du einer größeren Gemeinschaft an – der Gemeinschaft der Wesen, die auf den höheren Realitätsebenen existieren. Deine harmonischen Gedanken und Gefühle tragen sehr viel zu unserer gemeinsamen Arbeit bei. Wir spüren, wenn du betrübt oder innerlich aufgewühlt bist. Wir werden gemeinsam mit dir daran arbeiten, die Turbulenzen in deinem Leben zu beseitigen, damit du sorgloser und in innerem Frieden leben kannst.

Das Leben kann ganz einfach und voller Freude sein.

Du mußt nur bereit sein, dich innerlich zu öffnen, zu empfangen, Selbstvertrauen zu haben, die Welt neu zu erleben und diese Gelegenheit zu innerem Wachstum voll und ganz zu nutzen. Dir steht vieles bevor, denn wenn man sich dem Channeling öffnet, ist das der Beginn einer ganz neuen Welt. Sobald du bereit dafür bist, werden Menschen auf dich zukommen, die du bei ihrem inneren Entwicklungsprozeß unterstützen kannst. Deshalb sind Integrität und Veranwortungsgefühl jetzt sehr wichtig. Zeige der Welt deine positivsten Seiten, sei bescheiden, erkenne das Licht in anderen Menschen, und sprich gut von ihnen. Du gehörst jetzt zu den Führern, Lehrern und Heilern des neuen Zeitalters. Da du mehr Licht auf diese Welt gebracht hast, wirst du auf andere Menschen wie ein Magnet wirken. Mit deiner Öffnung fürs Channeling bist du durch ein Tor geschritten. Jetzt wird es dir noch leichter fallen, auf dieser Welt etwas zu bewirken. Du wirst dir über deine Entscheidungen klarer werden. Und du wirst beginnen, alle Zukunftsalternativen klar und deutlich vor dir zu sehen, so daß du bewußt wählen kannst, welchen Weg du einschlagen willst. Sei bereit, deinen Weg über alles andere zu stellen und noch mehr für dich selbst zu tun. Löse dich von allen Verpflichtungen gegenüber den Wegen anderer Leute – es sei denn, ihr Weg gehört zu deinem eigenen.

Du wirst mit den Kräften der Evolution arbeiten und mit dem Strom schwimmen, nicht mehr gegen ihn. Entscheide dich, etwas dafür zu tun, daß dein Leben gut funktioniert. Laß dein höheres Wohl auf dich zukommen. Du kannst in einer einzigen irdischen Existenz den ganzen Weg zu einem höheren Bewußtsein zurücklegen.

Jetzt ist es sogar noch viel eher möglich als früher, in einem einzigen Leben zu diesem höheren Bewußtsein zu gelangen. In unseren Bereichen gibt es viel Freude, und es wird auch viel gelacht; also nimm dich selbst nicht zu ernst. Spiele mit dem Universum, und laß das Universum mit dir spielen. Die Kontaktaufnahme mit deinem Geistführer ist erst der Anfang einer wunderbaren Reise, erfüllt vom Geheimnis der Entdeckung, der Freude am Lernen und dem Wohlbefinden, das man erfährt, wenn man im Licht lebt.

Sanaya und Duane: Wir empfehlen dir, jetzt erst einmal eine Pause zu machen und dir ein wenig Zeit zu lassen, all die vielen Erfahrungen zu verarbeiten. Danach kannst du entweder mit Kapitel 8 weitermachen («Wie man für andere Menschen channelt») oder erst einmal Kapitel 10 bis 13 lesen, in denen die Channeling-Erfahrungen von Sanaya und Duane und anderen Medien beschrieben werden. Wenn du mehr darüber erfahren möchtest, wie du deine Fähigkeit zum Channeling weiterentwickeln kannst, lies gleich Kapitel 14.

8 Wie man für andere Menschen channelt

Channeling-Sitzungen für andere

ORIN UND DABEN: Früher oder später wird sich dir höchstwahrscheinlich die Gelegenheit bieten, für andere Menschen zu channeln. Die Möglichkeit, deinem Geistführer zu begegnen, ist für andere ein ganz besonderes Erlebnis. Am meisten Freude wird dir das Channeling bereiten, wenn du es für Menschen tust, die sich das wirklich wünschen – die aufnahmebereit sind, dich unterstützen und auch von diesen Botschaften profitieren werden. Suche dir die Leute, für die du channelst, gut aus. Du mußt nicht unbedingt für jeden, der dich darum bittet, eine Channeling-Sitzung abhalten. Deine Verbindung zu deinem Geistführer ist ein sehr kostbares Geschenk. Du solltest es nur solchen Menschen anbieten, die deinen Zeit- und Energieaufwand und den deines Geistführers auch wirklich zu schätzen wissen. Das Channeln für Personen, die ehrlich interessiert daran sind und dich unterstützen, wird dich stärken. Aber wenn du für Leute channelst, die nur aus purer Neugier zu dir kommen oder denen es an Respekt mangelt, wirst du dich hinterher ausgelaugt fühlen, und deine Zweifel am Wert deiner Arbeit werden sich mit der Zeit steigern. Du brauchst keine Sitzungen für Menschen zu halten, die dich nur prüfen und herausfinden wollen, ob du auch wirklich channelst. Es gibt sehr viele Menschen, die von den Informationen deines Geistführers lernen und profitieren können. Nur für solche Leute lohnt es sich, zu channeln.

Oft kannst du anderen Menschen am besten das beibringen, was du selbst gerade erst gelernt hast.

Löse dich von allen vorgefaßten Meinungen und Ideen, wie dein Geistführer die Fragen anderer Menschen beantworten wird. Vielleicht gibt er ihnen irgendeinen Rat, der dir nie in den Sinn gekommen wäre; es kann aber auch sein, daß seine Empfehlung genau dem Ratschlag entspricht, den du der betreffenden Person selber auch gegeben hättest. Das Universum erteilt seine Lektionen manchmal auf sehr merkwürdige Art und Weise. Es kann zum Beispiel vorkommen, daß du gerade irgend etwas Neues gelernt hast, und dann bittet dich ein Mensch um eine Channeling-Sitzung, der sich genau mit dem gleichen Problem herumschlägt wie du – oder mit einem Problem, das du vor kurzem erst gelöst hast. Und während du die weisen Ratschläge deines Geistführers für andere Menschen empfängst, wird dir vielleicht auch manches in deinem eigenen Leben klarer.

Wenn du channelst, ist dir die Wahrheit vollkommen klar.

Selbst wenn dir der Ratschlag, den du entgegennimmst, völlig logisch vorkommt, sprich ihn trotzdem aus, denn gerade die naheliegendsten Informationen brauchen die Menschen meist am dringendsten. Manchmal hat eine Channeling-Botschaft, die anderen Menschen sinnvoll erscheint, für dich keinerlei Bedeutung. Du mußt nicht unbedingt gleich alles verstehen, was du empfängst und weitergibst. Dein Geistführer hat den Überblick über das Leben der Menschen und wird ihnen nur das sagen, was für sie gut und richtig ist. Mach dir keine Sorgen, und löse dich von allen Erwartungen hinsichtlich der Antworten. Wenn du keine Möglichkeit siehst, eine Botschaft in erhabene oder liebevolle Worte zu kleiden, so höre auf deinen gesunden Menschenverstand, und behalte die Botschaft lieber für dich. In solchen Fällen ist vermutlich die Übertragung verzerrt, so daß du die wahre Botschaft deines Geistführers gar nicht empfängst.

Du mußt wissen, daß es auf keine Frage eine richtige oder falsche Antwort gibt. Wenn du vielen Geistführern dieselbe Frage stelltest, würdest du vielleicht ganz verschiedene Antworten erhalten, und jede könnte richtig sein. Jeder Geistführer würde dir eine andere Sicht eröffnen oder dir unterschiedliche Möglichkeiten anbieten, das Problem zu verstehen. Es gibt viele Wege, ein Problem zu lösen, und man kann eine Situation aus vielen verschiedenen Blickwinkeln betrachten.

Du trägst nicht die Verantwortung für das Leben anderer Menschen und auch nicht für die Lösung ihrer Probleme. Wenn Menschen mit ihren Schwierigkeiten zu dir kommen, denke immer daran: Solange sie innerlich nicht bereit sind, sich weiterzuentwickeln, werden sie es auch nicht tun – ganz gleich, was dein Geistführer ihnen sagt. Nur sie selbst können ihr Leben verändern. Beurteile die Qualität deiner Channeling-Botschaften nach deinem inneren Gespür und dem Entwicklungsprozeß, in dem du die betroffenen Personen siehst, nicht nur nach den Resultaten, von denen sie dir hinterher berichten. Manche Menschen werden den Rat deines Geistführers vielleicht gar nicht befolgen und dann natürlich auch nicht wirklich davon profitieren. Jeder hat das Bedürfnis, anderen beizustehen. Wenn Menschen mit überwältigenden Schwierigkeiten zu dir kommen, möchtest du natürlich zu einer Lösung beitragen. Aber manche Leute sind noch nicht bereit für eine Lösung. Dann wird dein Geistführer sie vielleicht nur zum nächsten Schritt führen, statt ihnen gleich die ganze Antwort zu geben.

Geistführer nehmen den Menschen ihre Lernerfahrungen nicht ab, aber sie unterstützen sie dabei, diese Lernerfahrungen zu verstehen.

Du brauchst nicht unbedingt alle Fragen zu beantworten, die die Menschen dir stellen. Wenn dich jemand etwas fragt und du von deinem Geistführer keine Antwort erhältst, dann sage einfach, daß du zu dieser Frage keine Botschaft empfängst. Vielleicht weiß dein Geistführer die Antwort, aber es ist ihm lieber, wenn die betreffende Person sie selbst herausfindet. Geistführer sind weise genug, uns Menschen nicht die Chance zu nehmen, selber etwas zu lernen.

Sie verletzen niemals die Privatsphäre anderer Personen. Sie offenbaren nur Dinge über einen Menschen, die diesem weiterhelfen und ihn bei seinem inneren Wachstum unterstützen, doch sie verraten keine Privatangelegenheiten. Wenn jemand von deinem Geistführer wissen will, was eine bestimmte Person über ihn denkt oder für ihn empfindet, wirst du auf solche Fragen nicht immer eine Antwort erhalten. Das bedeutet nicht unbedingt, daß du nicht fähig bist, solche Informationen zu empfangen, sondern eher, daß dein Geistführer es nicht für angebracht hält, sie preiszugeben.

Bei manchen Menschen wird es dir leichtfallen, Informationen zu empfangen, bei anderen ist es schwieriger. Wenn jemand nur aus reiner Neugier zu dir kommt oder nicht ernsthaft die Absicht hat, die Botschaft deines Geistführers zu nutzen und innerlich daran zu wachsen, wirst du vielleicht nur recht oberflächliche Informationen erhalten. Menschen, von denen dein Geistführer annimmt, daß sie seine Botschaften wirklich zu schätzen wissen und auch nutzen wollen, wird er tiefgründigere Informationen geben. Du wirst auch feststellen, daß er sich genau auf das Niveau der Leute einstellt, die zum Channeling zu dir kommen. Wenn sie noch ganz am Anfang ihres spirituellen Weges stehen, benutzt er vielleicht ganz einfache Ausdrücke und erklärt ihnen erst einmal die grundlegendsten Dinge. Wenn sie schon weiter fortgeschritten sind, wird er ihnen vermutlich komplexere Ratschläge und Anweisungen geben.

Wie man mit den Fragen anderer Menschen umgeht

ORIN UND DABEN: Oft stehen die Fragen der Menschen, die zu dir kommen, nicht auf einem besonders hohen spirituellen Niveau. Vielleicht glauben sie, daß dein Geistführer all ihre Probleme lösen wird, und möchten einfach nur erfahren, was sie tun sollen; oder sie wollen herausfinden, ob etwas ganz Bestimmtes geschehen wird. Hochstehende Geistführer möchten die Menschen zur Selbständigkeit erziehen. Sie wollen, daß sie ihre Ratschläge nutzen, um noch eigenständiger zu werden, statt einfach nur blind ihren Anweisungen zu folgen. Vielleicht wird es dir schwerfallen, Antworten auf Fragen zu empfangen, die ein «Ja» oder «Nein» erfordern. Dann versuche die Frage zu ändern oder umzuformulieren. Wenn jemand deinen Geistführer fragt, ob er sein Auto jetzt gleich verkaufen oder lieber noch auf ein besseres Angebot warten soll, empfiehlt es sich vielleicht, die Frage folgendermaßen abzuändern: «Was bringt es mir, das Auto jetzt zu verkaufen, und was würde es mir bringen, wenn ich noch warte?» Schon durch eine leichte Abwandlung des Wortlauts kannst du eine viel aussagekräftigere Antwort von deinem Geistführer erhalten. Unterstütze die Menschen dabei, gute Fragen zu stellen.

SANAYA: Das kannst du zum Beispiel tun, indem du eine Liste mit Themen vorbereitest, die dein Geistführer am liebsten behandelt. Mit Orins Unterstützung habe ich eine Liste ausgearbeitet, auf der verzeichnet steht, welche Informationen die Menschen bei Channeling-Sitzungen von ihm bekommen können. Dabei geht es unter anderem um folgende Themen: unbewußte Vorstellungen und Prägungen aus der Kindheit; was wir aus Beziehungen lernen und wie wir innerlich daran wachsen können; was für Talente und Fähigkeiten in einem Menschen angelegt sind und weiterentwickelt werden könnten; ob jemand sich gut als Channeling-Medium eignen würde; welche Erfahrungen früherer Existenzen sich auf unser jetziges Leben auswirken; welchen Sinn und welches Ziel dieses jetzige Leben hat; welche Reise unsere Seele seit ihrer ersten Inkarnation zurückgelegt hat; in welchen Bereichen wir innerlich wachsen können; Verhaltensmuster, Ansichten und Entscheidungen in bezug auf Geld und Berufsleben. Oft erklärten mir die Leute, die zu Channeling-Sitzungen zu mir kamen, daß sie vorher gar nicht daran gedacht hatten, solche Fragen zu stellen; erst meine Liste hätte sie darauf gebracht. Sie begannen also, Orin über grundlegende, zentrale Probleme ihres Lebens zu befragen, weshalb Orins Botschaften bei ihnen viel tiefere innere Wandlungen und Veränderungen bewirkten.

Orin bittet die Menschen immer, sich ihre Fragen zu überlegen, bevor sie zu ihm kommen, und die meisten machen die Erfahrung, daß sie sich für ihre eigene innere Weisheit zu öffnen beginnen, während sie diese Fragen zusammenstellen und darüber nachdenken. Orin kann Menschen zwar auch bei den praktischen Routineangelegenheiten des Lebens beistehen, aber er verrät ihnen lieber etwas über den Sinn ihrer Existenz und die Reise ihrer Seele und zeigt ihnen, wie sie ihrem spirituellen Weg am besten folgen können. Orin und DaBen ziehen es vor, den Leuten erst einmal ein paar Informationen zu geben, ehe diese ihre Fragen stellen, und führen dann im zweiten Teil der Sitzung ein Gespräch mit ihnen. Versuche herauszufinden, welcher Ablauf deinem Geistführer am besten liegt. Manche führen gern einen Dialog mit den Menschen, andere nicht.

Wenn Menschen zum Channeling zu dir kommen, solltest du nicht nur die Fragen beantworten, die sie dir stellen, sondern zusätzlich auch noch Antworten auf tiefere Fragen geben. Bitte deinen Geistführer, über den Sinn ihres Lebens zu sprechen und über die Möglichkeiten zu innerem Wachstum, die diese irdische Existenz ihnen bietet, selbst wenn sie gar nicht danach gefragt haben. Wenn eine Person sich nach einer Partnerbeziehung erkundigt, versuche ihr Augenmerk auf deren höhere Aspekte zu richten. Eine Frau fragte Orin, ob ihr Freund ihr treu sei. Statt auf dieses Problem einzugehen, stellte Orin die Gegenfrage, warum sie eigentlich mit jemandem zusammen sei, dem sie nicht traue. Er wies sie auf Verhaltensmuster hin, die aus ihrer frühen Kindheit stammten, auf ihre Beziehungsprobleme und darauf, was sie aus ihrer jetzigen Situation lernte. Er zeigte ihr, wie sie ihre Denk- und Verhaltensmuster ändern könnte. Ob ihr Freund ihr nun eigentlich treu war oder nicht, erwähnte er mit keinem Wort. Doch mit Hilfe seiner Informationen begann diese Frau, in ihren früheren Beziehungen zu Männern ständig wiederkehrende Muster zu erkennen, und beschloß, etwas daran zu ändern. Ein Jahr später hatte sie sich bereits von ihrem damaligen Freund getrennt und einen Mann geheiratet, der sie liebte und dem sie vollkommen vertraute.

Orin und DaBen: Wenn Menschen uns fragen «Was soll ich tun – wie soll ich mich entscheiden?», kann es sein, daß wir überhaupt nicht auf diese Frage eingehen. Wir regen die Menschen höchstens dazu an, sich die möglichen Resultate ihres Handelns vor Augen zu führen, und geben ihnen dadurch Gelegenheit, ihre eigenen Entscheidungen zu treffen. Wenn zum Beispiel jemand fragt, ob er lieber ans Meer oder ins Gebirge reisen soll, erläutert der Geistführer vielleicht zunächst, welche Bedingungen an diesen beiden Orten gerade herrschen. Am Meer ist es sonnig, der Wellengang ist hoch, und die Straße dorthin wird überfüllt sein. In den Bergen ist es warm, die Wege sind noch feucht und matschig, und die Strecke wird kaum befahren sein. Dann bringt er die betreffende Person dazu, sich darüber klar zu werden, was sie eigentlich sucht. Vielleicht wird ihr jetzt bewußt, daß sie sich nach Ruhe, Zeit zum Nachdenken und Nähe zur Natur sehnt – oder daß sie lieber andere Menschen treffen und sich in den Wellen tummeln möchte. Mit dieser Information und Betrachtungsweise gewinnen die meisten Menschen Klarheit darüber, was sie wollen und welchen Weg sie einschlagen sollten, und sie erwerben dabei gleichzeitig Wissen, das ihnen bei ihren künftigen Entscheidungen von Nutzen sein kann. Die meisten Geistführer zeigen den Menschen, wohin ihre Entscheidung möglicherweise führen wird, und überlassen es dann ihnen, ihre Richtung zu wählen.

Hochentwickelte Geistführer unterstützen die Menschen dabei, mehr Alternativen zu entdecken.

Manche Leute fragen uns, ob sie ihre jetzige Stellung aufgeben und eine neue annehmen oder sich selbständig machen sollten. Ein Geistführer vermittelt ihnen daraufhin vielleicht eine klarere Sicht der Fähigkeiten, die sie für ihre neue Arbeit bräuchten, und des damit verbundenen Lebensstils und der finanziellen Einkünfte, statt ihnen einfach nur zu sagen, wie sie sich entscheiden sollen. Vielleicht zeigt er ihnen auch weitere Alternativen auf, damit sie noch mehr Entscheidungsmöglichkeiten haben. Und wenn eine Person sich nicht entscheiden kann, weil sie zu viele Möglichkeiten vor sich sieht, unterstützen wir sie dabei, das Spektrum ihrer Alternativen einzuschränken, um ihre Unentschlossenheit zu überwinden. Wenn uns jemand fragt: «Welcher Beruf ist für mich der richtige?», geben wir häufig keine konkrete Anwort auf diese Frage. Es kommt selten vor, daß wir sagen: «Du müßtest Manager/in einer Computerfirma werden.» Statt dessen tragen wir dazu bei, daß die Leute sich darüber klarwerden, welche Fähigkeiten und Begabungen sie in ihrem Beruf einsetzen wollen, in was für einer Umgebung sie gern arbeiten möchten, was für Arbeitszeiten sie sich wünschen, wieviel Verantwortung sie zu tragen bereit sind, und so weiter. Mit Hilfe dieser Informationen können die Menschen eine Arbeit anziehen, die ihnen das gibt, was sie brauchen – eine Arbeit, die sie lieben und an der sie innerlich wachsen.

Wir Geistführer können Menschen die Richtung zeigen und

ihnen allgemeine Hinweise geben, wie sie mehr Freude in ihr Leben bringen könnten, aber es kommt so gut wie nie vor, daß wir sagen: «Tue dies oder jenes.» Doch oft zeigen wir den Leuten, die unseren Rat suchen, wie sie selbst herausfinden können, worin ihre Aufgabe und ihr Lebenssinn liegt. Die äußeren Formen dieser Aufgabe lassen wir sie dann selbst entdecken. Wir sind dazu da, euch Menschen zu einer intensiveren Verbindung mit eurer Seele zu führen. Wir werden dazu beitragen, daß ihr eure Situation klarer seht, und euch Kraft geben – aber nur, damit ihr eure Wahrheit, euren Weg und die Lebensumstände, die am besten zu euch passen, selbst findet.

Viele Menschen fragen uns: «Wozu bin ich eigentlich da? Worin liegt der Sinn meines Lebens?» Das sind sehr wichtige Fragen. Es gibt viele Gründe, warum Menschen hier auf dieser Erde sind. Vielleicht müssen sie lernen, bedingungsloser zu lieben, und bringen sich deshalb in eine sehr kalte, lieblose Umgebung, die sie dazu herausfordert, selber Liebe zu geben. Oder sie sollen lernen, sich abzugrenzen, und ziehen daher immer wieder starke Partner an, die sie total an die Wand zu drücken scheinen. Es gibt Hunderte von Gründen, warum Menschen in diese irdische Existenz hineingeboren werden. Wahrscheinlich wird dein Geistführer ein paar davon erläutern. Erwarte nicht, daß er DEN Grund für die jetzige irdische Existenz eines Menschen liefern muß. Deine Angst, nicht die richtige Begründung channeln zu können oder die Antwort falsch zu verstehen, kann die Beziehung zu deinem Geistführer unterbrechen. Vertraue einfach darauf, daß er schon wissen wird, wieviel die Menschen über den Sinn ihres Lebens zu hören bereit sind.

Wie du deine Durchgaben positiver formulieren kannst

ORIN UND DABEN: Manchmal haben Channeling-Medien das Gefühl, daß die Menschen sich gegen die Informationen des Geistführers wehren. Wenn du solche Widerstände spürst, kann das daran liegen, daß du die Botschaft deines Führers nicht richtig übermittelt hast. Auf den höheren Ebenen wird alles mit so viel Liebe und Feingefühl angesprochen, daß sich fast nie jemand dagegen wehrt. Das ist die Art, wie meisterhafte Lehrer den Menschen ihre Lektionen erteilen. Dir steht nun die schwierige Aufgabe bevor, die Informationen deines Geistführers mit der gleichen Liebe und Weisheit und dem gleichen Taktgefühl weiterzugeben. Je klarer du innerlich wirst, je höher und positiver deine eigenen Gedanken sind, um so liebevoller werden deine Botschaften sein, und ihr Potential, Menschen zu verwandeln, wird ständig wachsen.

> *Die Botschaften hochstehender Geistführer sind voller Liebe und Mitgefühl.*

Löse dich von deinen üblichen Formulierungen und Sprechgewohnheiten, hinter denen sich vorgefaßte Meinungen und stillschweigende Schlußfolgerungen verbergen, dann werden deine Übertragungen präziser und positiver werden. Vielleicht solltest du noch mehr darauf achten, wie liebevoll dein Geistführer seine Botschaften formuliert und erläutert. Dann wird es dir beim nächstenmal eher auffallen, wenn deine gewohnte Ausdrucksweise dem liebevollen Taktgefühl deines Geistführers «im Wege steht». Du würdest einer Person vielleicht sagen, sie solle «nicht immer so negativ sein». Dein Geistführer hingegen wird sie eher dazu auffordern, «eine positive Haltung einzunehmen» – das heißt, er wird sich mehr auf das Wünschenswerte konzentrieren als auf das Unerwünschte.

Setze dein ganzes Geschick dazu ein, unsere Botschaften in positiven Worten und Gedanken wiederzugeben. Achte genau auf die Wahl deiner Worte, wenn du für andere Menschen channelst. Wenn dein Geistführer bei einem Menschen eine Blokkade oder irgend etwas anderes wahrnimmt, was dir negativ erscheint, wird er es in positiven, liebevollen Worten ausdrücken. Auf diese Weise wird die Überwindung der Blockade für die Person, die diese Botschaft empfängt, zu einer hilfreichen Erfahrung, an der sie innerlich wächst. Wenn ein Mensch gerade eine schwere Zeit durchmacht, wird dein Geistführer sein Mitgefühl zum Ausdruck bringen und ihm oder ihr die Augen dafür öffnen, was das Gute an dieser Situation ist und welche Wachstumsmöglichkeiten sich daraus ergeben. Vielleicht erläutert er, welche seelischen Eigenschaften die betreffende Person dabei entwickelt – beispielsweise Vertrauen, Geduld oder Liebe.

Wenn ein Geistführer eine Blockade oder irgend etwas anderes sieht, was dich an deinem inneren Fortschritt hindert, wird er das so positiv formulieren, daß es dich bei deiner persönlichen Weiterentwicklung unterstützt. Wir sagen selten: «Das wird schwer für dich sein» oder «Du machst deine Sache nicht gut». Statt dessen unterstreichen wir das, was du richtig machst, und führen dich zu der Erkenntnis, wie leicht du etwas erreichen kannst. Geistführer sind manchmal sehr sanft und behutsam und verraten nur das, woraus du wirklich etwas lernen und innerlich wachsen kannst. Aber sie können auch sehr deutlich ihre Meinung sagen, falls das nötig sein sollte, um dich aufzurütteln.

Wir sprechen mit den Menschen nur über solche Probleme, an denen zu arbeiten sie innerlich bereit sind, und wir verraten ihnen auch nur so viel, wie sie zu diesem Zeitpunkt schon verstehen und verkraften können. Wenn jemand noch nicht bereit ist, sich mit einem Problem auseinanderzusetzen, erwähnen wir es oft gar nicht. Wir möchten den Menschen auf ihrem Weg beistehen und dazu beitragen, daß sie schneller den nächsten Schritt tun. Zwar sehen wir bereits viele mögliche weitere Schritte, aber wir würden nur Verwirrung stiften und eine Abwehrhaltung provozieren, wenn unsere Ratschläge zu weit über ihr Verständnis und ihre momentane Handlungsfähigkeit hinausgingen.

Wenn du aus deiner Trance erwachst, solltest du nicht immer wieder ängstlich alles durchgehen, was du gesagt hast, und dir Sorgen darüber machen, ob es auch richtig war. Statt dessen überdenke die Informationen einfach noch einmal, und frage dich, ob du sie nicht noch präziser oder liebevoller hättest wiedergeben können. Die Menschen kommen zu dir, um aus den Durchgaben zu lernen und innerlich daran zu wachsen, so wie es ihnen im Augenblick möglich ist. Sie werden aus der Botschaft deines Geistführers das entnehmen, was zum jetzigen Zeitpunkt ihres Lebens für sie stimmt. Denke daran, daß du dich im Laufe der Zeit immer weiter öffnen und wachsen wirst. Die Menschen, die sich momentan von dir und deinem Channeling angezogen fühlen, entsprechen genau dem jetzigen Niveau deiner Fähigkeiten.

Als Channeling-Medium wirst du zu einem Quell der Liebe und Orientierung für andere Menschen.

Wenn du das Gefühl hast, daß Menschen aufgrund der Botschaft deines Geistführers über dich urteilen, dann denke daran, es nicht persönlich zu nehmen. Werte eine solche Situation als Chance und Herausforderung, selbst dann innerlich offen zu bleiben, wenn Menschen dich beurteilen oder dir gegenüber negativ eingestellt sind. Schließlich stehst du nicht auf dem Prüfstand. Wenn du feststellst, daß die Person, für die du channelst, eine negative Haltung hat, bringe ihr Licht und Liebe entgegen. Bleibe in deiner Mitte, und bewahre dir deine bestimmte, selbstbewußte Haltung. Die Zweifel und Ängste dieser Menschen müssen nicht unbedingt auch in dir Zweifel und Ängste wecken. Mache dir klar, daß ihre Reaktion im Grunde nichts anderes ist als eine Bitte um mehr Liebe. Häufig möchten solche Menschen gern glauben, und deshalb fordern sie dich dazu heraus, ihnen die Wahrheit deiner Botschaften zu beweisen. In Wirklichkeit spricht nur ihre eigene innere Unsicherheit aus ihnen. Sende ihnen Liebe, und laß ihnen ihre Zweifel, ohne das Gefühl zu haben, daß du dich verteidigen mußt.

SANAYA: Wenn Orin zu mir kommt, verändert sich meine Sicht der Realität vollständig. Ich empfinde ungeheure Liebe und Fürsorge für andere. Wenn ich die Menschen mit Orins Augen sehe, sind sie wunderbar. Für ihn ist jeder Mensch ein einmaliges, schönes, vollkommenes Werk der Schöpfung. Er sieht, daß jede Person nach bestem Wissen an sich arbeitet und sich so schnell weiterentwickelt, wie sie kann. Alles wird positiv, wenn man es mit Orins Augen sieht. Immer wieder stelle ich fest, daß er die Dinge aus einem ganz neuen Blickwinkel betrachtet. Wenn jemand gerade etwas Schwieriges oder Schmerzliches erlebt, zeigt Orin ihm oder ihr, daß das zu seinem oder ihrem eigenen Besten geschieht, und erklärt auch, warum. Manchmal bringt er seine Besorgnis über die Schwierigkeiten zum Ausdruck, die diese Person gerade durchmacht, aber er gibt ihr stets Einblick in die größeren Zusammenhänge ihres Lebens. Er zeigt den Menschen, was sie im Augenblick lernen, und erklärt, inwiefern diese Erfahrung sie innerlich stärkt und wie sie dadurch eine höhere Entwicklungsstufe erreichen können. Hinterher haben sie eine viel positivere Einstellung zu ihren momentanen Schwierigkeiten, da Orin ihnen Hilfsmittel in die Hand gegeben hat, mit denen sie ihre Probleme wesentlich rascher bewältigen können. Er gibt mir immer wieder die Bestätigung, daß wir in einem sicheren, wohlwollenden Universum leben, das stets unser höchstes Wohl im Auge hat.

Wie du einen eigenen Stil bei deinen Sitzungen entwickelst

Orin und DaBen: Jeder Geistführer ist anders; jeder hat seine speziellen Vorlieben und Fähigkeiten. Wenn dein Führer etwas Bestimmtes nicht tun will oder nicht zu können scheint, kann das daran liegen, daß du für diese Channeling-Entwicklungsstufe noch nicht bereit oder nicht offen genug bist, oder daß er dich in eine andere Richtung lenken möchte. Zweifle nicht an deinen Durchgaben, nur weil du bestimmte Dinge nicht kannst. Die meisten Medien machen die Erfahrung, daß ihre Fähigkeiten sich verbessern, wenn die Verbindung zu ihrem Geistführer oder ihren Geistführern im Laufe der Zeit immer intensiver wird.

> *Wenn du für andere Menschen channelst, kannst du die Energie ihrer Lebenskraft grundlegend beeinflussen.*

Orin: Vielleicht entwickelt dein Geistführer einen ganz bestimmten Rahmen für deine Channeling-Sitzungen. Sanaya hat sich durch die Anweisungen anderer Menschen und durch meine Lehren mit den Chakren vertraut gemacht. Eine Zeitlang griff ich bei unseren Channeling-Sitzungen darauf zurück, doch dann begann ich gemeinsam mit ihr den ganzen Zyklus der irdischen Inkarnationen einer Person zu betrachten – die übergreifenden Muster und Interessen ihrer Seele und den Grund, warum sie sich gerade für diese Existenz entschieden hatte. Sanayas Fähigkeiten entfalteten sich ganz allmählich im Laufe unserer jahrelangen Zusammenarbeit. Wenn ich diese Bereiche untersuchte, mußte sie stärkere elektromagnetische Kräfte aufnehmen und unterschiedlichere Schwingungsspektren in ihrem Körper halten können.

Duane hat die gängigen Körperarbeitstechniken und viele Denksysteme erlernt. Diese Systeme benutzte er bei seiner Energiearbeit so lange, bis sich ein neues Verfahren zu entwikkeln begann, das weit darüber hinausging. Als Duane «Dichtheitsmuster» rund um den Körper der Menschen wahrzunehmen begann, wurde ihm klar, daß er ihr physisches Energiefeld, ihren Gefühlskörper und ihren Geistkörper sah. Wenn alle drei sich in Harmonie miteinander befanden, wurde der spirituelle Schimmer sichtbar. Er begann in ihre Muskeln und ihren physischen Organismus «hineinzusehen» und «wußte», welche Stellen er berühren und was er tun mußte, um bestimmte Schmerzen zu beseitigen, Traumata aus dem jetzigen Leben oder aus früheren Existenzen aufzulösen und die Energiekörper der Menschen (den physischen Energiekörper, den Gefühlskörper und den Geistkörper) wieder in ihr höheres spirituelles Muster zurückzuversetzen. Er begann, im Körper und im Energiefeld seiner Klienten telepathische Bande von anderen Menschen wahrzunehmen, und stellte fest, daß er diese Bande beseitigen konnte. Dadurch bewirkte er fast unmittelbar eine Veränderung im Leben der betreffenden Person. Indem Duane anfänglich die Systeme benutzte, die er gelernt hatte und mit denen er arbeiten konnte, war es ihm möglich, sich darin immer weiter zu vervollkommnen, und schließlich wuchs er darüber hinaus und verwandte nur noch seine eigenen und DaBens Techniken. Mehrere Körperarbeits-Schüler, die gleichzeitig auch channelten, haben durch ihre Arbeit mit Duane und DaBen und ihren eigenen Geistführern gelernt, diese Energiemuster ebenfalls wahrzunehmen und viele ähnliche Ergebnisse erzielt. Die neue Methode bietet Duane und anderen Medien ein breiteres Spektrum an Möglichkeiten, Menschen zu unterstützen.

SANAYA UND DUANE: Diese Richtlinien und Vorschläge für Channeling-Sitzungen mit anderen Menschen beruhen auf unseren eigenen Erfahrungen mit Orin und DaBen. Wir bieten dir Ideen und Denkmuster an, damit du lernst, so zu denken wie die Geistführer. Aber du brauchst dich nicht unbedingt an diese Richtlinien und Methoden zu halten, um gute Channeling-

Sitzungen abhalten zu können. Dieser Einblick in die Art und Weise, wie Geistführer mit Fragen umgehen, soll dir lediglich den Anfang erleichtern, deinem Geistführer aber keine Beschränkungen dabei auferlegen, wie er Fragen beantwortet. Experimentiere, und vor allem: Vertraue deinem Geistführer.

Übung von Orin und DaBen
Wie man sich auf andere Menschen einstimmt

Ziel: für einen anderen Menschen zu channeln.

Vorbereitung: Beginne erst dann für andere zu channeln, wenn du einen verbalen Kontakt zu deinem Geistführer aufgebaut hast. Finde innerlich aufgeschlossene, positiv eingestellte Freunde oder Freundinnen, die deinem Geistführer gern begegnen möchten und sich wünschen, daß du für sie channelst. Halte einen Kassettenrecorder mit leerer Kassette bereit. Wenn du möchtest, kannt du eine spezielle Musik einschalten. Nimm eine bequeme Haltung ein. Am Anfang wird es vielleicht einfacher für dich sein, wenn du den Menschen, für den du channelst, direkt vor dir hast. Setze dich auf einen Sessel oder auf den Boden, je nachdem, was für dich am angenehmsten ist.

Übungsschritte:
1. Beginne tief zu atmen, so daß dein Körper sich entspannt. Wenn du willst, stell dir weißes Licht vor, das dich umgibt. Bitte um den höchstmöglichen Heilungsprozeß oder darum, daß zwischen euch beiden möglichst viel Licht entsteht.
2. Schließe die Augen, versetze dich in Trance und rufe deinen Geistführer herbei. Nimm dir ruhig genug Zeit dafür. Spüre das Mitgefühl, das er dieser Person entgegenbringt. Sobald du bereit bist, wird dein Geistführer diesen Menschen vielleicht erst einmal begrüßen wollen. Laß seine Persönlichkeit, viel-

leicht auch seine Stimme, bestimmte Eigenheiten oder typische Gesten durch dich zum Ausdruck kommen. Vielleicht meldet er sich auch mit einer ganz bestimmten Grußformel. Orin sagt zum Beispiel immer: «Seid gegrüßt!» DaBen sagt: «Willkommen!» Die meisten Geistführer haben solche Formeln, mit denen sie ihre Anwesenheit zu erkennen geben.

3. Nun bitte den Geistführer, deinen Freund oder deine Freundin aufzufordern, eine Frage zu stellen. Vor allem im Anfangsstadium, wenn du gerade erst channeln lernst, ist es am besten, mit solchen Fragen zu beginnen wie: «Was lerne ich momentan von diesem Menschen oder aus dieser Situtíon?», «Wie kann ich mich spirituell weiterentwickeln und mehr Licht in mein Leben bringen?» Geistführer haben keine Scheu, die Menschen um präzisere Fragen oder mehr Hintergrundinformationen zu bitten, wenn sie diese brauchen. Wenn es dir angenehm ist, laß deinen Geistführer ruhig direkt mit der Person sprechen, für die du channelst; dann gewinnt sie leichter Klarheit darüber, was sie eigentlich wissen möchte.
4. Und nun laß die Antworten einfach von deinem Geistführer fließen. Erwarte nicht, daß alle Informationen, die du empfängst, erstaunlich oder ungewöhnlich sind. Wenn du dich in diesem höheren Licht befindest, werden dir selbst die hilfreichsten, tiefgründigsten Informationen ganz selbstverständlich erscheinen. Alle Menschen, die zum Channeln zu dir kommen, wurden aufgrund der Botschaften, die du für sie hast, zu dir gezogen. Laß deinen Geistführer entscheiden, was er diesen Menschen sagen und auf welche Punkte er sich konzentrieren möchte. Vielleicht ergeben seine Informationen für dich gar keinen Sinn. Vertraue darauf, daß dein Geistführer schon genau das richtige sagen wird, denn er hat den Überblick über das Leben dieser Person.
5. Jetzt gehe weiter zur nächsten Frage. Manchen Geistführern ist es lieber, wenn die Person gleich zu Beginn der Channe-

ling-Sitzung alle ihre Fragen stellt. Andere führen gerne einen Dialog. Wähle die Methode, die für dich und deinen Geistführer am besten ist. Dein Trancezustand kann unterschiedlich tief sein, je nachdem, auf wen du dich gerade einstimmst und was für Informationen du suchst. Vielleicht wirst du sogar bei verschiedenen Channeling-Sitzungen mit ein und derselben Person leichte Veränderungen in der Art deines Trancezustandes wahrnehmen. Bei manchen Menschen wird dir das Channeln möglicherweise leichter fallen, bei anderen schwerer.

6. Vielleicht ist es besser, anfangs nur eine kurze Zeitlang zu channeln und die Zeitspanne dann allmählich immer mehr zu verlängern. Wenn du müde wirst, das Gefühl hast, daß die Verbindung zu deinem Geistführer schwächer wird oder daß du so viele Fragen beantwortet hast, wie du möchtest, beende die Sitzung. Viele Geistführer bedienen sich dazu einer ganz bestimmten Schlußformel. Vielleicht solltest du auch eine solche Formel mit deinem Geistführer entwickeln. Orin sagt zum Beispiel immer: «Ich wünsche dir einen wunderschönen Tag.» DaBen sagt: «Wir werden dich in diesen Bereichen wieder willkommen heißen.»

9 Voraussagen und zukünftige Möglichkeiten

Wie Geistführer mit Prophezeiungen umgehen

ORIN UND DABEN: Vielleicht glaubst du, wenn du wirklich channelst, müßtest du auch in der Lage sein, die Zukunft vorauszusehen. Viele Geistführer machen keine Voraussagen. Die Zukunft ist nur eine Möglichkeit, keine Gewißheit, denn was tatsächlich geschehen wird, hängt in hohem Maße von deinen Gedanken, Überzeugungen und unbewußten Denk- und Verhaltensprogrammen ab. Jedesmal, wenn du dich von irgendeiner Überzeugung löst, eine Zielsetzung veränderst oder neue Erwartungen entwickelst, veränderst du damit automatisch deine Zukunft. Deshalb unterstützen wir euch Menschen lieber dabei, euch eine bessere Zukunft zu schaffen, als vorauszusagen, was vielleicht passieren wird.

Wenn Menschen Zukunftsvoraussagen erfragen, betrachten wir das stillschweigend als eine Bitte um Unterstützung bei der Schaffung einer besseren Zukunft. Wenn uns jemand bittet vorherzusagen, ob irgendein Vorhaben gelingen wird, steckt dahinter meistens die Angst, daß es nicht gelingt. Auf die Frage «Werde ich zu Geld kommen?» antworten viele Geistführer nicht mit Ja oder Nein, sondern versuchen der betreffenden Person klarzumachen, was sie tun könnte, um zu Geld zu kommen. Wir führen die Menschen zu einer höheren Sicht ihrer selbst und ihrer Möglichkeiten hin. Dadurch können wir dazu beitragen, daß sie noch viel mehr erreichen, als sie je für wahrscheinlich gehalten hätten. Wir können sie dabei unterstützen, ihre eigene Wahrheit zu erkennen und sich von alten Überzeugungen, Denk- und Verhaltensmustern zu lösen, so daß sie in der Lage sind, alles zu erschaffen, was sie sich wünschen.

Du kannst in deinem Leben alles erschaffen, was du willst.
Die Zukunft ist nicht vorherbestimmt.

Wenn Menschen uns fragen: «Werde ich die Stellung bekommen, um die ich mich beworben habe?», besagt diese Frage, daß sie sich machtlos fühlen und glauben, einfach dasitzen und warten zu müssen, bis etwas geschieht. Häufig deuten die Fragen der Menschen nach der Zukunft darauf hin, daß sie nicht daran glauben, ihr Leben selbst beeinflussen zu können. Wir Geistführer unterstützen die Menschen darin, daß sie selbst erkennen, was sie tun können, damit ihre Wünsche in Erfüllung gehen. Wenn es um eine Stellung geht, fordern wir die betreffende Person vielleicht auf, sich vorzustellen, daß sie diese bereits hat. Oder wir schlagen ihr vor, in ihrem Herzen eine Verbindung zu den Menschen zu schaffen, die das Vorstellungsgespräch mit ihr führen werden. Oder wir raten ihr, einfach loszulassen und darauf zu vertrauen, daß das geschehen wird, was für sie am besten ist; und wenn sie die Stellung nicht bekommen sollte, dann nur deshalb, weil eine noch viel bessere für sie in Aussicht steht.

Wenn eine Frau, die gerade einen Mann kennengelernt hat, uns fragt: «Werde ich diesen Mann heiraten?» oder «Wird diese Beziehung halten?», sehen wir oft ziemlich genau, welche Zukunft am wahrscheinlichsten ist. Doch vielleicht erkennen wir auch, daß es in diesem Stadium ihrer Beziehung nur Schaden anrichten würde, der Frau diese mögliche Zukunft zu offenbaren. Damit würden wir sie um eine Lernerfahrung bringen. Sagen wir ihr zum Beispiel, daß die Beziehung in die Brüche gehen könnte, schaffen wir damit womöglich einen inneren Widerstand und verlängern die Beziehung über ihr natürliches Ende hinaus. Oder es passiert genau das Gegenteil: Die Frau beendet die Beziehung rascher, als sie es sonst getan hätte. Auch damit würden wir ihr die Lektion vorenthalten, die sie aus dieser Partnerschaft zu lernen hat. Wir hüten uns davor, Menschen Ratschläge zu geben, die ihre innere Entwicklung beeinträchtigen. Wir möchten nur dazu beitragen, daß sie ihre Lernaufgaben leichter und schneller bewältigen. Deshalb würden wir der Frau vielleicht lieber erklären, was sie aus dieser Beziehung lernt und was für Beziehungsmuster sie gerade durcharbeitet, und dann dazu beitragen, daß sie den höheren Sinn dieser Beziehung erkennt. Aber wie die Beziehung weitergeht, würden wir ihr nicht voraussagen, vor allem dann nicht, wenn ihre Lernaufgabe darin besteht, sich auf ihr eigenes Urteil zu verlassen oder auf die Liebe eines anderen Menschen zu vertrauen. Vielleicht würden wir sie lediglich darauf hinweisen, daß sie im Moment gerade seelische Eigenschaften wie Selbstvertrauen und Liebe zu sich selbst entwickelt.

Wenn sie sich Sorgen darüber macht, daß sie diese Beziehung nicht aufrechterhalten kann, zeigen wir ihr vielleicht Wege auf, wie das doch möglich wäre und was sie dafür tun müßte. Eventuell zeigen wir ihr, wie sie ihre Verbindung zu diesem Mann bereichern und das Beste aus dem machen kann, was sie im Augenblick hat. Dann muß sie selbst entscheiden, ob sich der Preis lohnt, den sie für die Aufrechterhaltung dieser Beziehung zahlen müßte. Vielleicht müßte sie dafür ihre Ideale aufs Spiel setzen oder hätte kein sehr glückliches Leben. Wir unterstützen sie dabei, ihre Alternativen klarer zu sehen, damit sie selbst entscheiden kann, welcher Weg für sie richtig ist.

Hochentwickelte Geistführer sind mit Zukunftsvoraussagen sehr zurückhaltend. Du mußt dich nicht verpflichtet fühlen, solche Voraussagen zu machen. Die Zukunft ist nicht vorherbestimmt.

SANAYA: Als ich anfing, Orin zu channeln, weigerte er sich, irgendwelche Zukunftsprophezeiungen zu machen. Ich war damals sehr enttäuscht, denn ich hatte das Gefühl, daß alle Geistführer die Zukunft vorhersagen sollten. Aber Orin erklärte mir immer nur, er sei ein spiritueller Führer, kein Wahrsager, und zwischen diesen beiden Dingen bestehe ein himmelweiter Unterschied. Zwar versicherte er mir, er könne sehen, was die Menschen in ihrem Leben gerade planten und vorhätten, aber er wolle nicht, daß sie zu Channeling-Sitzungen kämen, nur damit er ihnen die Zukunft prophezeite oder ihnen erklärte, was sie zu tun hätten. Manchmal sprach er mit den Menschen über ihre künftige Weiterentwicklung. Er erklärte ihnen zum Beispiel, daß sie ihr Herz öffnen würden oder daß es bei ihrer nächsten Lernerfahrung um Kommunikation oder Beziehungen gehen würde – aber nur, wenn ihnen das in ihrer gegenwärtigen Situation auch wirklich weiterhalf.

Nach mehreren Jahren Channeling-Erfahrung erklärte Orin, nun wolle er mir etwas über die Zukunft und über mögliche Realitäten beibringen. Ein paar Monate lang machte er verschiedene Zukunftsvoraussagen, die alle eintrafen. Manchmal prophezeite er mir mehrere Monate im voraus, welche Schlagzeilen an welchem Tag in der Zeitung stehen würden. Bei all diesen Voraussagen ging es um Ereignisse, die viele Menschen betrafen, und Orin erklärte mir, diese Ereignisse würden von den Verantwortlichen bereits geplant und vorbereitet und stünden als geistiges Bild deutlich vor ihrem Auge. Er projiziere sie lediglich in die Gegenwart, indem er im Geist der Masse lese und daraus die möglichen Resultate ableite.

Orin erklärte mir, solche großen Ereignisse seien leichter vorherzusagen, weil das Massenbewußtsein schon viele Monate vorher Energielinien aufbaue. Das seelisch-geistige Gewicht solcher Geschehnisse und die Übereinkunft einer großen Masse von Menschen, die alle damit zu tun haben, mache es viel schwieriger, diese Ereignisse zu verhindern oder ihren Verlauf zu ändern. Ein einzelner Mensch könne seine Meinung und damit auch seine Zukunft leicht ändern, doch ein Ereignis, das viele

Leute betreffe, lasse sich normalerweise nicht abwenden, wenn es sich nur ein einziger Mensch anders überlege. Dieses Phänomen erleichtere die Voraussage von Ereignissen, die eine größere Gruppe von Menschen beträfen. Orin fügte auch noch hinzu, daß die Menschen durch ihre Träume miteinander in Verbindung stünden und daß man an solchen Massenereignissen durchaus etwas ändern könne, wenn sich nur genügend viele Personen darüber einig wären. Danach gab er mir keine solchen Informationen mehr. Wenn es angebracht ist, schaut Orin auch in die mögliche Zukunft – aber nur, wenn es mich oder die Person, mit der er spricht, auf unserem spirituellen Weg weiterbringt.

Wie Geistführer die Zukunft sehen

ORIN UND DABEN: Die Zukunft ist nichts Vorgegebenes. Wir leben in einer Welt des freien Willens. Wenn du die Zukunftsmöglichkeiten eines Menschen betrachten willst, frage deinen Geistführer, ob es erlaubt ist, darüber zu sprechen. Bevor du es dann tatsächlich tust, solltest du innerlich das Gefühl haben, daß es auch wirklich richtig ist. Es ist wichtig, mit dir selbst darüber ins reine zu kommen. Wenn es dir nicht stimmig erscheint, wenn du das Gefühl hast, dich sehr anstrengen zu müssen, um Ratschläge von deinem Geistführer zu erhalten, oder wenn gar nichts kommt, dann solltest du auch nicht über eine mögliche Zukunft sprechen. Du mußt nicht unbedingt alle Fragen beantworten. Sag einfach: «Zu dieser Frage bekomme ich von meinem Geistführer keine Informationen.» Denn wenn du die Menschen durch deine Voraussage um eine Lernerfahrung bringst, müssen sie vielleicht eine ähnliche Situation in ihrem Leben schaffen, um die Lektion zu begreifen. Manche Menschen bringen sich immer wieder in die gleichen Situationen, weil sie daran irgend etwas Wichtiges zu lernen haben. Sicher hast du auch schon Leute kennengelernt, die eine Beziehung nach der anderen anfangen und wieder beenden und denken, wenn nur der Richtige käme, wäre alles in Ordnung. Erst nach großen Mühen und Anstrengungen erkennen sie schließlich, daß sie etwas in ihrem eigenen Inneren verändern müssen, statt draußen zu suchen.

ORIN: Als ich begann, meine Ratschläge und Anleitungen durch Sanaya zu senden, sah sie häufig, daß eine Beziehung zwischen zwei Menschen mit der Zeit immer reicher und intensiver werden würde – oder auch, daß sie zum Scheitern verurteilt war. Ich konnte ihr dann ein Signal geben – ein Gefühl dafür, ob es richtig war, darüber zu sprechen. Wenn es nicht hilfreich war und sie mein Signal nicht erkannte, nahm ich ihr die betreffende Information einfach wieder weg, so daß sie sie nicht mehr wußte. Auf diese Weise konnte sie keine Zukunftsmöglichkeiten offenbaren, die nicht angebracht waren. Sie «vergaß» diese Erkenntnis einfach wieder und channelte statt dessen irgend etwas anderes.

Ändere dich, dann kannst du auch deine Zukunft verändern.

ORIN UND DABEN: Im Realitätssystem der Geistführer geschieht alles gleichzeitig. Wir befinden uns außerhalb deiner linearen Zeit-Raum-Konstruktionen. Wir sehen die Arbeit, die wir gemeinsam mit dir leisten, in ihrer Gesamtheit; du dagegen nimmst immer nur einen Schritt nach dem anderen wahr. Wir behaupten nicht, daß alles vorherbestimmt ist. Immer wenn du irgendeinen Schritt tust oder eine Entscheidung triffst, können wir dies als bereits vollzogene Handlung sehen und in alle Richtungen in die Zukunft projizieren, um sämtliche Resultate zu erforschen, die sich daraus ergeben könnten. Da wir diesen Überblick haben, können wir dich dazu bringen, daß du selbst erkennst, wohin deine Entscheidungen führen werden, und den richtigen Weg findest.

Wir betrachten die Zukunft, die du erschaffst, aus zwei verschiedenen Blickwinkeln. Erstens schauen wir uns an, was du in deinem Leben gern bewirken möchtest, und zweitens betrachten wir die Schritte, die du dazu tun müßtest. Es ist sehr schwierig, den Zeitpunkt vorauszusagen, wann etwas geschehen wird. Viel einfacher ist es, zu prophezeien, ob etwas überhaupt passiert. Wenn du ein sehr starkes Bedürfnis nach etwas hast, wenn du fest entschlossen bist, es zu erreichen, dann wirst du es letzten Endes auch bekommen – es sei denn, du änderst deine Meinung. Wir erkennen den Grad deiner Entschlossenheit und die Schritte, die du unternimmst, um dein Ziel zu verwirklichen; wir sehen, inwieweit du dir darüber im klaren bist, was du willst, und nehmen auch noch viele andere Faktoren wahr, und deshalb können wir mit ziemlicher Genauigkeit voraussagen, ob dir etwas gelingen wird. Die Dinge, die du tust oder unterläßt, können deinen Fortschritt verlangsamen oder beschleunigen. Um etwas zu bekommen, mußt du bestimmte Schritte unternehmen. Wenn du bei einem dieser Schritte zögerst, dauert es vielleicht länger. Das heißt: Wir können erkennen, daß du ein Ziel möglicherweise erreichen wirst, aber da du dich ja nicht immer genau gleich verhältst, ist es schwieriger, genau vorauszusagen, wann sich dein Wunsch erfüllen wird.

Die langfristige Zukunft ist viel variabler und schwerer vorauszusagen, denn je weiter sie noch von uns entfernt ist, um so mehr Möglichkeiten gibt es. Es stehen viel mehr Wege offen, die du zwischen der Gegenwart und diesem entfernten Zeitpunkt in der Zukunft einschlagen kannst. Jede Entscheidung, die du triffst, verändert das Endergebnis. Deshalb müssen wir uns hier oft mit bloßen Möglichkeiten zufriedengeben, so wie bei der Wettervorhersage. Vielleicht sehen wir, daß du eine ungefähr achtzigprozentige Chance hast, die Gehaltserhöhung zu bekommen, auf die du hoffst; wir stützen uns bei dieser Einschätzung auf deine Entschlossenheit, die Intensität deines Wunsches und deine Beziehung zu deinem Chef. Gleichzeitig nehmen wir vielleicht eine zehnprozentige Möglichkeit wahr, daß du deine jetzige Stellung kündigst, weil uns aufgefallen ist, daß du schon mehrmals daran gedacht hast; und eventuell sehen wir auch noch eine zehnprozentige Möglichkeit, daß du die Gehaltserhöhung aus irgendeinem anderen Grund nicht bekommst. Es kann jederzeit passieren, daß du eine der beiden zehnprozentigen Zukunftsmöglichkeiten aktivierst und kündigst; deshalb können wir bei unseren Voraussagen immer nur von Wahrscheinlichkeiten ausgehen. Du hast in jeder Sekunde deines Lebens die Willensfreiheit, das zu erschaffen, was du möchtest. Manchmal bewegt sich ein Mensch so zielstrebig auf eine ganz bestimmte Zukunft zu, daß es schon einer intensiven Gegenströmung bedürfte, um diesen Weg zu ändern. Aber unmöglich ist es nicht. Du kannst die Zukunft verändern. Selbst wenn eine Möglichkeit nur eine Chance von einem Prozent hat, kann sie jederzeit eintreten.

Je weiter man sich in die Zukunft hineinbewegt, um so weniger geht es um äußere Formen, sondern mehr um das eigentlich Wesentliche, um die Essenz. Ein Beispiel für solche wesentlichen Dinge ist der Gedanke an eine berufliche Tätigkeit, in der du Erfüllung findest. Vielleicht wünschst du dir eine solche Arbeit. Was für eine äußere Form sie annehmen wird, deine genaue Position und Tätigkeitsbeschreibung – solche Dinge sind viel schwieriger vorauszusagen. Die Essenz dessen, was auf dich zukommen wird – also beispielsweise eine befriedigende Tätigkeit –, können wir genauer prophezeien als die äußere Form.

Die Zukunft hängt davon ab, was du in deinem Leben erschaffen willst.

Wenn du uns fragtest: «Wann werde ich meinen Seelengefährten treffen, meinen künftigen Mann oder meine künftige Frau?», könnten viele Geistführer ziemlich genau voraussagen, ob dir in allernächster Zukunft jemand begegnen wird. Wir spüren, ob das wirklich dein Ziel ist, und normalerweise finden wir auch die Seele und Energie der Person, die auf dich zukommen wird. Andererseits kann es sein, daß du plötzlich einen enormen Wachstumszyklus durchmachst. Vielleicht änderst du deine Gewohnheiten und Vorlieben und damit auch deine Schwingung. Dann paßt du möglicherweise zu einem ganz anderen Menschen; und vielleicht ziehst du daraufhin auch tatsächlich ein anderes Erlebnis und eine andere Person an als diejenigen, die sonst auf dich zugekommen wären.

Die meisten Menschen, die du kennenlernen wirst, treten schon, bevor ihr euch tatsächlich begegnet, auf Energieebene mit dir in Kontakt. Wenn eine Person bereits in dein Energiefeld eingetreten ist, können wir ziemlich genau vorhersagen, wie bald du sie treffen wirst – vorausgesetzt, es ist angebracht, dir diese Information zu verraten. Normalerweise findet die Begegnung innerhalb von ein paar Wochen statt, nachdem sich dieser Mensch in dein Energiefeld begeben hat. Viele Menschen fühlen das selbst. Sie sagen dann: «Ich glaube, ich werde bald jemand ganz Besonderen kennenlernen. Das spüre ich einfach.»

Aber vielleicht wird es auch noch mehrere Jahre dauern, bis du einen Partner oder eine Partnerin für eine längerfristige Bindung kennenlernst, und wir sehen, daß vorher noch eine andere Person auf dich zukommt, mit der du eine kürzere Beziehung eingehen wirst. Wenn wir dir verrieten, daß diese Person nicht dein Seelengefährte oder deine Seelengefährtin ist, nähmen wir dir damit vielleicht eine Möglichkeit zu innerem Wachstum. Es ist viel besser, dir aufzuzeigen, was du gerade lernst und wie du ein liebevollerer Mensch werden kannst, statt dir zu sagen, ob diese Beziehung ewig halten wird oder ob die Person, die jetzt auf dich zukommt, dein Seelengefährte oder deine Seelengefährtin ist.

Ein Geistführer erkennt deine Gedanken und Gefühle und kann daraus ablesen, was für Ereignisse du vermutlich in Gang setzen wirst. Manchmal machst du auch unerwünschte, unerwartete Erfahrungen, von denen du ganz sicher bist, daß du nichts dazu beigetragen hast. Aber denke noch einmal darüber nach: Du lebst in einem Universum von Ursache und Wirkung. Wenn du dich selbst immer als hilfloses Opfer siehst, dann wirst du auch zum Opfer gemacht. Denkst du dagegen oft, welch ein Glück du doch eigentlich hast, dann werden dir auch viele «Glücksfälle» begegnen. Du ziehst stets solche Ereignisse an, die dich in deinen Überzeugungen bestätigen. Wir sehen die Energie, die Gedanken und Gefühle, die deine Persönlichkeit ausmachen. Daraus können wir ablesen, welche Ereignisse du vermutlich anziehen wirst. Doch auch in dieser Hinsicht gibt es keine Gewißheit. Vielleicht änderst du deine Einstellung und siehst dich nicht mehr als Opfer, sondern beschließt, dein Leben oder eine bestimmte Situation selber in die Hand zu nehmen. Dann wird deine Zukunft einen anderen Verlauf nehmen.

Auf alle Zukunftsfragen, die die Menschen stellen, gibt es eine spirituelle Antwort. Wenn zum Beispiel jemand fragt, ob er bei einem neuen Unternehmen Erfolg haben wird, kann dein Geistführer Hinweise geben, was diese Person tun muß, um erfolgreich zu sein, statt vorauszusagen, was geschehen wird. Und wenn jemand wissen will: «Werde ich jemals heiraten, und wird diese Ehe halten?» kann dein Geistführer diesem Menschen zu der Erkenntnis verhelfen, was er tun könnte, um die liebevolle Beziehung aufzubauen, die er sich wünscht, statt einfach nur mit Ja oder Nein zu antworten. Auf jede Frage nach der Zukunft kann man mit einem Ratschlag antworten, was die betreffende Person unternehmen sollte, um die Zukunft, die sie sich wünscht, zu verwirklichen. Dein Geistführer verwandelt die Fragen der Menschen, die zu dir kommen, in Chancen, genau die Zukunft zu erschaffen, die sie sich erhoffen. Dadurch stärkt er sie. So hebt ihr eure Fähigkeit, andere Menschen bei der Veränderung ihres Lebens zu unterstützen, auf ein höheres Niveau empor.

Übung von Orin und DaBen
Wie man seine Zukunftsmöglichkeiten erkennt

Ziel: In die Zukunft zu reisen, um sich von dort Orientierungshilfen für die Gegenwart zu holen.

Vorbereitung: Du hast nun schon eine verbale Verbindung zu deinem Geistführer aufgebaut. Halte deinen Kassettenrecorder bereit. Setze dich bequem hin und entspanne dich. Entscheide, wie weit du in die Zukunft schauen möchtest; ein halbes Jahr bis ein Jahr ist am besten.

Übungsschritte:

1. Versetze dich in Trance, und tritt mit deinem Geistführer in Kontakt. Male dir ein Symbol für die Zukunft aus, die du dir am meisten ersehnst. Dieses Symbol soll den lichtvollsten Weg für dein nächstes Jahr darstellen. «Wirf» dieses Symbol in die Zukunft hinein, und stelle dir vor, daß es Informationen zu dir zurücksendet, wie du dieses Ziel am besten erreichen kannst. Schalte deinen Kassettenrecorder ein.
2. Und nun stell dir vor, daß inzwischen schon eine Woche vergangen ist. Laß deinen Geistführer das Licht aufrechterhalten und deine Fähigkeit stärken, in die Zukunft zu blicken. Schau in Gedanken auf den Kalender, und kreuze das Datum an. Laß alle Gedanken und Gefühle in dir aufsteigen, die du zu diesem Zeitpunkt in der Zukunft hast. Welche Fragen und Probleme beschäftigen dich gerade? Welche neuen Ziele setzt du dir, und was tust du für sie? Laß dir ruhig Zeit und warte, bis diese Bilder sich dir offenbaren. Sprich sie auf Kassette, und dann lasse sie wieder verschwinden.
3. Stell dir nun vor, daß bereits ein Monat vergangen ist. Schau im Geist wieder auf den Kalender und markiere das Datum. Laß alle Gefühle, Bilder und Gedanken, die sich damit verbinden, in dein Bewußtsein aufsteigen. Was tust, denkst und

planst du gerade? Achte auf den Unterschied zwischen deinem jetzigen Ich und der Persönlichkeit, die du in deiner wünschenswertesten Zukunft sein würdest. Vielleicht nimmst du noch mehr Licht um dich herum wahr, wenn du die Energie deines künftigen Ichs in dein gegenwärtiges Ich strömen läßt. Sprich deine Eindrücke auf die Kassette. Dann lasse auch diese Bilder wieder verschwinden.

4. Stell dir vor, es seien nun schon drei Monate vergangen. Schau auf den Kalender, und kreuze wieder das Datum an. Achte darauf, welche Pläne und Gefühle du zu diesem Zeitpunkt hast.
5. Tue das gleiche für einen Zeitpunkt, der ein halbes Jahr weiter in der Zukunft liegt – wähle dann neun Monate, ein Jahr oder noch mehr, je nachdem, wie weit du in die kommende Zeit schauen wolltest. Stell dir vor, daß du von dieser Warte aus auf dein jetziges Ich zurückblickst und daß dein künftiges Ich, unterstützt von den Erkenntnissen deines Geistführers, diesem jetzigen Ich Ratschläge gibt. Betrachte Fragen und Probleme, die du momentan in deinem Leben hast, und berate dich selbst aus dieser höheren, weiseren, allwissenderen Perspektive.
6. Vielleicht möchtest du deinem Geistführer ein paar direkte Fragen zu den Bildern und Gefühlen stellen, die zu diesen verschiedenen Zeitpunkten in der Zukunft in dir aufsteigen. Hier einige Vorschläge:
   a Welche Entscheidungen kann ich in meinem jetzigen Leben treffen, um auf den höchstmöglichen Weg zu gelangen?
   b Welche Handlungen, Gedanken und Verhaltensweisen wären morgen, in der nächsten Woche und im nächsten Monat am angemessensten, um meinem Weg des Lichts zu folgen?
7. Sobald du fertig bist, bedanke dich bei deinem Geistführer, und erwache wieder aus deiner Trance.

Auswertung: Viele Menschen haben die Erfahrung gemacht, daß das eine sehr wirkungsvolle Methode ist. Es empfiehlt sich, sie in regelmäßigen Abständen zu wiederholen. Dann wirst du vielleicht nach einiger Zeit feststellen, daß du dein Leben aus einer viel weiteren, umfassenderen Perspektive siehst, ähnlich wie dein Geistführer. Lies hin und wieder deine Notizen durch, oder höre dir deine Aufnahmen an; du wirst dich freuen, wenn du siehst, wieviel du in der Zwischenzeit erreicht und wie sehr du dich innerlich weiterentwickelt hast.

Wie man für sich selbst channelt

SANAYA UND DUANE: Manchen Menschen fällt es leicht, für sich selbst zu channeln, anderen nicht. Manchmal ist es einfacher, mit Fragen zu beginnen, die für dich nicht so gefühlsbeladen sind, denn je mehr dir das Ergebnis bedeutet, um so schwerer wird es dir vielleicht fallen, den erhaltenen Antworten zu vertrauen. Die Fragen in der folgenden Übung «Channeling für sich selbst» haben Orin und DaBen entwickelt, damit du lernst, Ratschläge und Anleitung für dein eigenes Leben zu empfangen.

SANAYA: Ich hatte bereits mehrere Jahre Erfahrung mit dem Channeln, bevor ich zum ersten Mal eine Sitzung für mich selbst abhielt. Ich habe festgestellt, daß das sehr viel persönliche Distanz und innere Ruhe erfordert. Wenn die Antworten eine starke emotionale Reaktion in mir auslösten, brach die Verbindung zu meinem Geistführer ab. Außerdem brauchte ich mehrere Jahre Übung, bis es mir gelang, spezielle Informationen über mein Leben zu empfangen. Anfangs war es für Orin viel leichter, mir allgemeine Ratschläge und Anleitungen zu senden. Und als ich dann begann, detaillierte Botschaften zu channeln, wühlte mich das innerlich so auf, daß die Verbindung abbrach. Erst nach Jahren konnte ich Orins Ratschläge so unvoreingenommen aufnehmen, daß es mir gelang, eine stabile, klare Verbindung zu ihm aufrechtzuerhalten.

Übung von Orin und DaBen
Channeling für sich selbst

Ziel: Antworten auf persönliche Fragen zu erhalten, die dein Leben betreffen.

Vorbereitung: Du hast nun schon eine verbale Verbindung zu deinem Geistführer aufgebaut. Halte deinen Kassettenrecorder oder irgendein anderes Aufnahmegerät bereit.

Vielleicht ist es besser, wenn du dir die Fragen für deinen Geistführer vorher zurechtlegst. Du kannst dir auch aufschreiben, welche Antworten du bereits gefunden hast, und diese dann hinterher mit den Kommentaren deines Geistführers vergleichen. Manche Leute machen sich die ganze Woche über Notizen, damit sie bei ihrer Channeling-Sitzung gute, wohldurchdachte Fragen für ihren Geistführer parat haben.

Übungsschritte:

1. Versetze dich in Trance, und tritt mit deinem Geistführer in Kontakt. Schalte den Kassettenrecorder ein.
2. Nun stelle deine Fragen, und nimm die Antworten auf. Laß die Informationen einfach fließen, ganz gleich, ob sie dir naheliegend erscheinen oder völlig unerwartet kommen. Fragen, die du deinem Geistführer stellen könntest:
   a Nenne mir den wichtigsten Punkt, auf den ich mich im nächsten halben Jahr besonders konzentrieren will, um mein höheres Ziel zu erreichen. Was ist der zweitwichtigste Punkt?
   b Vergegenwärtige dir eine Situation in deinem jetzigen Leben. Frage deinen Geistführer: «Was lerne ich aus dieser Situation? Wie dient sie meiner spirituellen Entwicklung?»
   c Wie kann ich ein besseres Channeling-Medium werden? Was könnte ich in physischer, emotionaler, geistiger und spiritueller Hinsicht noch tun, um enger mit dir und mit meiner Seele in Kontakt zu treten?

3. Sobald du fertig bist, bedanke dich bei deinem Geistführer, und erwache wieder aus deiner Trance.

Auswertung: Wenn es dir noch schwerfallen sollte, Antworten auf persönliche Fragen zu empfangen, übe weiter. Vielleicht sind deine Gefühle oder vorgefaßten Meinungen hinsichtlich einer bestimmten Situation sehr stark, und es fällt deinem Geistführer schwer, diese intensiven Emotionen zu durchdringen. Und wenn dir die Antworten, die du von deinem Geistführer empfängst, vorher auch schon einmal in den Sinn gekommen sein sollten, zweifelst du vielleicht, ob es sich wirklich um Botschaften deines Geistführers handelt oder um deine eigenen Ideen. Vielen Medien fällt es schwerer, für sich selbst zu channeln als für andere Menschen; andere wiederum finden dies sehr leicht, aber dafür fällt ihnen das Channeling für andere Personen schwer. Diese Erfahrungen sind individuell verschieden; sei geduldig und probier es einfach aus.

Teil III

Was man erleben kann, wenn man sich dem Channeln öffnet

10 Unsere Erlebnisse beim Channeling

Orins erster Auftritt

SANAYA: Die Leute fragen mich oft, wie meine erste Begegnung mit Orin ablief und ob ich schon vorher gewußt hätte, daß ich channeln könnte. Eigentlich kam ich erst auf diese Idee, nachdem ich eine Channeling-Sitzung bei einer Frau, Betty Bethards, erlebte, die mir voraussagte, mit Mitte Zwanzig wäre ich ein Channeling-Medium, und das sei meine Lebensaufgabe. Damals war ich 18 Jahre alt und ging aufs College, und Channeling-Medium zu werden, erschien mir wie eine wunderbare, aber nicht sehr wahrscheinliche Vision. Ich dachte eine Zeitlang darüber nach, doch dann schob ich den Gedanken wieder beiseite und ordnete ihn in die Kategorie «Träume» ein.

Nach dem College war ich zu sehr mit praktischen Dingen beschäftigt, zum Beispiel damit, mir meinen Lebensunterhalt zu verdienen. Ein paar Jahre lang arbeitete ich in einem Büro, dann gründete ich eine kleine Marketing-Beratungsfirma. Das Geschäftsleben gefiel mir, aber irgendwie hatte ich das Gefühl, daß mir etwas fehlte. Um diese Zeit channelte Jane Roberts mehrere Bücher von ihrem Geistführer Seth. Ich las sie und war begeistert. Daraufhin setzte ich mich mit ein paar Freunden und Freundinnen zusammen, um über die Bücher zu diskutieren, und wir schafften uns ein Ouija-Brett an, um mit unseren eigenen Geistführern in Verbindung zu treten. Sofort empfingen wir Botschaften und baten um Kontakt mit dem höchsten Führer, der für uns erreichbar war. Wir wünschten uns einen Geistführer wie Seth.

So lernte ich im Jahre 1977 Orin kennen. Er nahm über das Ouija-Brett Kontakt mit mir auf, verkündete mir, daß er ein Meister-Lehrer sei und daß wir noch mehr von ihm hören würden, sobald ich seine Botschaften besser empfangen könnte. Es war eindeutig, daß ich diejenige war, die die Botschaften erhielt, also spielte einer der Freunde die Rolle meines Partners, während ein anderer sich Notizen machte. Wir empfingen weiterhin einmal pro Woche Ratschläge und Anweisungen von Orin und bekamen auch viele Informationen von einem anderen Geistführer, Dan, der häufiger zu uns kam. Viele Freunde und Bekannte nahmen an diesen Channeling-Sitzungen teil, und wir trugen im Laufe der Zeit über 200 Seiten Notizen zusammen.

In jenem Jahr erlitt ich einen Autounfall. Ein Auto scherte vor meinem VW-Käfer aus, und ich trat voll auf die Bremse, die daraufhin blockierte. Während mein Wagen sich auf der Autobahn überschlug, verging die Zeit plötzlich viel langsamer, und es schienen sich Tore zu anderen Dimensionen aufzutun. Es war, als könnte ich in die Zukunft sehen, und ich wußte, daß mir nichts passieren würde. Als mein Auto dann auf der linken Seite landete und ich mich etwas benommen umschaute, war mir klar, daß sich in meinem Inneren etwas verändert hatte. An diesem Abend räumte ich das Ouija-Brett weg und begann direkt mit meiner Stimme zu channeln.

Ich weiß noch, daß ich anfangs zögerte, verbale Durchsagen zu machen. Ich hatte Angst, daß sich nichts ereignen oder daß ich nur sinnlose Botschaften zustande bringen würde. Es waren viele Freunde da, die gespannt dasaßen und darauf warteten, daß ich anfing. Ich schloß die Augen und horchte in mich hinein, genauso, wie ich vorher auf die Botschaften «gehorcht» hatte, die über das Ouija-Brett zu mir durchkamen. Zuerst klangen die Botschaften, die ich empfing, wie eine Musikkassette, die zu schnell abgespielt wird. Die Ideen zuckten blitzschnell durch mein Bewußtsein, und ehe ich sie aussprechen konnte, waren sie schon wieder verschwunden. Ich bat darum, mir die Worte langsamer zu senden. Daraufhin kamen sie so langsam, daß meine Gedanken abschweiften und ich die Verbindung zu meinem Geistführer verlor. Aber schließlich gelang es mir doch, sinnvolle, zusammenhängende Botschaften zu empfangen und weiterzuleiten, und es wurde ein sehr spannender Abend und ein voller Erfolg.

Das ging ein paar Wochen lang so, bis das Tempo der Informationen und meine Fähigkeit, sie zu empfangen, sich aufeinander eingependelt hatten. Die geistigen Bilder, die in mir aufstiegen, waren so lebendig und bedeutungsvoll, daß meine Worte mir nur wie ein Schatten meines eigentlichen Erlebnisses vorkamen. Wie leicht es mir fiel, die Botschaften zu channeln, hing von meiner Energie ab und davon, wie sehr ich von den Informationen überzeugt war, die ich empfing. Ich konzentrierte mich auf die ersten ein bis zwei Wörter und stellte mir vor, daß sie vom Ouija-Brett kamen. Auf diese Weise gelang mir der Übergang zum verbalen Channeling. Sobald ich die ersten Worte empfangen hatte, floß der Rest der Botschaft automatisch nach. Damals sprach ich noch mit meiner gewohnten Stimme, denn ich hatte Angst, daß es meinen Freunden seltsam vorkommen würde, wenn ich mich der Gesten und der Stimme von Dan bediente, der damals durch mich sprach; deshalb unterdrückte ich sie. Dan sagte, er werde Orins Energie so lange auf ein niedrigeres Niveau herabsenken, bis ich in der Lage sei, Orins höhere Schwingung direkt zu empfangen. Orin erklärte mir, mein Körper sei wie eine elektrische Leitung, die nur zwanzig Volt verkrafte, und seine – Orins – Energie entspreche eher einer Spannung von fünfzig Volt.

Ich machte die Erfahrung, daß Channeling eine ungeheure Konzentration erfordert. Wenn meine Aufmerksamkeit nur ein paar Sekunden lang abschweifte, ging die Botschaft verloren, und ich mußte mein Bewußtsein neu konzentrieren, um sie wiederzufinden. Es glich einem Radioprogramm, das ich nur dann empfangen konnte, wenn ich mich unentwegt darauf konzentrierte. Nach einer Weile war ich in der Lage, parallel zu Dans Botschaften auch meine eigenen Gedanken wahrzunehmen. Ich stellte ihm im Geist Fragen, während er jemand anderem etwas erklärte, und spürte seine Antworten, selbst während ich eine Botschaft für irgendeine andere Person weitergab.

Orin, der immer noch durch das Ouija-Brett zu mir sprach, machte mir viele Vorschläge, wie ich meine Schwingung erhöhen könnte, um seine Botschaften zu empfangen. Als ich das erste Mal versuchte, Orin zu mir durchkommen zu lassen, wäre ich beinahe in Ohnmacht gefallen. Ich hatte das Gefühl, mich vom Kopf bis zu den Zehenspitzen ganz weit auszudehnen; ich wurde wie ein Schwamm, größer als das Zimmer, in dem ich mich befand, aber immer noch von einem Energiefeld umschlossen. Mir war, als würde mein Brustkorb zerquetscht, und gleichzeitig durchströmte mich ein Gefühl der Kraft und Liebe. Meine Licht- und Farbwahrnehmung veränderte sich. Daraufhin versuchte ich nicht mehr, Orins Botschaften verbal zu empfangen, sondern befolgte seinen Rat, erst einmal meinen Körper in Form zu bringen, und begann in den Hügeln hinter meinem Haus mit Waldläufen.

Der Durchbruch kam, als ich mir einen neuen Kassettenrecorder kaufte, mich in Tieftrance versetzte und meine Worte auf Kassette aufnahm. Als ich mir die Aufnahme hinterher anhörte, wurde mir klar, daß es mir zum ersten Mal gelungen war, Orin verbal zu channeln. Ich hatte eine geführte Meditation aufgenommen, die mir zeigte, wie ich meine Verbindung zu ihm verstärken und ein besseres Medium werden konnte. Von Orin habe ich viel übers Channeling gelernt. Er riet mir, mit einem Metronom zu üben, das auf die Herzfrequenz eingestellt war, und das Channeln dann in verschiedenen Sprechgeschwindigkeiten zu üben. Er ließ mich an meiner Atmung arbeiten und Konzentrationsübungen machen und brachte mir auch noch vieles andere bei. Zu diesem Zeitpunkt verschwand Dan aus meinem Leben. Er erklärte mir, er habe seinen Zweck nun erfüllt. Von jetzt an werde Orin seinen Platz einnehmen.

In den nächsten drei Jahren sprach ich mit vielen Menschen und hielt Channeling-Sitzungen für sie ab. Rückblickend wird mir klar, daß es eine Zeit der Übung für mich war – üben, üben und nochmals üben. Mit der Zeit konnte ich Orins Botschaften immer klarer und genauer wiedergeben. Sie waren sehr präzise und aufschlußreich und zeigten den Menschen Möglichkeiten, ihr Leben zu verändern und zu verbessern. Nebenher arbeitete ich immer noch ganztags in verschiedenen Berufen, doch in jeder freien Minute verfolgte ich meinen Weg mit Orin. Es machte mir so viel Freude, mit ihm zusammen zu sein und ihn zu channeln; es war mir lieber als alles andere. Ich empfand Orin als ein sehr weises, liebevolles Wesen. Er betrachtete die Welt ganz anders als ich. Es wurde mir immer wichtiger, spirituell zu wachsen und Christusbewußtsein zu erlangen. Orin wurde mein Lehrer, der mich zu diesem höheren Bewußtsein hinführte und dazu beitrug, daß ich meine eigene Weisheit entdeckte und zu mehr Liebe und innerem Frieden fand. Er sandte mir viele Meditationsanleitungen, die mich in meinem spirituellen Wachstum weiterbringen sollten.

Duane lernte ich im Jahr 1982 kennen, als er eine Channeling-Sitzung von Orin und mir besuchte. Er hatte durch einen gemeinsamen Freund von Orin erfahren und wollte Informationen über sein Leben erfahren. Duane war Doktor der Geologie und Geophysik und viele Jahre in diesem Beruf tätig gewesen. Er bereiste die ganze Welt und beriet Firmen beim Bau von Dämmen in Erdbebengebieten; außerdem managte er ein großes Erdölunternehmen. Abends lehrte und heilte er mit Hilfe der Körperarbeitstechniken, die er entwickelt hatte. Aber er war sich nicht sicher, wie er sein Leben in Zukunft gestalten sollte: Sollte er seine damalige berufliche Karriere weiterverfolgen, eine eigene Beratungsfirma gründen oder sich ganz seiner Lehrtätigkeit und der Weiterentwicklung seiner Körperarbeit widmen? Oder sollte er verschiedene Teile der Erde bereisen, schreiben und nach Kraftorten (Stellen, an denen sich eine sehr starke Energie konzentriert) suchen?

Orin ermutigte Duane, seinen inneren Botschaften zu folgen und etwas Neues auszuprobieren. Bei unserer Channeling-Sitzung ging es um den Sinn seines Lebens und darum, wie er aus den vielen Möglichkeiten, die vor ihm lagen, die richtigen auswählen konnte. Nach der Sitzung berichtete ich Duane, das Sitzen sei mir schwergefallen, da ich mir bei einem anstrengenden neuen Trainingsprogramm ein paar Muskelzerrungen im Rükken zugezogen hätte. Duane gelang es, sämtliche Schmerzen innerhalb von ein paar Minuten zu beseitigen. Ich konnte es kaum fassen, wie schnell das alles ging. Eigentlich hatte ich gar nicht daran geglaubt, die Schmerzen überhaupt wieder los zu werden. Ich hatte angenommen, daß Schmerzen und Muskelkater einfach zum Leben gehören, wenn man Sport treibt.

Das war der Beginn einer faszinierenden Reise, bei der ich viel über Energie und über Körper, Geist und Gehirn lernte. Duane war mein Lehrer. Wir hatten viele gemeinsame Interessen, und es machte uns Freude, uns gegenseitig in neue Gebiete einzuführen, auf denen wir uns weiterentwickeln konnten. In den nächsten Jahren arbeiteten wir zusammen; mal war Duane der Lehrer und ich die Schülerin, dann war es wieder umgekehrt. Im Laufe meiner Zusammenarbeit mit Duane begann ich all meine bisherigen Vorstellungen davon aufzugeben, was im Bereich des Heilens möglich ist – vor allem die Überzeugung, daß Heilungsprozesse Zeit brauchen. Duane zeigte mir, daß eine Heilung in erstaunlich kurzer Zeit stattfinden kann. Er erklärte mir auch, wie ich meinen Körper auf die höhere Frequenz ausrichten konnte, die mich während des Channelns durchströmte.

Orin und ich hielten gerade die Kurse, die später in das Buch *Sich dem Leben öffnen* einflossen, da schlugen er und DaBen uns vor, Channeling-Kurse zu geben. Damals hatte ich bereits all meine anderen beruflichen Tätigkeiten aufgegeben und widmete mich ganz der Arbeit mit Orin. Orin ermutigte Duane, seine hellseherischen Fähigkeiten weiterzuentwickeln, und half ihm, die Veränderungen bei seiner Körperarbeit besser zu verstehen.

DaBens erster Auftritt

Duane: Mein erstes Erlebnis mit DaBen hatte ich während meiner Körperarbeits-Sitzungen. Bei meiner Energiearbeit mit anderen Menschen fiel mir plötzlich auf, daß ich Dinge tat, die nicht meiner Ausbildung und auch keinem Vorwissen zu entspringen schienen, und gerade mit diesen Bewegungen und Techniken erzielte ich die erstaunlichsten Resultate. Verletzungen oder Schmerzen, die schon jahrelang bestanden hatten, verschwanden manchmal innerhalb einer Stunde. Ich konnte mir einfach nicht erklären, wie ich das schaffte. Mir war, als «wüßte» ich, wann ich einen bestimmten Heilungsvorgang abgeschlossen hatte, und ich spürte eine unsichtbare Präsenz, die mir dabei zu assistieren schien. Erst wenn ich bestimmte Berührungen und Techniken zu Ende geführt hatte, konnte ich an einem anderen Körperteil meines Patienten weiterarbeiten. Dieses unsichtbare Wesen unterstützte mich, so daß ich immer wußte, was ich zu tun hatte, und «gab» mir Heilmethoden ein, die ich nie zuvor erlernt und benutzt hatte.

Die Wechselwirkung zwischen Geist und Körper hatte mich schon immer fasziniert, vor allem, nachdem ich meine Begeisterung fürs Laufen entdeckt hatte. Anfangs hatte ich dabei fast zwei Jahre lang Schmerzen in den Füßen, Fußgelenken und Knien gehabt. Ohne große Hoffnung versuchte ich, mich selbst davon zu heilen. Der Arzt hatte mir erklärt, die Schmerzen seien auf ein Problem mit meinen Knochen oder meinem Knochenbau zurückzuführen. Als ich mich dann immer mehr auf meinen Körper einstimmte, war mir, als könne ich in ihn hineinsehen, und ich erkannte, daß fast alle meine Schwierigkeiten durch bestimmte Muskeln verursacht wurden. Allmählich wurde mir klar, daß ich meine Beschwerden beseitigen konnte, indem ich meine Gedanken darüber veränderte. Dann mußte ich die Muskeln nur noch durch ganz bestimmte Handgriffe umstrukturieren. Ich begriff, daß ich die Probleme anderer Leute auf die gleiche Art und Weise lösen konnte. Immer mehr Sportler kamen zu mir. Zunächst erschuf ich ihre Beschwerden in meinem eigenen Körper. Ich überlegte mir, wie ich dieses Problem bei mir selbst beheben würde, und korrigierte es dann bei meinem Patienten. Nachdem dieser fortgegangen war, heilte ich seine Symptome, die ich in meinem eigenen Körper manifestiert hatte. Als nächstes begann ich Methoden zu entwickeln, mit denen ich andere Menschen heilen konnte, ohne ihre Probleme auf mich zu nehmen. Zum Beispiel zeigte ich ihnen, wie sie selbst mental zu ihrer Heilung beitragen konnten, während ich mit ihnen arbeitete.

Während ich die Verletzungen meiner Patienten behandelte, begann ich, in ihren Körpern und in deren Umfeld Energien zu spüren, doch es waren nicht die Energien des physischen Körpers. Das Gefühl einer unsichtbaren Gegenwart in meiner Nähe wurde immer stärker, aber damals lehnte ich die Vorstellung von Geistführern und Geistheilung noch ab, weil sie sich nicht mit meiner wissenschaftlichen Ausbildung vereinbaren ließ. Als Wissenschaftler begann ich, systematisch alle Körperarbeitstechniken zu erforschen, über die ich mir Informationen beschaffen konnte – von östlichen Methoden wie Akupressur bis hin zu westlichen Heilverfahren wie Tiefenmassage, Kinesiologie, Bewegungsübungen und unzähligen anderen Techniken und Stilen.

Da schenkte mir eine Freundin, die sich mit Channeling auskannte und schon Sitzungen mit vielen Geistführern erlebt hatte, eine Sitzung bei Orin. Ich entschied mich für Orin, nachdem ich mir die Aufnahmen angehört hatte, die meine Bekannte von Channeling-Sitzungen mit verschiedenen Medien besaß, denn Orin war der einzige, der es mit seinen Informationen und seiner Vortragsweise schaffte, meine Zweifel hinsichtlich «übersinnlicher Fähigkeiten» zu zerstreuen. So lernte ich Sanaya und Orin kennen. Die Channeling-Sitzung brachte mich tatsächlich dazu, mein Leben gründlich zu überdenken. Als Orin mir eröffnete, daß ich wahrscheinlich meine Stellung kündigen würde, glaubte ich ihm nicht, und ich war auch alles andere als überzeugt davon, daß es beim Channeling wirklich mit rechten Dingen zuging. Doch ich verschob mein endgültiges Urteil auf später, denn ich hatte keine schulmedizinische Erklärung für meine neuen Erfahrungen bei der Körperarbeit gefunden. Als ich weiter mit Sanaya arbeitete, fiel mir auf, daß sich ihre Energie und ihre Aura veränderten, wenn sie channelte. Mir wurde auch klar, daß Orins Liebe und Weitsicht über die aller menschlichen Wesen hinausging, die ich kannte. So sah ich mich zwischen zwei widersprüchlichen Erfahrungen, dem, woran ich glaubte, und dem, was sich vor meinen Augen abspielte.

Eine Reihe übersinnlicher Erfahrungen vertiefte diese Widersprüche in meinem Glaubenssystem. Eines Tages, als ich in den Hügeln joggte, verwandelte sich plötzlich alles um mich herum in Muster, die sich bewegten. Die Bäume sahen nicht mehr wie Bäume aus, sondern wie Schwingungsmuster, und ich konnte durch sie hindurchsehen. Sofort machte ich mir Sorgen, den Verstand verloren zu haben. Ich scheute mich nicht nur, anderen Menschen von diesem Erlebnis zu erzählen; ich wollte es nicht einmal selbst wahrhaben. Ein paar Tage später hielt ich mit meinem Auto an einer roten Ampel. Als ich in das neben mir stehende Auto schaute, sah ich zu meinem Schrecken keine Fahrerin darin, sondern einen Kokon aus Licht und Energielinien, in den ihr ganzer Körper eingesponnen war. Das beunruhigte mich so sehr, daß ich darum bat, diese Erlebnisse möchten aufhören – was auch geschah. Als ich diese hellsichtigen Fähigkeiten dann später weiterentwickeln wollte, dauerte es eine ganze Weile, bis ich sie wieder herbeirufen konnte.

Ich arbeitete weiter mit Sanaya, und allmählich kamen immer mehr Channeling-Medien, die übersinnliche Energien wahrnehmen konnten, zu mir, um sich von verschiedenen Krankheiten und Beschwerden heilen zu lassen. Da begann ich, über die Möglichkeit nachzudenken, Medien durch Berührungen und

Energiearbeit beim Channeling zu unterstützen. Ich stellte fest, daß ich erstaunliche Ergebnisse erzielen konnte, indem ich einfach nur meinem inneren Gespür und den Impulsen des unsichtbaren Wesens folgte, das mich zu umgeben schien. Um diese Zeit begann ich, die Energien im Körper anderer Menschen und in deren Umfeld wieder ganz deutlich wahrzunehmen. Ich sah erst drei, dann vier verschiedene Energiearten oder -schichten. Später wurde mir durch genaue Beobachtung klar, daß diese Energieschichten eng mit der physischen, mentalen, emotionalen und spirituellen Aura zusammenhingen. Manche Menschen waren von wirbelnden Energiestrudeln umgeben. Wenn es mir gelang, diese Wirbel durch Berührungen zu «beruhigen» und in geordnetere Muster zu verwandeln, konnten diese Menschen sich schlagartig viel besser in spirituelle Dimensionen hineinbewegen.

Ich begann, mich innerlich sehr gespalten zu fühlen. Der Wissenschaftler in mir ging jeden Tag zur Arbeit, um sich um das Management der Firma und die Alltagsrealität von Wissenschaft und Geschäftswelt zu kümmern. Wenn ich von der Arbeit nach Hause kam, arbeitete ich an der Energie meiner Patienten, sah Dinge, von denen die Wissenschaft behauptete, daß es sie nicht gebe, und bewirkte scheinbar unmögliche Heilungen. Ein paar Jahre lang war dieser «Balanceakt» für mich genau das richtige gewesen, und ich hatte mich sehr wohl dabei gefühlt – doch allmählich wurde der Abgrund, der sich zwischen diesen beiden Realitäten auftat, immer größer. Ich wußte, daß ich irgendeine Lösung finden mußte, wenn ich weiterhin funktionieren wollte. Der Wissenschaftler in mir gab zu bedenken, wenn ich meinen Beruf aufgäbe und mich ganz auf meine Energie- und Körperarbeit konzentrierte, würde ich völlig den Boden unter den Füßen verlieren. Meine Intuition sagte mir, daß ich es nicht länger verkraftete, zur Arbeit zu gehen und all das zu verleugnen, was mehr und mehr zum interessantesten Teil meines Lebens wurde: nämlich meine Erfahrungen mit der überbewußten Realität. Im

April 1984 verbrachte ich einen ganzen Tag mit Sanaya und Orin in der Hoffnung, diesen Konflikt zu lösen.

An jenem Tag im April wußte ich, daß sich irgend etwas ereignen würde. Schon vor Wochen war mir beim Autofahren plötzlich der Name «DaBen» in den Sinn gekommen. Ich hatte den Namen gehört, als flüstere ihn mir jemand ins Ohr, und seitdem verspürte ich das dringende Bedürfnis, diesem Phänomen nachzugehen. Ich war mir immer noch nicht sicher, ob ich überhaupt an Channeling glaubte, obwohl ich die Veränderungen in der Aura der Medien sehen konnte, sobald ihr Geistführer in ihr Energiefeld eintrat. Es fiel mir immer schwerer, zu verleugnen, was ich mit eigenen Augen sah. Andererseits wollte ich mein Leben nicht einem Geistführer überantworten. Ich wollte es selber im Griff behalten.

An diesem Tag forderte Orin mich auf, den Namen «DaBen» auszusprechen und jenes unsichtbare Wesen, das mich zu umgeben schien, zu mir zu rufen. Als ich seinem Vorschlag folgte, überlief es mich heiß und kalt. Plötzlich nahm ich Sanaya in verschiedenen Farben und Schichten wahr und konnte durch sie hindurchsehen. Das Wesen schien sich zu nähern und immer realer zu werden. Dabei hatte ich sehr intensive physische Empfindungen: Mein unteres Zwerchfell vibrierte unkontrolliert, und ich keuchte und rang nach Luft. Es war ein sehr dramatisches Erlebnis. Im nachhinein weiß ich, daß ich es nicht für wirklich gehalten hätte, wenn es nicht so verblüffend gewesen wäre. Damals hatten Dinge für mich nur dann Realität, wenn sie mit einem gewissen Schwierigkeitsgrad verbunden waren; nur wenn etwas physische Anforderungen an mich stellte, hatte ich den Eindruck, daß es sich auch wirklich lohnte. Später wurde mir klar, daß DaBens erster Auftritt nicht unbedingt so spektakulär hätte ablaufen müssen. Inzwischen kann ich ganz leicht und mühelos mit ihm Verbindung aufnehmen.

Als ich mich fürs Channeling öffnete, veränderte sich mein Leben schlagartig. Von DaBens höherer Perspektive aus begriff ich, was ich tun mußte, damit mein Leben gut funktionierte. Viele Monate lang war ich unentschlossen gewesen – gespalten in zwei Personen, die nicht wußten, was sie tun sollten. Jetzt spürte ich die tiefe innere Gewißheit, daß ich meinem Weg folgen mußte, Körperarbeit zu praktizieren und anderen Menschen bei der Erweiterung ihres inneren Horizonts zu helfen – gleichgültig, wohin er mich führen würde. Außerdem wollte ich mehr übers Channeling erfahren. Schon am nächsten Tag skizzierte ich einen genauen Plan für meine berufliche Zukunft und kündigte der Firma, bei der ich bis dahin gearbeitet hatte.

Das war eine schwerwiegende Entscheidung für mich, denn es widersprach meiner langjährigen wissenschaftlichen Ausbildung, die übersinnliche Phänomene entweder ignorierte oder darüber lachte. Channeling und Geistführer waren ganz bestimmt nicht die Themen, über die man mit seinen wissenschaftlichen Kollegen diskutierte! Ich wußte, daß ich schon um meines eigenen gesunden Menschenverstandes willen logische wissenschaftliche Erklärungen fürs Channeling finden mußte, also begann ich es zu studieren, so wie ich vorher Naturwissenschaften und Körperarbeit studiert hatte. Ich betrachtete den Körper und die Energiesysteme hauptsächlich aus der Perspektive der inneren Öffnung fürs Channeling. Außerdem las ich alles, was mir helfen konnte, den Vorgang des Channeling aus philosophischer, religiöser und wissenschaftlicher Sicht zu begreifen.

Von da an begannen Sanaya und ich, gemeinsam zu channeln. Unsere beiden Geistführer schienen sich zu kennen. Es kam oft vor, daß sie über die gleichen Themen sprechen wollten; der eine nahm den Faden genau dort wieder auf, wo der andere aufgehört hatte. Wir bekamen viel Anleitung und Beratung von Orin und DaBen, und das half uns, zwischen April und November 1984 einige entscheidende Veränderungen in unserem Leben in Angriff zu nehmen.

Es war kein bestimmtes Ereignis, das mich schließlich von der Realität des Channeling überzeugte, sondern eine ganze Reihe von Erlebnissen. Alles, was DaBen sagte, war in sich logisch und folgerichtig. Selbst wenn er ein Thema Monate später wieder aufgriff, machte er genau dort weiter, wo er vorher aufgehört hatte. Er sagte mir Dinge voraus, die dann auch tatsächlich passierten. Langsam – am Anfang beinahe widerstrebend – ließ ich mich von der Sache faszinieren und nahm die Erkenntnisse, zu denen DaBen mich hinführte, allmählich immer begieriger in mich auf. Ich channelte häufig Informationen über Körperarbeit und Energiesysteme. Auch heute funktioniert das alles immer noch erstaunlich gut, und mittlerweile ist zwischen DaBen und mir eine vertrauensvolle, gute Beziehung entstanden.

11 Wie wir mit unseren Channeling-Kursen begannen

Die Vorbereitung

SANAYA: Nun möchten wir von den Erfahrungen anderer Menschen berichten, die sich dem Channeling öffneten, und erzählen, wie sich deren Leben dadurch verändert hat. Zwar wirst du deine ganz eigenen, individuellen Erfahrungen mit dem Channeling machen, aber wir hoffen, daß du durch unsere Berichte und die Geschichten anderer Medien noch weitere Möglichkeiten entdeckst, die das Channeling ganz speziell für dich bietet. Vor allen Dingen hat Channeln uns immer Spaß gemacht. Wir folgten mit dieser Tätigkeit stets nur unserer Freude. Es hat uns gezeigt, daß jede Sekunde unseres Lebens sinnvoll und erlebnisreich sein kann.

Nachdem Orin und DaBen uns im November vorgeschlagen hatten, Channeling-Kurse zu geben, waren wir einen Monat lang ziemlich beschäftigt. An einem Montagabend im Monat öffneten wir unser Haus weiterhin für alle Interessierten und stellten nebenbei einen Kursplan für die Zeit von Januar bis Juni auf. Dabei ging es um die «Unsichtbaren Körper»: die Chakras, den Astralkörper, den ätherischen Körper, den Kausalkörper und das multidimensionale Ich. Wir wußten zwar nicht viel über diese Themen, doch Orin und DaBen hatten uns erklärt, daß sie darüber lehren wollten, also freuten wir uns auf diese Kurse. Während wir Weihnachtskarten verschickten und Unterrichtspläne aufstellten, nahmen wir uns vor, eine Zeitlang in der südkalifornischen Wüste zu verbringen, um nach Kraftorten zu suchen und weiter zu lernen. Wir verlebten ein paar sehr schöne Wochen in der Wüste, in denen uns Orin und DaBen viele Informationen über Geistführer gaben: wer sie sind, wie sie ihre Botschaften übermitteln und woran man erkennt, ob man es mit einem hochstehenden Geistführer zu tun hat.

Wie man sich mit einer Lichtblase umgibt

SANAYA: Unser erster Channeling-Kurs sollte Ende Februar stattfinden. Im Januar hatten sich bereits mehr Teilnehmer angemeldet, als wir in einem Kurs unterbringen konnten, also setzten wir einen Termin für einen zweiten Kurs im März fest. Jean St. Martin, den ich Anfang des Jahres besucht hatte – ein ausgezeichneter Berater und ein hervorragendes Channeling-Medium –, lud uns nach Dallas ein, wo wir ebenfalls zwei Kurse geben sollten. Es beunruhigte uns ein wenig, wie schnell das alles plötzlich ging, zumal wir das Material für den Kurs immer noch nicht zusammengestellt hatten. Orin und DaBen hatten uns zwar die Informationen dafür vermittelt, aber nicht die Methoden und Techniken. Und nun kamen von überall her Leute zu uns und wollten channeln lernen. Es war, als würden wir von einer starken Strömung mitgerissen; schon allein mit diesem Tempo Schritt zu halten, war eine Herausforderung für uns.

Wir trugen alle Informationen über Channeling zusammen, die wir von Orin und DaBen erhalten hatten, und machten ein Buch daraus, das wir unseren Kursteilnehmern geben wollten und mit dessen Hilfe sie sich auf ihre Öffnung fürs Channeln vorbereiten konnten. Zwischen heftigen Regenfällen gab es immer wieder warme, sonnige Tage, die wir in den Hügeln hinter Duanes Haus verbrachten, um zu channeln. In dieser Zeit vermittelten Orin und DaBen uns die Techniken, die die Menschen bei ihrer Öffnung fürs Channeling unterstützen sollten.

Ein paar Tage vor dem Kurs schlugen Orin und DaBen vor,

uns in eine Lichtblase einzuhüllen. Sie erklärten, die Lichtblase sei nicht dazu da, uns zu beschützen, sondern um unsere Energie auf eine höhere Schwingungsebene zu heben. Jeder Mensch, der «in» der Blase saß, würde dabei unterstützt werden, in die höheren Bereiche aufzusteigen. Orin und DaBen erklärten uns, wir könnten diese Blase erschaffen, indem wir uns zentrierten und uns einfach vorstellten, in Licht eingehüllt zu sein. Sie ließen uns mit der Größe und Dichte der Lichtblase experimentieren: Mal zogen wir sie ganz nah an uns heran, dann wieder dehnten wir sie aus, bis sie größer war als das Haus, und beobachteten unsere inneren Empfindungen dabei. Orin und DaBen baten uns, bei unseren Kursen am Montagabend mit dieser Lichtblase zu arbeiten, um ihre Wirkung auf andere Menschen zu testen. Die Ergebnisse waren erstaunlich.

In diesem Monat ging es bei unserem «offenen Haus» am Montagabend um das multidimensionale Ich, unser größeres, umfassenderes Selbst, das in den höheren Bereichen existiert. Manche Menschen nennen es das «Ur-Selbst». Orin und DaBen machten mit ein paar Leuten Übungen und unterstützten sie dabei, in den Kausalbereich und dann sogar noch höher emporzusteigen, um ihr Ur-Selbst zu entdecken. Währenddessen bauten Duane und ich das innere Bild der Lichtblase auf. Sobald wir spürten, daß die Lichtblase gut ausgeprägt und unsere eigene Energie zentriert war, schien sich die Energie im ganzen Raum zu erhöhen. Die Kursteilnehmer empfanden plötzlich mehr Liebe, hatten das Gefühl, mit allem verbunden zu sein, und erlebten viel mehr bei ihren Übungen. Bei Menschen, die sehr skeptisch waren oder sich innerlich dagegen wehrten, in höhere Bereiche aufzusteigen, spürten wir manchmal, wie die Lichtblase zu beben begann. Alle Anwesenden nahmen die Auswirkungen wahr. Wenn die Lichtblase zitterte, fiel es ihnen schwerer, Dinge wahrzunehmen, oder sie fingen an zu zweifeln. Wenn es uns dagegen gelang, das Licht gleichmäßig strahlen zu lassen, gelang es den Kursteilnehmern viel leichter, in höhere Dimensionen aufzusteigen.

Ein paar Tage vor dem Channeling-Kurs begannen wir die Lichtblase zu «errichten» und energetisierten den Raum mit Bildern des Lichts. Außerdem nahmen wir auf telepathischem Weg Verbindung mit unseren Kursteilnehmern auf: Wir sandten ihnen Liebe und Unterstützung und schufen einen «sicheren Raum», indem wir sie mit der Lichtblase umgaben. Wir haben darüber hinaus festgestellt, daß es die gleiche Wirkung hat, wenn man die Menschen auffordert, sich selbst in eine Lichtblase einzuhüllen.

Jetzt hatten wir sämtliche Techniken und Methoden beisammen und auch ein Buch, das wir unseren Kursteilnehmern geben konnten. Orin und DaBen erklärten uns, daß wir jetzt bereit für den Channeling-Kurs seien. Wir freuten uns darauf, doch am Abend vor dem ersten Kurs waren Duane und ich ziemlich nervös. Und wenn unsere Geistführer nun zu optimistisch gewesen waren und doch nicht jeder Mensch channeln lernen konnte? Gespannt warteten wir, ob es unseren Kursteilnehmern wirklich gelingen würde, verbale Verbindung zu ihren Geistführern aufzunehmen.

Erfahrungen anderer Menschen: Wie ich das Channeln entdeckte

SANAYA UND DUANE: Am Morgen des ersten Kurstages fragten wir die Leute, warum sie sich vom Channeln so angezogen fühlten. Die meisten hielten es für eine faszinierende Idee, einen Geistführer zu channeln; sie sahen darin das nächste Stadium ihrer spirituellen Reise. Manchen Kursteilnehmern kam es sogar so vor, als hätten sie schon immer darauf gewartet. Einige hatten erst vor ein paar Monaten vom Channeling oder von Geistführern gehört, doch in dem Augenblick, als sie davon erfuhren, wußten sie sofort, daß sie das unbedingt auch tun mußten. Diese Berichte hörten wir immer wieder von den vielen Leuten, die sich bei uns fürs Channeling öffnen wollten.

Es handelte sich um sehr selbständige, selbstbewußte Menschen aus den verschiedensten Berufsgruppen: Wissenschaftler, Ärzte, Rechtsanwälte, Geschäftsleute, aber auch Heiler, Künstler, Musiker, Therapeuten, Büroangestellte und Hausfrauen. Manche waren schon vor vielen Jahren auf gechanneltes Material gestoßen, hatten ihren Wunsch, sich näher damit zu beschäftigen, aber aufgeschoben, bis die Kinder groß waren oder bis sie mehr Zeit hatten, um sich eingehend mit diesem Thema zu beschäftigen. Manche waren ihr Leben lang Heiler gewesen, hatten als Ärzte, Astrologen, traditionelle Psychotherapeuten oder im Bereich der Körperarbeit gearbeitet. Irgendwie waren sie dem Thema Channeling begegnet und hatten nun ein intensives Bedürfnis, mehr darüber zu erfahren. Keiner von ihnen hatte vorgehabt, selbst zu channeln; das schien sich einfach nur als logischer nächster Schritt zu ergeben. Viele erklärten, sie hätten das Gefühl gehabt, nicht richtig in diese Welt «hineinzupassen». Sie hätten einfach nicht verstanden, warum sie auf der Erde seien. Doch alle verspürten den Drang, irgend etwas zu tun. Sie wußten, daß sie eine Mission oder irgend etwas Wichtiges zu erledigen hatten, aber einigen war noch nicht klar, worin diese Aufgabe bestand. Sie hatten das Gefühl, daß Channeling ihnen Antworten auf einige ihrer Fragen geben könnte.

Alle waren daran interessiert, innerlich zu wachsen und sich weiterzubilden. Einige waren durch Bücher, Seminare, Kurse oder Lehrer auf das Thema Channeling aufmerksam geworden. Manche litten an Krankheiten wie Allergien oder ständig wiederkehrenden Erkältungen, gegen welche die konventionelle Medizin nichts ausrichten konnte, und hatten sich daher alternativen Heilmethoden oder einer bestimmten Ernährungsweise zugewandt. Das erweiterte ihren Glaubenshorizont hinsichtlich der Dinge, die im Bereich des Heilens möglich waren. Viele hatten Heilung gefunden, indem sie ihre Ansichten und Überzeugungen änderten, oder sie hatten sich selbst durch positive Emotionen oder eine Umstellung ihrer Ernährung geheilt, statt

Tabletten einzunehmen. Durch diese Veränderungen hatten sich die inneren Schleusen geöffnet, und plötzlich strömten viele neue Erfahrungen und Überzeugungen in sie hinein.

Viele erzählten, sie seien erstmals durch Shirley MacLaines Buch *Out on a Limb* auf das Thema Channeling und Geistführer aufmerksam geworden; dort berichtet die Schauspielerin von ihren Channeling-Erfahrungen. Als sie dieses Buch lasen, sei es ihnen so vorgekommen, als könnte Channeling genau das sein, wonach sie gesucht hätten. Manche hatten Träume, die später tatsächlich in Erfüllung gingen oder die bedeutsame Botschaften enthielten. Andere hörten innere Stimmen, die mit der Zeit so intensiv wurden, daß sie diese nicht mehr ignorieren konnten. Wieder andere hatten sich auf der Suche nach Antworten auf ihre Fragen mit östlichen Religionen, New-Age-Seminaren und Disziplinen wie Meditation und Yoga beschäftigt. Einige hatten auch die Seth-Bücher von Jane Roberts gelesen und wollten gern selbst in der Lage sein, mit einer höheren Weisheit und Intelligenz in Verbindung zu treten. Doch erst vor kurzem war es ihnen in den Sinn gekommen, daß das vielleicht tatsächlich möglich sei. Einige hatten durch Freunde oder Freundinnen vom Channeling und von Geistführern erfahren, und das hatte eine Saite in ihrem Inneren berührt. Einige hatten auch schon mit den Geistführern anderer Medien gearbeitet und wollten jetzt selbst channeln.

Viele steckten im persönlichen Leben in einer Umbruchphase: Sie hatten gerade eine längere Beziehung beendet oder dachten daran, sie zu beenden; oder sie hatten eine langjährige berufliche Stellung gekündigt und sich in neue Fachgebiete eingearbeitet. Viele machten tiefgreifende innere Wandlungen durch, die sie sich gar nicht erklären konnten. Sie stellten plötzlich Dinge in Frage, die ihnen bis dahin stets selbstverständlich vorgekommen waren. Immer wieder sprachen unsere Kursteilnehmer davon, auf einer Suche zu sein, für die sie sich nicht bewußt entschieden hatten; sie fühlten einfach einen inneren

Zwang weiterzusuchen, obwohl sie nicht wußten, wohin sie das führen würde. Es herrschte eine allgemeine Stimmung der freudigen Erregung und Abenteuerlust. Bei den meisten Kursteilnehmern waren die Zweifel und inneren Widerstände schwächer als ihr Wunsch, vorwärtszugehen und die Möglichkeiten zu entdecken, die in ihnen steckten.

Viele dieser Leute waren sehr erfolgreich: Sie hatten ihre Ziele erreicht und alles bekommen, was sie sich zu wünschen glaubten. Trotzdem hatten sie immer noch das Gefühl, daß in ihrem Leben irgend etwas fehlte. Die meisten fanden die gesuchten Antworten nicht in den traditionellen religiösen, naturwissenschaftlichen oder psychologischen Systemen, mit denen sie sich beschäftigt hatten. Zwar wollten sie sich deshalb nicht unbedingt von diesen Systemen abwenden, aber sie hatten das Gefühl, sie irgendwie erweitern und verbessern zu müssen. Viele unserer Kursteilnehmer waren religiöse Menschen. Einige waren traditionelle Psychotherapeuten, die die Erfahrung gemacht hatten, daß sie ihre Patienten besser heilen konnten, wenn sie durch Meditation und andere nicht-traditionelle Verfahren an ihrer Seele und ihrem Geist arbeiteten, als wenn sie nur die Methoden der traditionellen Psychologie einsetzten.

Durch all ihre Geschichten zog sich ein gemeinsamer roter Faden: Sobald diese Menschen beschlossen hatten, mehr übers Channeling zu erfahren, häuften sich ganz bestimmte Ereignisse, welche diesen Entschluß scheinbar zufällig bestärkten. Zum Beispiel fiel ihnen gleich ein paar Tage später ein Buch über dieses Thema in die Hände, oder ein Freund gab ihnen zusätzliche Informationen darüber oder nannte ihnen den Namen einer Person, mit der sie sich übers Channeling unterhalten konnten. Es ergaben sich Gelegenheiten, an andere Orte zu reisen und Dinge zu erleben, die ihnen Antworten auf ihre Fragen boten. Es war, als würden sie von einer unsichtbaren Kraft gelenkt. Die meisten fanden das faszinierend und ließen sich einfach von ihrer Neugier und Abenteuerlust führen. Vor allem aber lockte sie die

Freude am inneren Wachstum und die Möglichkeit, in höhere Dimensionen aufzusteigen.

Nachdem wir uns am Morgen des Kurstages die Berichte der Teilnehmer angehört hatten, gaben wir ihnen zusätzliche Informationen übers Channeling. Wir begleiteten und lenkten sie bei der Anwendung der Methoden und Techniken, die Orin und DaBen uns vermittelt hatten. Orin forderte sie auf, ihre Geistführer herbeizurufen, und leitete sie durch den Prozeß der inneren Öffnung, während Duane das Ganze überwachte und durch Berührungen die Energie der Kursteilnehmer öffnete.

Später schlugen wir ihnen vor, füreinander zu channeln. Das fiel ihnen sogar noch leichter, als Informationen über allgemeine Themen zu empfangen. Sie bekamen von den anderen Teilnehmern sofortiges Feedback über die Richtigkeit der gechannelten Botschaften, und das schien ihr Selbstvertrauen sehr zu stärken. Sie gaben einander Informationen über Themen, von denen sie auf keinem anderen Wege erfahren haben konnten als durch Channeling, und empfanden die Richtigkeit ihrer Aussagen als große Bestätigung. Wir beendeten den Kurstag mit einem Gruppen-Channeling, bei dem alle Geistführer darüber sprachen, warum es sinnvoll ist, daß möglichst viele Menschen channeln lernen. Ein paar Tage später trafen wir uns am Abend mit unseren Kursteilnehmern und brachten ihnen bei, wie man für sich selbst channelt und seine Zukunftsmöglichkeiten betrachtet. Alle erzählten von ihren Erfahrungen und inneren Veränderungen. Darüber wollen wir in den nächsten Kapiteln berichten.

Im Laufe der nächsten anderthalb Monate gaben wir diesen Channeling-Kurs noch viermal und haben ihn seitdem so oft wiederholt, wie sich genügend Interessenten zusammenfanden – ungefähr einmal im Monat. Zu unserem großen Erstaunen waren alle Menschen, mit denen wir arbeiteten, in der Lage zu channeln, und wir waren begeistert über ihre Erfolge.

12 Erfahrungen bei den Channeling-Kursen

Was Menschen bei der ersten Begegnung mit ihrem Geistführer erlebten

SANAYA UND DUANE: Die folgenden Erfahrungsberichte stellen einige typische Reaktionen von Menschen, die in unseren Kursen zum ersten Mal ihrem Geistführer begegneten, beispielhaft dar. Den meisten – über 80 Prozent – fiel der Einstieg ins Channeling ziemlich leicht. Nur einige hatten ein paar kleine Schwierigkeiten. Wir kommentieren diese Erfahrungsberichte mit Vorschlägen, was du tun kannst, wenn du selbst einmal vor einem dieser Probleme stehen solltest. Die folgenden Begebenheiten werden der Einfachheit halber so dargestellt, als hätten sie sich alle in einem einzigen Kurs ereignet, obwohl wir sie in Wirklichkeit aus mehreren Kursen, die wir in den letzten zwei Jahren hielten, zusammengetragen haben. Erlebe mit uns die Begeisterung, die diese Menschen empfanden, als sie sich zum ersten Mal für den Kontakt mit ihrem Geistführer öffneten. Es ist wirklich etwas ganz Besonderes – gleichgültig, ob du es in einer Gruppe, mit einem Freund/einer Freundin oder allein erlebst.

Die Teilnehmer hatten gerade den ersten Vormittag ihres Channeling-Kurses hinter sich, und die Spannung und Begeisterung im Raum wuchs von Minute zu Minute. Orin und DaBen hatten die Kursteilnehmer durch Energiearbeit für die Verbindung mit ihrem Geistführer geöffnet und vorbereitet. Sie hatten bereits gelernt, sich in Trance zu versetzen, die richtige Körperhaltung einzunehmen und diese, wenn nötig, zu korrigieren, um die Verbindung mit ihrem Geistführer besser aufnehmen zu können. Außerdem hatten sie sich auf die Lebenskraft von Blumen und Kristallen eingestimmt, mit Hilfe verschiedener Laute, Sprechgesänge und anderer Techniken ihr Kehlzentrum geöffnet und mit ihren höheren Energiezentren Verbindung aufgenommen. Jetzt trafen sie zum ersten Mal mit ihren Geistführern zusammen, und natürlich war die Aufregung groß.

Einer Frau liefen Tränen über die Wangen. Sie hatte den ganzen Morgen krampfhaft die Hände ineinander verschränkt und geklagt, daß es ihr Schwierigkeiten bereite, sich zu entspannen und in die höheren Bereiche aufzusteigen. Doch als ihr Geistführer herbeigerufen wurde, sahen wir, wie sie sich immer mehr entspannte; und als er schließlich ganz da war, erlebte sie ein enormes Gefühl der Befreiung. Sie erzählte, ihr Freund habe die Beziehung zu ihr gerade beendet, und sie habe sich die ganze Woche über sehr verlassen und zurückgestoßen gefühlt und sei von dem Gedanken gequält worden, nicht gut genug zu sein. Sie hatte sich sogar gefragt, ob sie überhaupt einen Geistführer finden würde, denn sie hatte nicht das Gefühl, etwas Besonderes oder einer solchen Begegnung würdig zu sein. Jetzt vergoß sie Tränen der Freude und Erleichterung, und später erklärte sie uns, ihr Geistführer habe ihr ein überwältigendes Gefühl der Liebe und des Beschütztseins vermittelt. Es war, als ob irgend etwas tief in ihrem Inneren sich endlich löste und öffnete.

«Bitte deinen Geistführer, daß er dich dabei unterstützt, den emotionalen Schmerz loszulassen, den du die ganze Zeit über mit dir herumgetragen hast», schlug Orin ihr vor. Da begann ihr Gesicht immer mehr zu strahlen. Bald erzählte sie uns, daß sie das Gefühl hätte zu schweben. Es breitete sich ein großer innerer Friede in ihr aus, und ihr Geistführer begann durch sie zu sprechen. Er nannte seinen Namen und erklärte ihr vieles über diese Beziehung und deren tieferen Sinn, was in ihrem Freund vorging und warum er sich von ihr trennen mußte. Hinterher berichtete sie uns, das sei ein enormer Heilungsprozeß für sie gewesen. Sie wußte nun, daß sie wirklich einem Geistführer begegnet war, denn vorher hatte sie nur Gefühle der Trauer, Wut und Unversöhnlichkeit empfunden. Jetzt verstand sie, warum ihr Freund sie verlassen hatte, und ihre Traurigkeit legte sich etwas.

Später erklärte Orin ihr, daß sie sich innerlich schon lange auf diesen Geistführer vorbereitet habe. Eine ihrer beherrschendsten Überzeugungen, an der sie gearbeitet hatte, ehe sie channeln lernte, war die Vorstellung gewesen, daß sie eigentlich nicht zählte und auf der Welt nichts bewirken könne. Auf die Lösung dieses Konflikts war sie bereits vor dem Channeling-Kurs zugesteuert, denn ein Geistführer konnte erst dann wirkungsvoll durch sie arbeiten, wenn sie begriff, daß sie doch in der Lage war, etwas in der Welt zu bewirken; ein hochstehender Geistführer ist nämlich immer effektiv und kann durchaus etwas bewegen. Ein paar Monate später erklärte uns die Frau, sie habe jetzt mehr Selbstvertrauen als früher und sei froh, daß ihre Beziehung zu diesem Mann beendet sei. Jetzt wolle sie erst einmal ihr Leben in Ordnung bringen, ehe sie wieder eine neue Beziehung anfing. Ein Jahr später berichtete sie, daß sie eine neue Stellung habe, umgezogen sei und einen Partner habe, der Heiler sei. Die beiden spielten jetzt mit dem Gedanken, gemeinsam Kurse zu geben.

Wenn du spürst, daß sehr viele Emotionen in dir aufsteigen, während du dich deinem Geistführer öffnest, dann laß sie einfach fließen. Öffne dich den Tränen oder der Freude, die du jetzt vielleicht empfindest. Atme ganz ruhig, und führe die Entspannungstechniken aus, die du gelernt hast. Sobald du innerlich ruhiger geworden bist, kannst du eine verbale Verbindung zu deinem Geistführer knüpfen. Bitte ihn, dir mehr Informationen über das Problem zu geben, das dich in emotionalen Aufruhr versetzt hat, oder wähle irgendein anderes interessantes Thema, und stelle ihm Fragen darüber.

Ein großer, untersetzter Mann mit Südstaatenakzent und

einem köstlichen Sinn für Humor, der bisher noch keinerlei Erfahrung mit übersinnlichen Phänomenen gehabt hatte, kam in unseren Kurs, um diese wunderbare «neue Sache», von der er gehört hatte, zu lernen. Er besaß und managte mehrere große Immobilienfirmen und Bergwerke auf der ganzen Welt; das Channeling sollte ihn bei seinen Geschäften unterstützen. Dieser Mann wollte channeln lernen, weil er offen für alles Neue und interessiert daran war, sich innerlich weiterzuentwickeln und Antworten auf seine Fragen zu finden. Alle bisherigen Übungen und Techniken schienen ihm leichtgefallen zu sein, doch die Begegnung mit seinem Geistführer bereitete ihm Schwierigkeiten. Er erklärte immer wieder, seinen Geistführer zu erreichen sei so, wie wenn einem ein Wort auf der Zunge läge, man es aber nicht aussprechen könne – etwas, das verlockend nahe und doch unerreichbar sei.

Er hatte das intensive Bedürfnis, mit höheren Bereichen Kontakt aufzunehmen, hatte aber noch keine Wege und Methoden gefunden, in diese Dimensionen aufzusteigen. So etwas kommt manchmal vor. Er hatte weder meditiert noch jemals etwas über spirituelle Themen gelesen noch seinen Geist eingesetzt, um mit höheren Bereichen in Verbindung zu treten. Wenn Duane mit solchen Leuten arbeitet, unterstützt er sie bei dem Versuch, ihre Energie nach oben zu lenken. Manchmal harmonisiert er ihre mentalen und emotionalen Energien durch Berührungen, damit sie höhere Schwingungen leichter verkraften können. Auch diesem Mann assistierte Duane dabei, seine Energie anzuheben, bis sein Geistführer ihn erreichte und durch ihn sprechen konnte. Wir haben die Erfahrung gemacht, daß wir die Geistführer unserer Kursteilnehmer meistens nur bitten müssen, deren Atmung zu korrigieren oder ihnen einen Energieschub zu geben. Das tun sie dann, oder sie zeigen den Kursteilnehmern, wie sie es selbst tun können. Daraufhin öffnet sich der Kanal zwischen Medium und Geistführer ganz leicht und mühelos.

Als der Geistführer dieses Mannes das Wort ergriff, begann

der Mann zu zittern und zu schwitzen, doch nach einer Weile merkte er, daß er mit diesen höheren Schwingungen umgehen konnte, und seine physischen Empfindungen legten sich wieder. Sein Geistführer begann ihm zu erklären, wie er ein paar praktische Details seines Geschäfts besser in den Griff bekommen konnte, und der Mann freute sich sehr darüber. Anfangs fiel es ihm schwer, sich in Trance zu versetzen, doch am Spätnachmittag berichtete er, daß der Trancezustand ihm allmählich immer vertrauter wurde. Sein Geistführer hatte einen wunderbaren Sinn für Humor und vermittelte allen Kursteilnehmern eine Stimmung spielerischer Ausgelassenheit. Ein Jahr später erzählte uns dieser Mann, daß er von seinem Geistführer in allen Lebensbereichen unendlich viel Unterstützung erfahren hatte. Es war, als habe er einen echten Freund gefunden, der wirklich Anteil an seinem Leben nahm. Seine geschäftlichen Entscheidungen fielen ihm jetzt viel leichter, außerdem hatte das Channeling ihm auch mehr Mitgefühl und Verständnis für andere Menschen vermittelt.

Wenn es dir schwerfällt, deinen Geistführer zu «erreichen», stell dir einfach vor, daß du immer höher steigst. Entspanne dich, und öffne Hinterkopf und Nackenbereich einem größeren Energiestrom, indem du dir einfach vorstellst, daß es geschieht, oder bitte deinen Geistführer, dich bei der Öffnung dieser Bereiche zu unterstützen. Übe dich darin, deine Gedanken auf deinen Geistführer zu konzentrieren, und bitte ihn, dich mit Energie zu versorgen. Sobald du bereit dazu bist, fordere ihn auf, näherzukommen, und stell dir vor, wie du dich für diesen Kontakt öffnest. Schalte irgendeine inspirierende Musik ein, und lasse schöne, liebevolle Gedanken durch deinen Kopf ziehen. Tue so, als channeltest du bereits, und konzentriere dich auf die Fragen, auf die du Antwort haben möchtest. All das wird dir helfen, dein Bewußtsein zu erweitern, deine Schwingung zu erhöhen und dem Reich deines Geistführers näherzukommen.

Orin arbeitete einmal mit einer Frau, die noch nicht in der

Lage war, Botschaften von ihrem Geistführer zu empfangen. Sie meditierte schon seit Jahren und machte sich Sorgen, daß sie jenen anderen Raum, in den man beim Channeln eintritt, vielleicht nie finden würde. Doch es stellte sich heraus, daß sie diesen Raum ganz mühelos erreichte. Als sie sich für die Begegnung mit ihrem Geistführer öffnete, «sah» sie ihn ganz in der Ferne in einer Wolke sitzen und wußte nicht, wie sie ihn näher heranholen sollte. Anfangs zögerte sie zu sprechen, weil sie sich gar nicht sicher war, ob sie sich seine Nähe überhaupt wünschte. Die Wolke schien ihn einzuhüllen. Sie war sich nicht darüber im klaren, ob dieses Geistwesen ihr freundlich gesonnen, ja, ob es überhaupt ihr Geistführer war. Orin riet ihr, sich auszumalen, wie Sonnenstrahlen die Wolke auflösten, und dann eine Weile mit diesem Wesen zu sprechen. Ganz vorsichtig und zögernd bat sie den Geistführer daraufhin in Gedanken, ihr zu beweisen, daß er auch wirklich ein hochstehendes Geistwesen sei und es gut mit ihr meine. Sie führte eine Zeitlang einen inneren Dialog mit ihm, bis sie davon überzeugt zu sein schien, daß dieser Geistführer gute Absichten hatte. Dann ließ sie ihn immer näher herankommen, bis er endlich durch sie sprechen konnte. Die Frau war offensichtlich sehr glücklich und begeistert über diesen Kontakt. Sie arbeitete seit einiger Zeit als Clown, und ein paar Monate später erzählte sie uns, daß sie während ihrer Arbeit jetzt immer mit ihrem Geistführer in Kontakt tritt und ihn channelt. Auf diese Weise vermittelt sie den Kindern, die sich ihre Vorführungen anschauen, seine Liebe und Energie.

Wenn du deinen Geistführer irgendwo in weiter Ferne siehst, wie es manche Kursteilnehmer erlebt haben, versuche ihn erst einmal eine Zeitlang mental kennenzulernen. Laß dir ruhig Zeit; bitte ihn erst dann näher heranzukommen, wenn du auch wirklich innerlich bereit dazu bist.

Eine Autorin, die channeln lernen wollte, um ihr Buch zu Ende schreiben zu können, befand sich in einem Zustand tiefer Trance. Zwar waren ihr die Geräusche im Raum noch bewußt, aber sie nahm auch ihren Geistführer deutlich wahr und wollte seine Anleitungen empfangen und durchgeben; doch das Sprechen fiel ihr schwer. Daraufhin arbeiteten Orin und Duane beide mit ihr. Duane begann ihre Energie zu festigen, indem er an mehreren Stellen ihres Körpers arbeitete, so daß sie die Energiewellen, die sie empfing, stabilisieren konnten. Dabei wurde klar, daß sie das ebensogut selbst hätte tun können, indem sie auf mentalem Weg ihren Körper entspannte, was Duane ihr auch riet. Orin, der alles mitverfolgt hatte, erklärte der Frau, die Energie ihres Geistführers sei so stark, daß sie sich davon überwältigt gefühlt hatte, als sie sich ihm öffnete. Es strömten so viele Informationen von ihm zu ihr, daß sie förmlich davon überflutet wurde. Sie empfing nur einzelne Bruchstücke verschiedener Gedanken, die keinen Sinn zu ergeben schienen.

Dieser Geistführer übermittelte ihr seine Botschaften in Wellen. Immer wenn eine Welle zu ihr herüberschwappte, steckten so viele Informationen darin, daß die Frau gar nicht wußte, wo sie beginnen sollte. Dann wich die Welle wieder zurück, und sie hatte das Gefühl, die Verbindung zu ihrem Geistführer zu verlieren. Duane und DaBen öffneten einige ihrer Energiezentren, so daß sie besser mit seinen höheren Frequenzen umgehen konnte. Orin forderte sie auf, einen Gedankengang ihres Geistführers auszuwählen und sich ganz darauf zu konzentrieren. Diese Konzentration half ihr, die Übertragung zu stabilisieren. Wir wissen, daß es ihr tatsächlich gelungen ist, das Ende ihres Buches zu channeln, und inzwischen – ein Jahr später – arbeitet sie schon wieder an drei neuen Büchern. Außerdem hält sie sehr gute Channeling-Sitzungen für andere Leute ab und hat auch eine Beratungspraxis eröffnet.

Wenn es dir in einem Augenblick so vorkommt, als hättest du die Botschaft, und in der nächsten Sekunde glaubst du, sie schon wieder verloren zu haben, so ist das ein Zeichen dafür, daß dein Geistführer seine Informationen in Wellen überträgt. Bitte ihn, die Übertragung zu stabilisieren und seine Botschaften entweder schneller oder langsamer durchzugeben, je nachdem, wie es besser für dich ist. Konzentriere dich auf den Teil der Botschaft, den du gerade empfangen hast, und beginne diesen Teil durchzugeben, selbst wenn es nur ein Fragment ist. Wenn du nach dem Channeln dieses Fragments nichts Weiteres empfängst, warte einfach auf die nächste Welle, und sprich dann wieder den nächsten «Bruchteil» der Botschaft aus, sobald er zu dir durchkommt.

Ein Bauunternehmer wollte channeln lernen, weil er mit dem Gedanken spielte, seinen Beruf zu wechseln. Er hatte schon immer Berater werden wollen und war sehr interessiert an seiner spirituellen Weiterentwicklung und auch daran, etwas für andere Menschen zu tun. Er hatte zwar noch nie meditiert, aber alles gelesen, was er über Geistführer und ähnliche Themen auftreiben konnte. Als er mit seinem Geistführer Kontakt aufnahm, konnte er weder sprechen noch sich bewegen. Duane channelte DaBen, um dem Mann Hilfestellung zu leisten, und DaBen stellte fest, daß er in einer Welt voller Farben, Bilder, Klänge und Licht dahintrieb wie in einer psychedelischen Lichterschau. Er nahm keinen Geistführer wahr, sondern hatte nur ein Gefühl intensiven Wohlbehagens. DaBen forderte den Geistführer des Mannes auf, sich anders auf dessen Energiesysteme einzustimmen, und unterstützte diesen Vorgang durch Berührungen. Der Mann blickte mit seinen inneren Augen in die höheren Bereiche hinein, doch da Wahrnehmungen in diesen Reichen für ihn ungewohnt waren, verwirrte ihn das, was er sah.

Duane gab ihm Anweisungen, worauf er seine Aufmerksamkeit richten sollte, und gleichzeitig führte sein Geistführer die notwendigen Anpassungen durch. Dadurch gelangte der Mann an einen Ort, wo er seinen Geistführer als Realität sehen und spüren konnte. Schließlich nahm er direkt mit ihm Verbindung auf. Das Channeling gelang hervorragend, und seitdem bekommt er von seinem Geistführer immer gute Ratschläge für sein Leben. Ein Jahr später betrieb er sein Bauunternehmen nur noch als Teilzeitbeschäftigung und widmete einen großen Teil seiner Zeit der Veranstaltung von Channeling-Sitzungen und Kursen über spirituelle Weiterentwicklung. Mit Unterstützung seines Geistführers war er auf viele verborgene negative Überzeugungen und alte Denkprogramme gestoßen, die alle darum kreisten, daß er keinen inneren und äußeren Reichtum verdiente, und diese Denkmuster hemmten ihn immer noch. Sein Geistführer vermittelte ihm Techniken, wie er sich von ihnen lösen konnte. Heute – zwei Jahre später – hat er sein Geschäft ganz aufgegeben. Er lebt nur noch von seiner Unterrichts- und Beratungstätigkeit und ist damit sehr erfolgreich.

Wenn du das Gefühl hast, in Farben, Lichtern und Empfindungen gefangen zu sein, bitte in Gedanken immer wieder um eine verbale Botschaft. Setze deinen Geist und deine ganze Willenskraft ein, um dich nicht ablenken zu lassen. Es schadet zwar nichts, wenn du dich in diesen Farben und Empfindungen verlierst, aber der Beginn deines verbalen Channeling wird sich dadurch verzögern. Konzentriere dich auf eine Frage, die dein Geistführer beantworten soll, und richte deine Gedanken mehr auf diese Frage als auf die Farben.

Eine sehr gebildete, kultivierte Frau wollte channeln lernen, weil sie das Gefühl hatte, durch eine ganze Reihe von Ereignissen dazu hingeführt worden zu sein. Noch vor zwei Jahren hatte sie es strikt abgelehnt, an Phänomene wie Channeling zu glauben, doch jetzt war sie ganz begierig darauf, mit ihrem Geistführer Kontakt aufzunehmen. Aber sie machte sich Sorgen, daß sie vielleicht die einzige Kursteilnehmerin sein würde, der es nicht gelang, diese Verbindung herzustellen. Als wir ihren Geistführer aufforderten, näherzukommen, erklärte sie, sie spüre überhaupt nichts. Mit DaBens Unterstützung konnte Duane sehen, daß ihr Geistführer vollständig in ihre Aura eingetreten war. Daraufhin channelte Sanaya Orin, und er sprach dann mit der Frau, denn es lag auf der Hand, daß sie zu intellektuell an die Sache heranging und ihre Channeling-Fähigkeiten damit blockierte. Orin nimmt wahr, was die Menschen innerlich erleben, und kann sie aus diesem Erleben heraus- oder durch es hindurchführen. Er nannte ihr ein paar Fragen, die beantwortet werden sollten, und riet ihr, einfach so zu tun, als channele sie. Sie befolgte seinen Rat, und die schönen, weisen Antworten kamen in einer viel sanfteren, mitfühlenderen Stimme aus ihrem Mund als sonst. Aber nach jedem Satz sagte ihr eine innere Stimme: «Das ist gar nicht mein Geistführer. Das bin doch bloß ich» oder «Du bildest dir das alles nur ein; was du da sagst, ist doch gar nichts Besonderes.» Sie hatte mit einer tiefgreifenden inneren Veränderung gerechnet, die sie total umwerfen würde. Statt dessen hatte sie gar keine physischen Empfindungen.

Orin ließ sie in Trance ein paar persönliche Fragen über ihr eigenes Leben beantworten, mit denen sie sich schon seit einiger Zeit beschäftigte. Mit Unterstützung ihres Geistführers war sie in der Lage, sehr scharfsichtige Erklärungen dazu abzugeben, an die sie, wie sie selbst zugab, noch nie zuvor gedacht hatte. Dann stellte der Kursteilnehmer, der als ihr Partner fungierte, ihr persönliche Fragen über ein paar Leute, die sie nicht kannte, und auch dazu gab ihr Geistführer sehr zutreffende Antworten, die auf einen tiefen Einblick schließen ließen. Während des Channelns hatte die Frau das Gefühl, daß ihr Geistführer vielleicht doch existierte, aber kaum war sie aus ihrem Trancezustand erwacht, zweifelte sie wieder an der Realität ihres Erlebnisses. Ihr eigener Verstand war ihr im Weg. Ihr Geistführer war ein so starkes Wesen, daß er ihr nur einen sehr kleinen Teil seiner selbst sandte, um sich ganz langsam und allmählich auf ihre Energiesysteme einstellen zu können. Er erklärte Orin, die Frau habe große Angst, und wenn er sich zu früh zu intensiv mit ihr verbände, um sie zu beeindrucken, bestünde die Gefahr, daß sie danach nie wieder mit ihm Kontakt aufnehmen wolle. Also wollte er sich ihr lieber zu vorsichtig als zu intensiv nähern.

Orin schlug ihr vor, sie solle einfach weiterhin so tun, als channele sie, und die Informationen, die sie empfing, weiterverfolgen. Sie channelte den ganzen Tag für andere Kursteilnehmer und gab ihnen Informationen über Dinge, von denen sie unmöglich etwas wissen konnte. Obwohl sie immer wieder erklärte, sie denke sich das alles doch nur aus, wurde es für ihren Verstand allmählich immer schwieriger, rationale Erklärungen für all die zutreffenden Botschaften zu finden, die sie übermittelte. Ein paar Monate später rief sie bei uns an und erzählte, sie habe jetzt während des Channelns auch physische Empfindungen und habe schließlich sogar sich selber eingestanden, daß sie tatsächlich mit einem Geistführer in Verbindung stand. Heute – nach einem Jahr – plagen sie immer noch Zweifel, und sie sagt, sie habe in der Zwischenzeit nicht so häufig gechannelt, wie sie es eigentlich gehofft hatte. Aber sie hat doch schon ab und zu Channeling-Botschaften für andere Menschen empfangen und übermittelt, die erstaunlich genau zutrafen. Sie kämpft immer noch mit ihren Zweifeln, aber inzwischen ist ihr klar, daß diese innere Unsicherheit ein bedeutender Teil ihres Entwicklungsprozesses ist; eine ihrer wichtigsten Lebensaufgaben besteht darin, in allen Lebensbereichen Zutrauen zu sich selbst zu gewinnen, statt ständig an sich zu zweifeln. Wenn du dir unsicher darüber bist, ob du wirklich channelst, dann lies den Abschnitt «Wie man seine Zweifel in Freunde verwandelt» in Kapitel 14.

Eine Modeschöpferin, die eine erfolgreiche Firma leitete, wollte channeln lernen, um sich die Quellen ihrer eigenen Kreativität zu erschließen. Ihre größte Angst bestand darin, die Kontrolle zu verlieren oder völlig von ihrem Geistführer überwältigt zu werden. Sie war sehr selbständig und willensstark und hatte in ihrem Leben gern alles hundertprozentig im Griff. Diese Frau hatte bereits eine Channeling-Sitzung mit Orin hinter sich, und Orin hatte ihr gesagt, daß sie ein gutes Channeling-Medium sein würde, denn sie sei sehr intelligent, wolle immer ihr Bestes geben und könne sich sehr gut konzentrieren. Selbst ihre kritische Haltung könne ein Vorteil sein, vor allem, wenn sie diese Eigenschaft dazu einsetzte, ihr Channeling auf ein sehr hohes Niveau zu bringen. Ihr Engagement, ihr Bedürfnis, alles zu überblicken und unter Kontrolle zu halten, ihr aufmerksamer Blick für Details und ihr intensiver Wunsch, es zu schaffen, würden sie zu einem erfolgreichen Medium machen.

Daraufhin strengte sie sich sehr an, im Kurs alles «richtig» auszuführen. Trotzdem hielt irgend etwas in ihrem Inneren sie zurück; sie hatte immer noch Angst, daß ihr Geistführer Macht und Kontrolle über sie gewinnen könnte. Sie fürchtete, ihre Identität zu verlieren und von der Identität des Geistführers «aufgesaugt» zu werden. Deshalb trat ihr Führer sehr sanft und behutsam mit ihr in Kontakt, denn er wollte sie weder bedrohen noch unter seine Kontrolle bringen. Sie hatte daher keine intensiven physischen Empfindungen und fragte sich, ob ihr Geistführer wirklich da sei. Diese Frau steckte in einem Dilemma: Einerseits hatte sie Angst, daß ihr Geistführer sich ihr zu intensiv nähern und sie beherrschen könnte, doch als er sich dann ganz sanft und vorsichtig an sie herantastete, fürchtete sie, das sei kein echtes Channeling. Duane und DaBen zeigten ihr, wie sie sich noch besser entspannen und ihre Energiesysteme für den Kontakt mit ihrem Geistführer öffnen könne. DaBen bat auch ihren Geistführer, ihr beim Öffnen ihrer Energie zu assistieren, und das erwies sich als sehr hilfreich. Orin sprach währenddessen die ganze Zeit zu ihrem Verstand, der die Verbindung blockierte.

«Viele Menschen, die später hervorragende Channeling-Medien werden, haben am Anfang Angst, die Kontrolle aufzugeben», erklärte ihr Orin. «Die Kontrolle zu behalten, bedeutet für jeden etwas anderes. Es kann ein Gefühl sein, daß man seine Sache gut macht und daß alles prima vorangeht. Es wird eine ziemliche Herausforderung für dich als Channeling-Medium sein, die Botschaften deines Geistführers in die passenden Worte zu kleiden. Du hast gesagt, du hättest das Gefühl, daß dein Verstand dir beim Channeling im Weg stünde. Dein Verstand ist tatsächlich sehr aktiv, sehr wach und intelligent. Du kannst dich gut ausdrücken, und dein Verstand ist in der Lage, innere Bilder und Symbole zu sehen und festzuhalten. Deshalb fällt es uns leicht, dir Botschaften zu übermitteln. Wir wollen dich nicht beherrschen oder dir jenen Teil deiner selbst rauben, der gern alles unter Kontrolle behalten möchte. Dieser Teil deiner Persönlichkeit braucht nur ein anderes Programm, damit er dich künftig unterstützt, statt dich zu behindern. Dieser Teil, der alles kontrollieren will, sollte sehr sorgfältig darauf achten, ob du die Botschaften deines Geistführers auch wirklich genau wiedergibst. Wir brauchen viel mehr Energie, um deine Stimmbänder unter Kontrolle zu halten, wenn du bewußtlos bist, deshalb ist es uns lieber, wenn du bewußt am Channeling-Vorgang teilhast. Auf diese Weise benötigen wir viel weniger Kraft.»

Da begann sie, sich etwas mehr zu entspannen und ihrem Gefühl hinzugeben. Ihr Geistführer unterstützte sie weiterhin dabei, jene Bereiche zu lockern, wo sie den Energiestrom in ihrem Körper blockierte. Sie hatte sich als Beweis dafür, daß tatsächlich ein Geistführer anwesend war, ungeheure Veränderungen und intensive physische Empfindungen erhofft, doch gleichzeitig war sie sehr vorsichtig und hätte nie einem Geistführer erlaubt, in ihre Aura einzutreten, wenn sie sich dadurch in irgendeiner Weise beherrscht fühlte.

Im nachhinein wurde ihr klar, daß sie mit dieser Haltung an viele neue Dinge heranging, auch an die Gründung ihrer eigenen Modedesignfirma. Es war eines ihrer typischen Verhaltensmuster, sich Sorgen zu machen, sich abzumühen und zu kämpfen, obwohl die Endresultate dann doch stets ein voller Erfolg waren. Den ganzen Tag arbeitete sie daran, ihre Zweifel loszulassen, über die Enttäuschung hinwegzukommen, daß ihre Empfindungen nicht stärker waren, und gleichzeitig die Angst davor zu verlieren, daß sie intensiver werden könnten. Ihre Channeling-Übertragung war durchweg gut, und die Informationen, die sie übermittelte, waren von hoher Qualität.

Ein paar Monate später berichtete sie uns, ihr seien ein paar sehr gute Channeling-Sitzungen gelungen. Inzwischen habe sie auch intensive physische Empfindungen und vertraue mehr darauf, daß ihr Geistführer tatsächlich anwesend sei. In den darauffolgenden Monaten begann ihr Geschäft zu blühen. Obwohl sie jetzt nicht mehr so viel Zeit hatte, die Verbindung zu ihrem Geistführer so lange aufrechtzuerhalten, wie sie es gern gewollt hätte, begann alles in ihrem Leben viel leichter und müheloser abzulaufen. Es war wie ein Wunder. Immer wenn sie um Rat bat, spürte sie, daß die Anleitungen direkt in ihr Gehirn übermittelt wurden, selbst in Bereichen, in denen sie sich früher hatte in Trance versetzen müssen, um Botschaften zu empfangen. Ein Jahr später war sie mit ihrem Geschäft bereits so erfolgreich, daß sie häufig in den Vereinigten Staaten umherreisen mußte. Sie hatte inzwischen Vertreter eingestellt, die ihre Entwürfe vertrieben, und war erfolgreicher, als sie es sich jemals hätte träumen lassen. Diese Frau setzt ihr Channeling für sehr praktische Fragen ein, zum Beispiel, um herauszufinden, welche Kollektionen sich besser verkaufen würden oder ob eine bestimmte Geschäftsreise sich lohnen und Profit bringen werde oder nicht. Sie channelt sogar, um neue Ideen für ihre Entwürfe zu bekommen. Allmählich vertraut sie ihrem Geistführer immer mehr, obwohl sie nach wie vor ganz sichergehen möchte, daß sie ihr Leben selbst bestimmt und nicht von ihm abhängig ist. Wenn sie einen Ratschlag von ihm erhält, wägt sie ihn sehr sorgfältig gegen ihre eigene innere Stimme ab und befolgt ihn nur, wenn sie tief innerlich das Gefühl hat, daß er auch richtig ist. Doch normalerweise kommen ihr die Ratschläge ihres Geistführers nach gründlichem Nachdenken immer richtig vor, und sie hat auch stets die besten Ergebnisse erzielt, wenn sie danach handelt.

Unter unseren Kursteilnehmerinnen war eine sehr warmherzige, liebevolle Frau, die ihre beiden Kinder im Teenageralter voller Begeisterung in dem Glauben erzog, daß jeder Mensch sich seine Wirklichkeit selbst erschafft. Sie hatte mit Museen und im Kulturbetrieb zu tun, kümmerte sich aber außerdem noch um viele andere Projekte. Diese Frau war ihrem Geistführer vor Jahren schon einmal begegnet, als sie an einem Kurs zur Weiterentwicklung übersinnlicher Fähigkeiten teilnahm. Damals hatte sie die Erfahrung gemacht, daß sie Informationen niederschrieb, die aus einer Quelle jenseits ihres eigenen Ichs zu stammen schienen. Doch dann war sie zu sehr mit ihrer jungen Familie beschäftigt gewesen, um die Sache weiterzuverfolgen. Jetzt hatte sie das Gefühl, daß es an der Zeit war, sich wieder damit zu befassen. Als ihr Geistführer zum ersten Mal in ihre Aura eintrat, hatte sie ein sehr intensives Wärmegefühl, dann wurde ihr schwindelig. Duane ging zu ihr und begann beruhigend und stabilisierend auf sie einzuwirken. Er forderte sie auf, tief zu atmen und sich weiter zu öffnen, damit ihr Geistführer zu ihr durchdringen konnte. Schon nach ein paar Minuten war sie in der Lage, verbal zu channeln. Die Informationen, die sie übermittelte, waren sehr gut, und sie freute sich über den verbalen Kontakt.

Im Laufe der nächsten Monate entdeckte sie ihr Interesse an Körperarbeit. Damit hatte sie sich bisher noch nie beschäftigt. Sie belegte mehrere Kurse und befaßte sich immer intensiver mit heilenden Tätigkeiten, ging aber gleichzeitig auch noch verschiedenen anderen Projekten nach. Diese Frau hat das Gefühl, sich gerade in einer intensiven spirituellen Wachstumsphase zu befinden. Sie macht eine Ausbildung in Körperarbeit und nimmt an Kursen teil, die die spirituelle Weiterentwicklung fördern. Sie lernt jetzt, soviel sie kann, und sobald sie damit fertig ist, möchte sie, daß möglichst viele andere Menschen von ihrer Arbeit profitieren. Sie spürt die Anwesenheit ihres Geistführers und den verstärkten Impuls, ihrem höheren Weg zu folgen.

Wenn dir bei der ersten Annäherung deines Geistführers schwindelig wird, verändere deine Atmung und entspanne dich, damit mehr Energie durch deinen Körper strömen kann. Manche Leute halten den Atem an oder atmen sehr schnell und flach, ohne es zu merken; beides kann Schwindelgefühle verursachen. Oft hat man beim Channeling auch ein leichtes Wärmegefühl, und wenn es im Raum zu heiß ist, kann das noch zusätzlich dazu beitragen, daß einem schwindelig wird. Das legt sich rasch, wenn man normal atmet und das Zimmer lüftet oder die Heizung herunterschaltet. Das Schwindelgefühl dauert sowieso selten länger als ein paar Minuten.

Eine andere Frau, die webte und Kleider von außergewöhnlicher Qualität entwarf, sah nichts anderes als Bilder und Farben, als sie ihrer Geistführerin zum ersten Mal begegnete. Sie fürchtete, daß ihre Führerin vielleicht gar nicht wirklich existierte, weil sie ihr zu sanft und behutsam vorkam und ihr anscheinend auch gar keine verbalen Informationen geben konnte. «Dein sanftes, liebevolles Wesen spiegelt sich im Charakter deiner Geistführerin wider», erklärte ihr Orin. «Hochstehende Geistführer wählen stets Channeling-Medien aus, deren Energie zu ihrer eigenen paßt und die sich auf demselben Weg des Lichtes und inneren Wachstums befinden. Das Wesen deiner Geistführerin spiegelt deine eigene Güte und Sanftheit wider, deine Fähigkeit und deinen Wunsch, andere Menschen durch Farben und Formen zu heilen. Sie wird sehr anpassungsfähig sein und dich nicht nur in deiner beruflichen Laufbahn unterstützen, sondern auch mit sanften Worten und Berührungen heilen. Sei du selbst; du hast deinen eigenen, einmaligen Weg vor dir, und deine Channeling-Fähigkeiten werden sich ganz von selbst entwickeln, wenn die Zeit dafür reif ist.»

Es dauerte viele Monate, bis diese Frau Wege gefunden hatte, mit ihrer Geistführerin zu arbeiten. Sie sah weiterhin mehr Farben und Bilder, als daß sie Worte hörte. Da sie sich mit anderen Medien verglich, die verbale Informationen empfingen, hatte sie das Gefühl, etwas falsch zu machen. Sie begann sich sehr für Farbanalyse zu interessieren und dafür, wie man – sowohl in der Kleidung als auch in der Wohnumgebung – mit Farben arbeitet. Immer wenn sie sich in Trance befand, sah sie die Menschen von verschiedenen Farben umgeben, und schließlich begriff sie, daß jede Farbe für etwas anderes stand. Die Bilder und Symbole, die sie sah, wurden allmählich immer klarer. Statt zu versuchen, verbal zu channeln, begann sie den Leuten die Bilder zu beschreiben, die sie empfing, und zu ihrem Erstaunen ergaben diese Bilder für die anderen Menschen tatsächlich einen Sinn und ließen sie symbolisch erkennen, welchen Entwicklungsprozeß sie gerade durchmachten. Ihre Klienten konnten mit den Bildern arbeiten und bestimmte Situationen aus einer anderen Perspektive sehen als bisher.

Diese Frau empfängt die Informationen ihrer Geistführerin nach wie vor in Form von Farben und Symbolen, und das unterstützt sie sehr bei ihrer Arbeit. Inzwischen berät sie Leute und sagt ihnen, welche Farben sie tragen sollten, um sich in bestimmte geistige und emotionale Zustände zu versetzen. Sie führt Farbmeditationen durch, mit denen Menschen sich selbst heilen können, und sucht jetzt auch nach Wegen, Farben in ihrer Webkunst anders einzusetzen als bisher. Im nachhinein ist ihr klar, worin ihre größte Schwierigkeit bestand: Sie hatte erwartet, ihr Channeling müsse eine ganz bestimmte Form annehmen, und die Botschaften müßten ihr auf ganz bestimmte Weise übermittelt werden. Erst als sie ihre Erfahrungen mit ihrer Geistführerin so akzeptierte, wie sie waren, entfaltete sich ihr Channeling.

Wenn du statt Worten Bilder und Symbole empfängst, beschreibe diese Bilder einfach. Geistführer übersenden uns reine Energie, und Symbole kommen dieser Übertragung häufig näher als Worte. Während du die Bilder beschreibst, baust du eine immer stärkere Verbindung zu deinem Geistführer auf. Höchstwahrscheinlich wirst du mit der Zeit dann auch Worte empfangen und keine Bilder mehr, die erst entschlüsselt werden müssen.

Als der Tag sich dem Ende zuneigte, hatten alle Kursteilnehmer mit einem Geistführer Kontakt aufgenommen und waren ganz begeistert, ja sogar ein wenig überwältigt von alldem, was sie heute gelernt hatten, und von den neuen Visionen und Möglichkeiten, die sich vor ihren Augen auftaten. Das erinnerte uns wieder einmal daran, daß jeder Mensch ein einmaliges Wesen ist und daß es eine Vielzahl verschiedener Geistführer und Möglichkeiten der Informationsübertragung gibt. Und es gibt auch viele Möglichkeiten, sich fürs Channeling zu öffnen.

Bei weitem die häufigste Blockade, mit der die Menschen am Anfang zu kämpfen haben, ist die Angst, daß in Wirklichkeit gar nicht ihr Geistführer durch sie spricht, sondern nur sie selbst. Das hält manche Leute davon ab, die Botschaften, die sie empfangen, weiterzugeben. Wenn du dir darüber Sorgen machst, besteht deine Herausforderung darin, dich von all diesen Ängsten zu lösen und einfach alles auszusprechen, was durch dich gesendet wird. Sobald du damit anfängst und die Worte zu fließen beginnen, übernehmen die Geistführer die Kontrolle über den Vorgang, und dann wirst du immer weniger das Gefühl haben, daß die Botschaften nur Ausgeburten deiner eigenen Phantasie sind. Es ist, wie wenn man ein Auto anschiebt: Sobald man es einmal in Bewegung gebracht hat, springt es an, und dann ist es kein Problem mehr, den Motor in Gang zu halten. Vielleicht brauchst du nur den Mut, um mit dem Channeln anzufangen, ganz gleichgültig, ob du das Gefühl hast, daß ein Geistführer anwesend ist. Viele Kursteilnehmer haben bis zu mehreren Monaten gebraucht, ehe sie ihren Geistführer *spüren* konnten. Aber früher oder später waren sie dann doch in der Lage, den Unterschied zwischen ihrem eigenen Ich und dem Geistführer wahrzunehmen.

13 Was Menschen nach ihrer Öffnung fürs Channeln erlebten

Die häufigsten Reaktionen

SANAYA UND DUANE: Wir hatten eigentlich nicht damit gerechnet, daß sich das Leben unserer Kursteilnehmer durch ihr Channeling sofort verändern würde, und deshalb staunten wir über die vielen Geschichten, die sie uns erzählten: wie sie sich direkt nach ihrer Öffnung fürs Channeling gefühlt und was sie alles erlebt hatten. Wir begannen in den Reaktionen der Leute wiederkehrende Muster zu erkennen. Channeln zu lernen, erfordert viel Konzentration und außerdem die Fähigkeit, sein Augenmerk auf höhere, spirituellere Dinge zu richten, als die meisten Menschen es vorher gewohnt gewesen waren. Von den häufigsten Reaktionen möchten wir hier berichten.

Viele Menschen träumen lebhafter und intensiver, nachdem sie sich fürs Channeln geöffnet haben. Ein Rechtsanwalt kam zu unserem Kurs, weil er das Gefühl hatte, das Leben könne doch nicht nur aus Arbeit bestehen. Während seines normalen Arbeitstags setzte er hauptsächlich seine logisch denkende linke Gehirnhälfte ein. Durch Channeling wollte er nun seine Kreativität entwickeln. Es gelang ihm im Kurs auch sehr gut, mit seinem Geistführer Kontakt aufzunehmen, doch in der Nacht darauf konnte er kaum schlafen. Seine Träume waren voller Ideen und zeigten ihm lauter Möglichkeiten auf, was er mit seinem Leben alles anfangen könnte. Nun, da sich die Schleusen geöffnet hatten, begannen offenbar all seine bisher unterdrückten Träume, verborgenen Talente und Fähigkeiten an die Oberfläche zu steigen. Durch das Channeling war jene intensive Verbindung zu seiner kreativen rechten Gehirnhälfte entstanden, die er sich gewünscht hatte.

Andere Menschen fühlten sich am Tag nach ihrer Öffnung fürs Channeling ernüchtert, was jedoch nur ein paar Stunden oder höchstens einen Tag lang anhielt. Dieses Gefühl gleicht der Enttäuschung, die Menschen manchmal direkt nach dem Aufwachen aus der Trance empfinden. Sie möchten nicht in diese Welt zurückkehren! Eine Frau, die ein Reisebüro besaß, kam am Tag nach dem Kurs zu uns und erklärte uns, ihr Leben deprimiere sie. Für sie war das sehr ungewöhnlich, denn normalerweise konzentrierte sie sich tagsüber ganz auf ihre Kunden, ihre Geschäfte und die anderen Anforderungen, die das Büro an sie stellte. Die Frau war begeistert vom Channeling und von dem Niveau und der Genauigkeit der Informationen, die sie erhalten hatte. Das Gefühl war so wunderbar, daß sie am liebsten gar nicht mehr damit aufgehört hätte. Jetzt empfand sie ihr normales Leben nicht mehr so schön wie zuvor. Wir baten ihren Geistführer, ihr diese Reaktion zu erläutern. Er erklärte der Frau, sie habe viele ihrer wahren, tief inneren Wünsche und Bedürfnisse und ihre spirituelle Entwicklung bisher beiseite geschoben und sich ganz auf ihre geschäftlichen Angelegenheiten konzentriert, obwohl diese ihr eigentlich gar nicht so wichtig waren und auch nicht so viel Freude bereiteten. Als sie mit ihrem Geistführer und damit auch mit ihrem überbewußten Geist Kontakt aufnahm, empfand sie diese Begegnung so, als sei sie endlich «nach Hause gekommen». Im Vergleich dazu erschien ihr der Rest ihres Lebens jetzt grau und trostlos. Es sei so, wie wenn man einen weißen Teppich reinigt: Sobald man eine Ecke gesäubert habe, kommt einem der ganze Teppich, der vorher sauber ausgesehen hatte, plötzlich schmutzig vor.

Im Laufe der Zeit brachte die Frau ihr äußeres und ihr inneres Leben in ein harmonisches Gleichgewicht. Ihr wurde klar, daß eine innere Stimme ihr schon lange sehr eindringlich zugeflüstert hatte, ihre Tätigkeit befriedige sie nicht und erfülle nicht ihre tieferen Bedürfnisse. Aber sie war immer viel zu beschäftigt gewesen, um auf dieses Ur-Selbst tief in ihrem Inneren zu hören. Als sie nun mit ihrem Geistführer in Kontakt trat, begann sie auch die Stimme dieses tieferen Selbst zu hören. Sie organisierte ihr Geschäft neu und delegierte einige Aufgaben an einen Geschäftsführer, den sie eingestellt hatte. Dann begann sie, sich mehr Zeit für sich selbst zu nehmen und in ihrer Freizeit zu malen. Nach einer Weile berichtete sie uns, daß ihr Geistführer seine Ratschläge und Anleitungen häufig direkt in ihr Gehirn zu vermitteln schien: Sie kamen ihr einfach ganz plötzlich in den Sinn. Trotzdem channelt sie nach wie vor weiter und tritt immer wieder in der Form, die sie bei uns gelernt hat, mit ihrem Geistführer in Kontakt, um Informationen über neue Themengebiete zu empfangen, und auch wenn sie für andere Menschen channelt, versetzt sie sich vorher in Trance. Sie macht sich jetzt viel weniger Sorgen um die Zukunft als früher und läßt einfach alles, was sie braucht, auf sich zukommen.

Eine andere, ebenfalls emotionale Reaktion, die viele Menschen nach ihrer inneren Öffnung empfinden, ist ein Gefühl tieferen inneren Friedens und größerer Zufriedenheit. Eine Frau, die sich mit ihrem Mann gestritten hatte, weil sie glaubte, er unterstütze sie nicht genug, hatte am Tag nach ihrer Öffnung fürs Channeling plötzlich nicht mehr das Bedürfnis, sich zu verteidigen oder ihm irgend etwas zu beweisen. Ihr Gefühl, vernachlässigt zu werden, legte sich, und sie vergab ihm all das Unrecht, das er in ihrer Phantasie begangen hatte. Statt ihm übelzunehmen, daß er nicht mit ihr sprach oder sie nicht verstand, hatte sie plötzlich Mitgefühl mit seinem Leben und allem, was er durchmachte. Sie begann ihn zu akzeptieren und all die kleinen Dinge anzuerkennen, die er für sie tat und die sie bis dahin für selbstverständlich gehalten hatte. Nach ein paar Wochen fand zum erstenmal seit Jahren ein ehrliches, tiefes Gespräch zwischen ihnen statt. Als sie sich ein paar Monate später wieder bei uns meldete, war sie ganz begeistert: Ihre Beziehung hatte sich so verbessert, daß sie das Gefühl hatte, mit einem ganz neuen Mann zusammenzuleben.

Einige Kursteilnehmer berichteten, sie seien hinterher ungefähr einen Tag lang ziemlich müde oder erschöpft gewesen und hätten nicht klar denken können. Es ist, wie wenn ein Jogger eine zu weite Strecke gelaufen ist: Ihre mentalen und spirituellen «Muskeln» waren am nächsten Tag ermüdet und brauchten Ruhe. Channeling erfordert ein hohes Maß an Bewußtheit und Konzentration. Die meisten Leute sind es nicht gewöhnt, ihren Geist längere Zeit hintereinander so konzentriert einzusetzen. Das Gefühl der Benommenheit legt sich normalerweise wieder, wenn man sich ausruht oder entspannt, einen Spaziergang macht, zeichnet, Musik hört oder ein heißes Bad nimmt. Manchen Menschen hilft auch intensive physische Betätigung. Diese Erschöpfung ist nur eine vorübergehende Reaktion. Wenn man dann weiter channelt, werden die Gedanken klarer als je zuvor.

Andere Kursteilnehmer verspürten nach dem Channeling eine ungeheure Energie. Sie hatten am nächsten Tag plötzlich Lust, ihr Haus zu putzen oder andere Dinge zu tun, die sie schon monatelang vor sich hergeschoben hatten. Es war, als hätte das Leben plötzlich einen ganz neuen Glanz bekommen. Andere hatten das Bedürfnis, Kleider und andere Besitztümer wegzuwerfen, die nicht mehr in ihr Leben zu passen schienen. Wenn du zu channeln beginnst, verändert sich deine Schwingung, und dann kann es sein, daß Dinge, die dein altes Ich symbolisieren, plötzlich aus deinem Leben verschwinden. Manche Leute kleideten sich innerhalb von ein paar Tagen in einem ganz anderen Stil oder in anderen Farben als bisher. Sie wollten jetzt Kleidungsstücke tragen, in denen sie sich lebendiger fühlten. Ihre alten Kleider schienen ihre Persönlichkeit nicht mehr zu repräsentieren.

Eine andere Reaktion besteht darin, daß man Dinge, die einem vorher selbstverständlich vorgekommen sind, nun plötzlich als anders, ungewöhnlich oder seltsam empfindet. Es ist, als sehe man die Welt zum erstenmal oder als erwache man aus einem Traum. Ein Ehepaar, das unseren Kurs gemeinsam besuchte, berichtete, als sie hinterher zusammen in ein Restaurant gingen, habe das Essen ganz anders geschmeckt als sonst. Und als sie durch ein paar Läden in der Umgebung streiften, seien ihnen die Artikel, die sie dort sahen, seltsam unwirklich vorgekommen; die Farben leuchteten außergewöhnlich intensiv, und auch die Menschen kamen ihnen merkwürdig vor. Es war ein Gefühl, als seien sie gerade erst auf die Erde gekommen! Erst ein paar Tage später fühlten sie sich wieder «normal». Das alles habe ihnen so viel Freude bereitet, daß sie am liebsten noch viel länger in diesem erhöhten Bewußtseinszustand geblieben wären.

Nach dem Channeling beginnen die Menschen auf ihre Umgebung zu achten und alles genau zu registrieren, statt die meiste Zeit in Gedanken versunken umherzulaufen. Einige unserer Kursteilnehmer besuchten im Laufe der nächsten Tage Partys oder andere gesellschaftliche Veranstaltungen und hatten festgestellt, daß sie die Leute dort plötzlich mit ganz anderen Augen sahen. Sinnlose Gespräche kamen ihnen jetzt noch sinnloser und langweiliger vor; dafür fanden sie Menschen interessant, die sie vorher nie beachtet hätten. Es war, als nähmen sie ihre Mitmenschen jetzt auf der Seelenebene und nicht mehr auf der Persönlichkeitsebene wahr.

Oft fragen sich Menschen nach ihrer Öffnung fürs Channeling, ob sie überhaupt wirklich gechannelt haben. (Mit dieser Frage werden wir uns in einem Teil von Kapitel 14 noch eingehender beschäftigen.) Eine attraktive, sportliche Frau mit drei Kindern, die gut gechannelt und auch eine gute Verbindung zu ihrem Geistführer hergestellt hatte, wurde am nächsten Tag von Zweifeln an der Realität ihres Erlebnisses geplagt. Sie hatte ihren Geistführer immer wieder gefragt, ob er auch wirklich existiere. Als sie später Auto fuhr – ein Kind schlief neben ihr auf dem Vordersitz, ein anderes saß hinten und spielte leise –, spürte sie plötzlich am ganzen Körper ein Kribbeln. Dann begann in ihrem Kopf eine Stimme über ihre Zukunft zu sprechen und Dinge vorauszusagen, die sie unmöglich wissen konnte und die hinterher auch tatsächlich eintrafen. Diese Frau kam extra zu uns, um uns von ihrem Erlebnis zu berichten. Es sei so erstaunlich gewesen, daß sie jetzt nicht mehr an der Realität ihres Geistführers zweifle. Ihr habe sich eine ganz neue Welt eröffnet.

Solche Nachwirkungen können gleich am nächsten Tag oder auch erst einige Zeit später eintreten. Manche Menschen bemerkten am nächsten Tag, ja sogar in den nächsten Wochen überhaupt keine Veränderungen, doch im nachhinein erinnerten sie sich dann doch fast immer an irgendwelche außergewöhnlichen Ereignisse. Eine Frau erzählte uns, sie habe mit einer Freundin einen Ausflug in die Wüste geplant, dann aber beschlossen, statt dessen doch lieber in die Rocky Mountains zu fahren. Sie wollte ihre Freundin gerade anrufen und fragen, ob sie bereit sei, ihre Pläne zu ändern, da klingelte ihr Telefon, die Freundin war am Apparat und erklärte, sie wolle auch lieber in die Rocky Mountains als in die Wüste!

Viele Leute hörten nach langer Zeit wieder von alten Freunden und legten alte Streitigkeiten bei, die sie mit ihnen gehabt hatten. Dinge, die sie auf energetischer Ebene gehemmt und an ihrer Weiterentwicklung gehindert hatten, stiegen jetzt an die Oberfläche, um gelöst und beseitigt zu werden. Eine Frau berichtete, nach ihrer Heimkehr von unserem Kurs habe ein Freund angerufen, von dem sie seit sechs Jahren nichts mehr gehört hatte. Der Freund hatte ihre Beziehung nach einer Meinungsverschiedenheit abrupt beendet und all ihre Versöhnungsversuche entschieden abgewehrt. Am Abend nach dem Kurs rief dieser Freund sie an, um sich zu entschuldigen und über die Möglichkeit einer Aussöhnung und Vergebung früherer Verletzungen zu sprechen.

Manchmal treten auch physische Reaktionen auf, zum Beispiel leichte Schmerzen im oberen Rückenbereich, in Schultern und Nacken. Auf physischer Ebene kommt das zum Teil daher, daß man an eine ganz bestimmte Körperhaltung gewöhnt ist. Wenn man nun seinen Geistführer channelt, nimmt man häufig eine andere Haltung ein. Die Muskeln sind nicht an dieses neue Muster gewöhnt und können deshalb schmerzen. Bitte deinen Geistführer, dazu beizutragen, daß du dich besser entspannen kannst, und denke daran, deine Körperhaltung zu korrigieren, so daß es dir auch wirklich bequem ist. Auf energetischer Ebene lassen sich diese Schmerzen normalerweise auf einen gehemmten Energiefluß zurückführen. Geistführer treten häufig durch den Nacken- und Schulterbereich in ihr Medium ein. Dein Geistführer bringt eine höhere Energie in deinen Körper, und manche Körperbereiche können diesen stärkeren Energiestrom vielleicht noch nicht verkraften. Du mußt dir das wie einen Gartenschlauch vorstellen, durch den nur eine bestimmte Menge Wasser pro Minute fließen kann. Wenn nun plötzlich mehr Wasser hindurchströmt, verkraftet der Schlauch diese Belastung nicht. An manchen Stellen beult er sich vielleicht aus, an anderen verbiegt er sich. Wenn dein Geistführer mehr Energie durch dich hindurchsendet, als du gewohnt bist, ist es gar nicht so schwierig, dich diesem zusätzlichen Energiestrom zu öffnen. Stell dir einfach vor, wie sich deine Energie ausdehnt, und bitte deinen Geistführer, dich dabei zu unterstützen. Dann werden die Beschwerden wahrscheinlich schon nach ein paar Minuten verschwinden.

Bei manchen Menschen sinkt die Energie plötzlich ab, oder sie fühlen sich traurig oder reagieren übermäßig empfindlich, wenn sie aus ihrer Trance erwachen. Orin und DaBen haben uns erklärt, daß dies Nachwirkungen des erhöhten Wohlbefindens, der größeren Offenheit und intensiveren Verbindung mit dem ganzen Universum sind – Gefühle, die sich sehr von unserem normalen Bewußtsein unterscheiden. Viele Menschen befinden sich in einem Bewußtseinszustand, den sie als «normal» bezeichnen. Sie halten ihn für die höchste Bewußtseinsebene, zu der sie fähig sind. Wenn sie dann die höhere Realität ihres Geistführers erleben, wird ihnen klar, daß ihnen eine ganz neue Welt der Freude und eine ungeheure Erweiterung ihres Horizonts offensteht. Der Kontrast ist wirklich erstaunlich.

Wenn diese Menschen dann weiter channeln, innerlich wachsen und ihr Leben und ihre Einstellung verändern, wird die Diskrepanz zwischen diesen beiden Bewußtseinszuständen allmählich immer geringer. Dann befinden sie sich ständig in einem glücklicheren, erfüllteren Zustand. Infolgedessen sackt ihre Energie nicht mehr so jäh ab, und sie sind auch nicht mehr traurig, wenn sie aus ihrer Trance erwachen.

Dieser Energieabfall kann aber auch eintreten, wenn man zuviel channelt. Es braucht seine Zeit, bis man in der Lage ist, längere Zeit hintereinander Durchgaben zu machen. Ein Läufer absolviert schließlich auch nicht gleich am ersten Tag einen Marathonlauf, sondern baut seine Kondition ganz allmählich auf. Anzeichen dafür, daß man zu lange gechannelt hat, sind Müdigkeit nach dem Aufwachen aus der Trance oder ein Gefühl der inneren Unruhe; oder man ist aufgedreht, als ströme zuviel Energie durch den Körper. Dann ist es besser, nicht so lange im Zustand der Trance zu bleiben. Man kann auch Sport treiben oder irgendeine andere körperliche Betätigung aufnehmen, die keine intensive Konzentration erfordert. Solche Aktivitäten helfen, überschüssige Energien abzureagieren.

Immer wieder erzählen unsere Kursteilnehmer Geschichten von kleinen Wundern, die sie erlebt haben – wenn es überhaupt «kleine» Wunder gibt. So wurde ihnen beispielsweise ein schon lange überfälliges Darlehen plötzlich zurückgezahlt. Es meldete sich ein Käufer für ein Haus, das sie schon seit einem Jahr zu verkaufen versuchten, oder sie fanden einen wertvollen Gegenstand wieder, den sie verloren hatten. Manche versuchten diese Ereignisse als Zufälle abzutun, doch wenn ihnen solche «Zufälle» dann immer wieder begegneten, waren sie allmählich doch von der Anwesenheit und dem Schutz ihres Geistführers überzeugt.

SANAYA: Als ich Orin zu channeln begann, konnte ich seine Energie immer nur zwanzig oder dreißig Minuten lang aushalten. Ein Jahr später verkraftete ich sie bereits bis zu einer Stunde. Allmählich konnte ich immer länger channeln, nach sehr viel Übung sogar stundenlang hintereinander mit nur wenigen Pausen. Dir wird es vielleicht rascher und müheloser gelingen, längere Channeling-Sitzungen durchzuhalten. Folge einfach deinem eigenen Rhythmus.

DUANE: Ich stellte bei meiner Körperarbeit fest, daß ich etwa eine Stunde lang in Trance bleiben und mich total konzentrieren konnte, ohne mit meinen Gedanken auch nur eine Sekunde lang abzuschweifen. Im Laufe der Zeit konnte ich mich dann schon drei bis vier Stunden lang intensiv konzentrieren, während ich in Trance am Energiefeld eines Klienten arbeitete. Das gab mir sogar Kraft und Energie.

SANAYA UND DUANE: Die meisten Menschen nehmen verbal mit ihrem Geistführer Kontakt auf und verbessern und intensivieren diese Verbindung dann jedesmal, wenn sie wieder channeln. Wenn du innerlich wach und bewußt bleibst, wird dieser Prozeß dir große innere Reichtümer erschließen.

Eine sehr gute, anerkannte Ärztin wollte durch Channeling noch mehr Möglichkeiten finden, etwas für andere Menschen zu tun und sie zu heilen. Diese Frau hatte sich schon sehr weit für die spirituellen Welten geöffnet und wollte ihren Horizont in jeder nur möglichen Hinsicht erweitern. Channeling schien ihr der nächste logische Schritt auf diesem Weg zu sein. Sie war der Meinung, die traditionelle Schulmedizin behandle nur die Symptome, aber nicht die Ursachen der Krankheiten, und hoffte, mit Unterstützung ihres Geistführers diese Ursachen zu erkennen – gleichgültig, ob sie nun im mentalen, emotionalen, spirituellen oder physischen Bereich lagen. Obwohl sie ein Neuling auf diesem Gebiet war, lernte sie sehr rasch und begleitete alles, was sie tat, mit einer ungeheuren Begeisterung. Von dem Augenblick an, als sie ihren Geistführer herbeigerufen hatte, war sie nicht mehr zu bremsen. Ihr Geistführer konnte sich sehr gut ausdrükken und gab sehr schöne Antworten auf die Fragen, die sie und andere Kursteilnehmer ihm stellten.

Diese Frau kam aus einer anderen Stadt, und als sie wieder heimkehrte, fühlte sie sich ein wenig verloren. In ihrer Umgebung kannte sie niemanden, der vom Channeling überzeugt war oder auch nur daran glaubte. Sie war voller Zweifel und fragte sich, ob sie den anfänglichen intensiven Kontakt zu ihrem Geistführer nun wohl verlieren werde. Das Channeln fiel ihr schwer, und fast hätte sie es völlig aufgegeben. Doch sie las alles, was sie an Büchern und Artikeln über interessante übersinnliche Themen auftreiben konnte. Trotzdem hatte sie das Gefühl, ihren Geistführer irgendwie im Stich gelassen zu haben, und fragte Orin um Rat, ob sie nicht vielleicht doch ihre ganze Willenskraft aufbieten und jeden Tag channeln sollte. Orin erklärte ihr, um ein besseres Medium für ihren Geistführer zu werden, müsse sie erst einmal ihren Horizont erweitern, und das, was sie jetzt gerade tue, sei genau das richtige für sie, um ihre Channeling-Fähigkeiten weiterzuentwickeln. Sie solle weiterhin viel lesen, denn ihr Geistführer wolle, daß sie erst einmal ihr Wissen erweitere. Dann werde das Bedürfnis zu channeln ganz von selbst wiederkehren. Ein paar Monate später besuchte sie das Channeling-Seminar für Fortgeschrittene, welches zu veranstalten Orin und DaBen uns empfohlen hatten, damit unsere Kursteilnehmer den Kontakt zu ihren Geistführern intensivieren und erweitern konnten. Jetzt gelang es ihr, eine viel stabilere Verbindung zu ihrem Geistführer aufzubauen. Orin riet ihr, nun jeden Tag fünf Minuten lang zu channeln, denn im jetzigen Entwicklungsstadium ihrer Channeling-Fähigkeiten würde ihr eine regelmäßige Verbindung zu ihrem Geistführer sehr nützen.

Ein paar Monate später rief die Frau an, um uns zu sagen, daß aus den fünf Minuten pro Tag inzwischen schon eine halbe

Stunde geworden sei und daß sie einen intensiven, regelmäßigen Kontakt zu ihrem Geistführer hergestellt habe. Sie channelte viele medizinische Informationen und begann den menschlichen Körper und seine Energiesysteme in einem ganz neuen Licht zu sehen. Sie lernte jetzt auch immer mehr Menschen kennen, die sich fürs Channeling interessierten, und hatte schon mehrere erfolgreiche Channeling-Gruppensitzungen veranstaltet.

Ein Jahr lang fragte sich diese Frau, wie sie ihr höheres Wissen einsetzen könnte. Dann begann sie, sich mit Homöopathie zu beschäftigen, und das war der nächste Wendepunkt in ihrem Denken. Sie sah, daß die Behandlung der physischen Symptome ihrer Patienten nur ein kleiner Mosaikstein in einem viel größeren Zusammenhang war. Ihr wurde klar, daß körperliche Symptome auf eine energetische Störung hinweisen. Wenn man diese Symptome auf Energieebene behandelte, konnte man verhindern, daß sie sich zu einer ganzen Serie körperlicher Beschwerden auswuchsen. Daraufhin begann sie, diese Methoden in ihre Therapie einzubauen, und ihr ganzes Leben veränderte sich. Das letzte, was wir von ihr hörten, war, daß sie inzwischen eine stabile Verbindung zu ihrem Geistführer aufgebaut hatte und allen Patienten, die für alternative Heilmethoden aufgeschlossen waren, eine homöopathische Behandlung anbot. Diese Frau hat ganz erstaunliche Informationen über Gesundheit und Heilmethoden gechannelt, und wir rechnen damit, noch mehr von ihr zu hören, wenn sie ihren Weg weiterverfolgt.

Tecu – Sanayas Geistführer aus einer anderen Dimension

SANAYA: Nach einem Jahr hatten wir bereits über hundert Menschen das Channeln beigebracht. In diesem Jahr spürten Duane und ich, daß wir die Stadt hin und wieder verlassen und uns in die Stille der Natur zurückziehen mußten, um an unserer eigenen Energie zu arbeiten und unsere Verbindung zu den höheren Bereichen zu intensivieren. Im Frühjahr reisten wir nach Maui und verbrachten die meiste Zeit dort mit Energiearbeit und Channeling. Duane tauchte und entdeckte eine ganz neue Welt unter Wasser. Dies veränderte sein Bewußtsein für viele Stunden und vermittelte ihm ein Gefühl der Ganzheit. Da ich im mittleren Westen der Vereinigten Staaten aufgewachsen bin, hatte ich kaum Erfahrungen mit dem Meer sammeln können. Deshalb war es für mich bereits ein größerer Schritt, die Brandung zu überwinden und zu schnorcheln. Ich liebte das Schnorcheln, und es machte Spaß, Duane dabei zuzuschauen, wie er in den Tiefen des Ozeans verschwand.

Normalerweise channelten wir jeden Morgen eine Weile lang; wir brachten aber auch mehrere ganze Tage mit Channeling zu. Die spezielle Energie der Insel Maui mit dem Haleakala-Krater – einem wunderschönen, 3055 m hohen erloschenen Vulkan – schien unserer Energie noch mehr Auftrieb zu geben, als wir es sonst gewohnt waren. Orin und DaBen erklärten uns, auf dem Berg gebe es «Kraftorte» – Pforten zwischen unserer Realität und anderen Dimensionen. Wir fuhren über die ganze Insel, erspürten die Energie an verschiedenen Stellen und channelten, um herauszufinden, ob unsere Verbindung zu unseren Geistführern sich je nach Ort, Wetterverhältnissen, Höhenlage und Umgebung veränderte.

Gegen Ende unseres Aufenthalts machte ich eine erstaunliche Erfahrung: Ein anderer Geistführer, Tecu, meldete sich bei mir. Tecu war früher schon einmal während eines dreiwöchigen Aufenthalts auf Kauai zu mir gekommen. Damals hatte er jeden Morgen durch mich gesprochen, um mir ein Buch darüber zu diktieren, wie man sich selbst und andere Menschen heilt, und um mit mir über die universalen Gesetze der Energie zu reden. Orin hatte diese Verbindung gefördert. Er erklärte mir, Tecu sei ein sehr hoch entwickeltes Wesen, und er arbeite mit ihm zusammen. Ich hatte das Buch abschreiben lassen, und es enthielt tatsächlich sehr hilfreiche Informationen. Doch seit jener Reise nach Kauai hatte Tecu sich nicht wieder bei mir gemeldet.

Tecu stellte sich als ein Herr der Zeit von den Pforten der Essenzwelt vor, in der alle Materie erschaffen wird. Er sprach von anderen Universen und den Welten der Form und Materie. Duane und ich fanden diese Informationen faszinierend. Tecu hatte einen ziemlich ausgeprägten Sinn für Humor. Er erklärte uns, er komme nicht aus einem höheren oder niedrigeren Bereich als Orin, sondern aus einem anderen. Jene Teile unserer Welt, die in der Nähe von Vulkanen lägen, könne er momentan am leichtesten erreichen. Seine Welt bewege sich ständig in einen Zustand der Synchronisation mit der Erdebene hinein und wieder hinaus. Damit er mit uns Verbindung aufnehmen könne, müßten wir uns zu einer ganz bestimmten Zeit an einem bestimmten Ort befinden. Es werde schwierig für mich sein, zu jedem beliebigen Zeitpunkt mit ihm in Kontakt zu treten, denn er existiere in einem Universum mit einer ganz anderen Frequenz, die nur hin und wieder und auch nur an bestimmten Orten mit der unseren «überlappe».

Das war für mich ein faszinierendes Erlebnis. Ich erfuhr, daß die Energie in Tecus Welt symmetrisch ist. Der menschliche Körper stellte ihn vor große Schwierigkeiten, die ihn ziemlich erheiterten. Es bereitete ihm ein ungeheures Vergnügen, mitzuerleben, wie ich ging. Er fragte sich, wie ich es überhaupt schaffen konnte, ein so asymmetrisches Vehikel wie meinen Körper im Gleichgewicht zu halten. Immer wenn er durch mich zu gehen versuchte, wäre ich beinahe umgefallen, bis er endlich dahinterkam, wie man mit der Schwerkraft umgeht und im Gleichgewicht bleibt. Als er vor einem Jahr zum erstenmal in meine Aura eingetreten war, hatte ich das Gefühl gehabt, er mache eine Bestandsaufnahme meines Körpers und stelle dann seufzend fest: «Na ja, er ist nicht gerade in Höchstform, aber es wird schon reichen.» Seit meiner letzten Kontaktaufnahme mit ihm habe ich meine Ernährung umgestellt und mich physisch besser in Form gebracht, und daraufhin schien unsere Verbindung tatsächlich intensiver zu werden.

Als Tecu Duane und mich beim Essen beobachtete, staunte er über unsere Ernährungsweise. Zuerst schien er verblüfft zu sein, dann amüsierte er sich königlich. «Ah, jetzt verstehe ich», sagte er. «Das Essen ist die Wurzel all eurer Probleme. Zunächst einmal braucht ihr Nahrung. Dann braucht ihr Geschirr. Und dann müßt ihr euch ein Haus bauen, um das Geschirr unterzubringen. Dann müßt ihr arbeiten gehen, um das Haus bezahlen zu können. Und das alles nur, weil ihr essen müßt!» Erklärend fügte er hinzu, in seinem System nehme man einfach Energie auf, wenn man sie brauche, und das mache das Leben viel leichter. Er hatte einen so herrlichen Sinn für Humor, daß wir uns beide vor Lachen auf dem Boden wälzten. Seine Sicht unserer Welt brachte uns dazu, einige unserer Grundannahmen und -überzeugungen zu überdenken, aber er schaffte das auf eine ganz liebevolle Art. Eines Tages meldete er sich bei uns, um uns zusätzliche Informationen über die Veränderungen unserer Erde zu geben, die er wahrnahm. Er ermunterte uns, weiterhin Channeling-Kurse zu veranstalten, denn das werde es den Menschen erleichtern, sich auf die Frequenz- und Schwingungsveränderungen einzustellen, die auf der Erde gerade stattfanden.

Seit unserer Abreise von Maui ist Tecu noch mehrere Male wiedergekehrt, und zwar stets unerwartet – meistens, um uns mehr darüber zu berichten, was sich im Universum gerade abspielt, und um uns praktische Ratschläge zu geben, wie wir diese Energien dazu einsetzen können, innerlich zu wachsen und unserem Leben einen höheren Sinn zu geben.

Unser Ausflug zum Mount Shasta

SANAYA: Im August nahmen Duane und ich uns ein paar Tage Urlaub und fuhren in eine schöne Stadt in Nordkalifornien – Mt. Shasta City am Fuße des Mt. Shasta –, um an diesem Buch zu arbeiten, Kraftorte zu erkunden und eine noch intensivere Verbindung zu unseren Geistführern aufzubauen. Der Mt. Shasta ist die legendäre Heimat der Lemurier und der Aufgestiegenen Meister der Weißen Bruderschaft, die angeblich dort leben. Es sind schon viele Leute zu diesem Berg gereist in der Hoffnung, den großen Meistern zu begegnen; es heißt aber, daß sie nur denjenigen erscheinen, die spirituell bereit dafür sind. Wir wohnten in einem gemütlichen, zwischen Bäumen verborgenen Häuschen, wo wir schreiben und die friedliche Stille genießen konnten. Ein paar Tage zelteten wir hoch oben auf dem Berg, channelten, wanderten und joggten. Duane bereitete sich auf die Besteigung des über 4300 m hohen Gipfels vor, für den man wirklich gut klettern können muß. Zwar sind wir diesen besonderen Wesen nie begegnet, aber dafür verbrachten wir eine wunderbare Zeit mit Orin und DaBen. Dieser Berg hat eine so starke Energie, daß wir beide eine intensivere Verbindung zu unseren Geistführern erlebten und es uns leichter fiel, in höhere Dimensionen aufzusteigen.

Duane freute sich auf die Besteigung des Berges. Das Wetter war sehr schön. Von einem Basislager in 2700 m Höhe brach er auf und stieg in sechs Stunden bis auf den Gipfel. Von dort aus schaute er auf der einen Seite bis zur Küste und auf der anderen bis zu den Sierras – beide Hunderte von Kilometern entfernt. Er begann DaBen zu channeln. Als ich wieder zu Hause war, spürte ich, wie mich plötzlich eine intensive Energiewelle durchfuhr. Ich hielt inne und schloß die Augen. Es war ein Gefühl, als säße ich auch auf dem Gipfel des Berges und könnte den Ausblick ganz klar und deutlich sehen. Zu jenem Zeitpunkt wußte ich nicht, wann Duane den Gipfel erreichen würde, doch als wir dann hinterher die Zeiten verglichen, stellten wir fest, daß ich diese Welle erhöhten Bewußtseins und das Gefühl, auf den Gipfel des Berges versetzt zu sein, genau zu der Zeit erlebt hatte, als er DaBen channelte. Auch der Ausblick, den ich beschrieb, und die Landschaft, die ich sah, entsprachen genau der Stelle, von der aus Duane die Sicht genoß. Wir haben festgestellt, daß wir durch das Channeling viel enger in telepathischer Verbindung zueinander stehen als früher. Wir fühlen uns immer häufiger intuitiv miteinander verbunden und der Gegenwart des anderen bewußt, selbst wenn wir kilometerweit voneinander entfernt sind. Viele andere Menschen, die gemeinsam channeln, haben ähnliche Erfahrungen gemacht.

Teil IV

Fortschritte beim Channeln

14 Channeling – ein großes inneres Erwachen

Wie man durch Channeling sein inneres Wachstum beschleunigt

Sanaya und Duane: Nach der Begegnung mit ihren Geistführern erlebten unsere Kursteilnehmer so viele Dinge, die ihren spirituellen Horizont erweiterten, daß sie sich regelmäßig treffen wollten, um einander über ihre wunderbaren Abenteuer zu berichten und diese zu besprechen. Deshalb veranstalteten wir einmal im Monat ein Treffen, das ihnen Gelegenheit bot, ihr Channeling weiterzuentwickeln und Orin und DaBen Fragen zu stellen. Aus ihren Erfahrungen und den Antworten und Informationen, die Orin und DaBen ihnen gaben, lernten wir viel darüber, wie die Channeling-Fähigkeiten der Menschen sich weiterentwickeln und wie Channeling ihr Leben verändert.

Orin und DaBen: Wenn man mit einem hochstehenden Geistführer oder mit seinem eigenen Seelen-Selbst Verbindung aufnimmt, kann man sich spirituell viel schneller entwickeln. Durch die Öffnung fürs Channeling entsteht eine stärkere Verbindung zwischen dem überbewußten Selbst und dem gewöhnlichen Alltags-Ich. Diese Öffnung bewirkt ein spirituelles Erwachen oder beschleunigt es zumindest. Dein Geistführer kann dich bei diesem Vorgang des inneren Erwachens unterstützen. Durch ihn wirst du mehr Freude, mehr Zuversicht und Selbstvertrauen entwickeln, und dir wird auch bewußter, wer du eigentlich bist. Wenn du mit einem Geistführer zusammenarbeitest, werden dir schon bald Veränderungen und innere Wandlungen in deinem Leben auffallen. Vielleicht sind es keine drastischen Veränderungen, doch nach Monaten oder Jahren wirst du dich in ganz neuem Lichte sehen.

Nach ihrer Öffnung fürs Channeling sind die Menschen häufig begeistert über ihr Leben und ihre innere Erleuchtung.

Man spürt eine intensive Energie, die typisch für jeden Neuanfang ist. Es ist eine Zeit großer Begeisterung, Einsicht und Selbstverwirklichung, in der man das Bedürfnis hat, sich zu verändern. Viele Menschen haben uns berichtet, daß sie seit ihrer Öffnung fürs Channeling eine ungeheure Liebe zu allen Menschen in ihrer Umgebung empfinden. Sie spüren ihre Ganzheit und die Einheit mit dem Universum. Ihnen ist, als ob es nichts gäbe, was sie nicht könnten. Alles in ihrem Leben schwingt in einer besonderen Atmosphäre. Es ist so, wie wenn man zum ersten Mal richtig verliebt ist. Man fühlt sich wie auf Wolken und nimmt sich selbst und seine Welt ganz anders wahr als bisher.

Wie lange dieses Gefühl anhält, ist von Mensch zu Mensch verschieden, doch nach einer Weile ebbt es wieder ab. Nun ist es an der Zeit, sich um die normale Alltagsrealität zu kümmern und sie mit dem neuen Entwicklungsstand in Einklang zu bringen. Vielleicht mußt du dazu deinen Beruf wechseln oder dich von einem Partner oder einer Partnerin trennen. Möglicherweise gibt es persönliche Probleme, auf die du reagieren und die du lösen mußt. Dieser Prozeß, in dem du dich deinem Alltagsleben widmest und es gewissermaßen auf den neuesten Stand bringst, mag dir wie ein Absinken deiner Energie vorkommen. Es ist nicht immer besonders aufregend, äußere Formen in deinem Leben zu schaffen, die deinem neuen inneren Erleuchtungsniveau entsprechen. Es kann sogar mit gewissen Unannehmlichkeiten verbunden sein. Doch diese Veränderungen in der realen Welt sind notwendig; auf lange Sicht betrachtet, wirst du deine Channeling-Fähigkeiten und die Verbindung zu deinem Geistführer dadurch verbessern und verstärken. Deine anfängliche freudige Erregung wird irgendwann noch viel intensiver als zuvor wiederkehren.

Der Vorgang des spirituellen Erwachens verläuft in Zyklen, ähnlich den Wellen des Ozeans, die kommen und gehen. Manche dieser Wellen sind ungeheuer stark und dauern lange. Andere sind vielleicht schwächer und kommen dafür häufiger. Nach dem ersten Stadium der Begeisterung folgt normalerweise ein Stadium der Integration, in dem deine Erkenntnisse tiefere Wurzeln schlagen und mit dem Rest deiner Persönlichkeit verschmelzen. Menschen, die sich anfangs voller Begeisterung aufs Channeling stürzten und ihre ganze Energie darauf konzentrierten, channeln jetzt vielleicht seltener als vorher. Nun, da sie in bestimmten Lebensbereichen Verbindung zu ihrem Geistführer aufgenommen haben, müssen sie diese innere Öffnung vielleicht erst einmal in alle Bereiche ihres Lebens integrieren, ehe sie wieder mit ihrem Geistführer in Kontakt treten und noch höher emporsteigen können. Vielleicht brauchen sie jetzt viel Energie, um die Alltagsaktivitäten mit ihren höheren Visionen in Einklang zu bringen, und konzentrieren sich darauf, ihr Leben zu verbessern. Also mach dir keine Sorgen, wenn du feststellst, daß du nach einer Weile nicht mehr ganz so oft channelst wie am Anfang. Du erlebst möglicherweise eine Zeit tiefer innerer Wandlung, und manchmal finden auch äußere Veränderungen statt. Es ist eine Zeit, in der die Dinge eher von innen nach außen als von außen nach innen ablaufen. Du integrierst die höhere Schwingung jetzt in alle Ebenen deines Lebens. Manchmal bemühst du dich krampfhaft, irgendeine Lösung zu finden, doch sie fällt dir erst dann plötzlich ein, wenn du deine Arbeit für eine Weile beiseite legst und dich mit etwas anderem beschäftigst. Es ist, als hätte dein Geist innerlich weiter an dem Problem gearbeitet, während du dich anderen Dingen zuwandtest. Beim Channeling ist es genauso; vielleicht bewirkt die Pause, daß die Verbindung zu deinem Geistführer danach besser ist als je zuvor.

Nach der Öffnung fürs Channeling tritt fast immer ein solches Stadium der «Ebbe» ein. Du unterziehst dein Leben einer eingehenden Prüfung, stellst es in Frage, integrierst deine neugewonnene Weisheit; es kann sogar sein, daß du in dieser Zeit überhaupt nicht channelst. Verlaß dich darauf, daß das nur eine vorübergehende Phase ist. Sobald du bereit bist, dich noch weiter fürs Channeln zu öffnen, wirst du höchstwahrscheinlich eine viel tiefere, klarere und stärkere Verbindung zu deinem Geistführer erleben.

Channeling stellt dir die Hilfsmittel zur Verfügung, die es dir ermöglichen, deine Antworten selbst zu finden.

Manche Menschen stellen hohe Erwartungen ans Channeling, die sich nicht immer erfüllen. Anfangs denken sie vielleicht, daß sie dadurch mit einem weisen höheren Wesen in Kontakt treten, das all ihre Probleme lösen wird, ohne daß sie irgend etwas dazu tun oder selber an sich arbeiten müßten. Diese Menschen werden feststellen, daß Channeling ihnen ihre Lernaufgaben nicht abnimmt; sie sind nach wie vor selbst verantwortlich für ihre Entwicklung und ihr Leben. Sobald sie einmal akzeptiert haben, daß ihr Geistführer nicht sämtliche Probleme lösen wird, sondern ihnen nur die Werkzeuge in die Hand gibt, die sie für diese Aufgabe brauchen, stellen sie sich meistens ganz gut auf diese neue Situation ein. Channeling nimmt dir deine Lebenslektionen und deine Chancen zu innerem Wachstum nicht ab. Es läßt dich nur alles viel klarer sehen, so daß du dein Verhalten entsprechend verändern und dein Leben mit Freude und Leichtigkeit bewältigen kannst, statt dich abzumühen und zu kämpfen.

Sobald sich deine erste Aufregung über das Channeling gelegt hat, werden dir viele Probleme in deinem Leben, die du bisher ignoriert hattest, plötzlich unerträglich vorkommen – zum Beispiel eine Stellung, die du eigentlich schon lange kündigen wolltest, oder eine Beziehung, die dir nicht guttut. Plötzlich fühlst du, daß du etwas dagegen unternehmen mußt. Das Channeling zeigt dir die Richtung, in der du dich weiterentwickeln und lebendiger werden kannst. Alles, was dem entgegensteht, wird dir jetzt schmerzhaft zum Bewußtsein kommen. Wahrscheinlich siehst du nun viel klarer als zuvor, wie die Dinge eigentlich sein sollten, denn du hast dein Leben aus einer höheren Perspektive betrachtet und weißt, was alles möglich ist. Es wird dir schwerfallen, dir einzureden, daß du nichts an deinem Leben verbessern kannst, auch wenn dir vielleicht nicht gleich auf Anhieb klar ist, wie du das umsetzen sollst. Wahrscheinlich wirst du jetzt Schwierigkeiten bekommen, wenn du deine Gefühle bisher unterdrückt und ein Leben geführt hast, das gar nicht zu dir paßt. Dann werden all deine Konflikte an die Oberfläche steigen und deutlich sichtbar werden. Aber denke daran: Sobald du sie sehen kannst, wirst du auch Möglichkeiten finden, sie zu lösen. Manchmal kommen auch alte Probleme wieder zum Vorschein, und da du inzwischen ein ganz neues Erleuchtungsniveau erreicht hast, kannst du sie jetzt vollständiger lösen und innerlich zur Ruhe kommen.

Wenn solche Probleme an die Oberfläche steigen, wirst du anfangs vielleicht versucht sein, die Richtigkeit oder Realität deiner Channeling-Erfahrungen und der neuen Perspektive, die sich daraus ergibt, zu verleugnen. Wir haben die Erfahrung gemacht, daß Zweifel, innere Widerstände und Kritik am Channeling in diesem Stadium am intensivsten sind. Ein Teil deines Ichs würde nun vielleicht am liebsten in die alte, bequeme oder doch zumindest vertraute Realität zurückkehren. Aber da du jetzt eine neue Vision deiner selbst erlebt hast, ist es fast unmöglich, umzukehren und die Dinge, die in deinem Leben bisher nicht funktioniert haben, weiterhin zu akzeptieren.

Manche Menschen sind jetzt sehr selbstkritisch oder verurteilen sich vielleicht sogar dafür, daß sie nicht schon viel eher die Initiative ergriffen und ihren neuen Visionen entsprechend gelebt haben. Sei nachsichtig mit dir. Alles kommt zu seiner Zeit.

In diesem Stadium werfen die Menschen sich manchmal vor, sie hätten keine Willenskraft. Sie haben das Gefühl, daß sie eigentlich mehr aus ihrem Leben machen sollten. Vielleicht sind sie auch unschlüssig. Nachdem sie die höheren Bereiche kennengelernt haben, fühlen sie sich zuweilen unzulänglich oder werden überempfindlich gegen Schmerzen oder die negative Einstellung anderer Menschen. Denke daran: Dies ist eine Phase intensiver Selbsterforschung. Vielleicht vergleichst du deine neue, potentielle Realität jetzt innerlich mit der Wirklichkeit, die du im Augenblick lebst, und stellst fest, daß da etwas fehlt.

Manche Menschen glauben, nach dem Channeling müsse alles anders sein als zuvor. Eigentlich – so meinen sie – sollten sie jetzt alles können, ohne auf ihre momentane Situation, den jetzigen Stand ihrer Fähigkeiten, Stärken und Schwächen Rücksicht nehmen zu müssen. Doch dann stellen sie fest, daß sie sich nach wie vor mit ihrer gegenwärtigen Realität auseinandersetzen müssen. Einige Menschen haben jetzt so viel Energie, daß sie sich zu viel auf einmal vornehmen. Sie schmieden neue Pläne, nehmen neue Projekte in Angriff, stürzen sich in unzählige Aktivitäten. Später merken sie, daß sie nur über einen gewissen Vorrat an Zeit und Energie verfügen und diese Energie lieber auf bestimmte Dinge konzentrieren sollten, statt sich zu verzetteln.

Diese Schwierigkeiten haben wir bei fast allen Menschen, die sich auf einem spirituellen Weg befinden, in unterschiedlicher Ausprägung beobachtet. Sie treten nicht nur beim Channeling auf, sondern immer, wenn man sich für die überbewußte Realität öffnet und sich einen Schritt aus seinem eigenen Ich herauswagt, um mit höheren Bereichen Kontakt aufzunehmen.

Channeling wird dazu beitragen, daß du Veränderungen in deinem Leben durchführst, die schon lange überfällig waren.

Auf dieses Stadium folgt häufig eine Phase intensiver Kreativität und Inspiration. Nun wird vieles erledigt und zu Ende geführt;

du setzt jetzt alles in die Realität um, was du dir schon lange gewünscht hast. Häufig beginnt es damit, daß du alle Dinge ausschaltest, die dir die Lebensfreude geraubt haben. Vielleicht durchlebst du eine Phase des Loslassens. Zwar können auch jetzt noch Stimmungsschwankungen auftreten. Es kann sein, daß du manchmal in Hochstimmung und voller Zuversicht bist und dich im nächsten Augenblick wieder unsicher fühlst, doch normalerweise wirst du dich sehr lebendig fühlen und die Verantwortung für dein Leben übernehmen. In diesem Stadium beginnst du, Vertrauen in deine eigene Stimme zu entwickeln, und verläßt dich nicht mehr auf die Autorität anderer. Das geht nicht von heute auf morgen, doch du wirst in diesem Stadium viele neue Stärken an dir entdecken. Es ist wie bei einem Umzug – die alten Einrichtungsgegenstände sind schon in Kisten verpackt, aber die neuen Möbel sind noch nicht eingetroffen. Es kann verwirrend sein, wenn das Alte aus unserem Leben verschwindet und das Neue kommt. Doch was für ein wunderbares Gefühl hat man hinterher, wenn alles an Ort und Stelle steht!

Wie man seine Zweifel in Freunde verwandelt

Orin und DaBen: Es kommt häufig vor, daß die Menschen an der Realität ihres Channeling-Erlebnisses zweifeln. Wenn du dich zum ersten Mal fürs Channeling öffnest, werden Fragen in dir aufsteigen wie: «Channele ich wirklich?» oder: «Ist tatsächlich ein Geistführer da, oder bilde ich mir das alles nur ein?» Normalerweise sind diese Zweifel Schutzmechanismen; sie entstammen den Denk- und Verhaltensprogrammen, die du von deinen Eltern und von der Gesellschaft, in der du lebst, übernommen hast. Diese Programme unterstützen dich bei der Auswahl der Informationen, die du aufnimmst. Man hat dich oft genug ermahnt, wachsam, vorsichtig und kritisch zu sein. Zweifel können deine Freunde sein: Sie hindern dich daran, dich Hals über Kopf in eine neue Aktivität zu stürzen, bevor du gründlich geprüft hast, ob sie eventuell Gefahren birgt oder ob sie überhaupt einen Wert für dich hat.

Wenn du jenes Stadium deines spirituellen Erwachens erreichst, wo sich Zweifel melden, gibt es viele Möglichkeiten, damit umzugehen. Wenn du verstehst, warum solche Zweifel in dir aufsteigen, wirst du dich besser mit ihnen auseinandersetzen können. Sobald dein höheres Selbst geweckt ist, werden auch die niedrigeren Anteile aktiv. Mit «niedriger» meinen wir jene Teile deiner Persönlichkeit, die nicht glauben können, daß sie mit der höheren kreativen Intelligenz des Universums verbunden sind – jene Aspekte deines Ichs, die sich nicht sonderlich geliebt oder geborgen fühlen.

Du mußt dir vorstellen, daß du aus vielen verschiedenen Teilpersönlichkeiten bestehst – einer weisen, einer zweifelnden, einer zuversichtlichen und einer liebevollen Teilpersönlichkeit; einem Ich, das gerne Macht und Autorität besitzt, und einem Ich, das am glücklichsten ist, wenn man ihm sagt, was es tun soll. Zwischen all diesen verschiedenen Aspekten deiner Persönlichkeit herrscht ein subtiles Gleichgewicht. Jede Teilpersönlichkeit hat ihr Gegengewicht. Jenem Ich, das am liebsten immer nur herumspielen und alles auf die leichte Schulter nehmen möchte, steht zum Beispiel dein konservatives Ich entgegen, das hart arbeiten will, und so weiter.

Ein Teil deiner Persönlichkeit will sich so rasch wie möglich weiterentwickeln, ein anderer Teil liebt Stabilität und möchte am liebsten, daß sich gar nichts verändert. Beim Channeln bekommt jene Teilpersönlichkeit, die nach rascher Entwicklung strebt, Kraft und Auftrieb. Dadurch gerät das Gleichgewicht zwischen diesem Teil und deinem sicherheitsliebenden Ich ins Wanken, das dich bis dahin innerlich stabil und mit beiden Füßen auf dem Boden gehalten hat. Dieses auf Sicherheit bedachte Ich hat über dich gewacht, denn es fürchtete, wenn die wachstumsorientierte Teilpersönlichkeit zuviel Macht über dich gewänne, würde sie zu rasche und zu viele Veränderungen bewirken, und dann geriete alles außer Kontrolle. Das heißt, der auf Schutz bedachte Teil deines Ichs untergräbt vielleicht deine Bemühungen, dich in höhere Bereiche aufzuschwingen, indem er sich dagegen wehrt. Er kennt viele Tricks, um dich zu bremsen – beispielsweise Müdigkeit, Zweifel oder Ungeduld.

Deine Zweifel wollen dir in Wirklichkeit helfen.

Manchmal verlangsamen diese Zweifel deinen Fortschritt; sie hindern dich daran, so oft Verbindung zu deinem Geistführer aufzunehmen, wie du es sonst vielleicht tätest. Dadurch gewinnt dein Ich Zeit, mit den vielen Veränderungen, die du jetzt in deinem Leben schaffst, Schritt zu halten, sie zu verarbeiten und zu integrieren. Du entwickelst dich immer genau in dem Tempo weiter, welches dir entspricht. Manchmal möchtest du rascher voranschreiten, als gut für dich wäre, und zuviel Licht auf einmal in dein Leben strömen lassen. Die physischen Auswirkungen von zuviel Licht hast du schon öfters zu spüren bekommen, wenn du stundenlang ohne ausreichenden Schutz in der Sonne lagst und einen Sonnenbrand bekamst. Am besten ist es, dich langsam und allmählich an das Licht zu gewöhnen, damit alle Teile deiner Persönlichkeit Zeit haben, sich darauf einzustellen. Wenn du channelst, bringst du mehr Licht in dein Leben. Das kann ein ganz sanfter, behutsamer, gefahrloser Wandlungsprozeß sein. Manchmal fungieren deine Zweifel als eine Art Überspannungsschutz, der dich davor bewahrt, daß du deine Energiesysteme überforderst. Wenn du zuviel channelst und nicht auf deine anderen inneren Botschaften hörst, die dich ermahnen, langsamer voranzuschreiten, dann treten unter Umständen deine Zweifel auf den Plan, um dich zu bremsen.

Du trägst übrigens noch zwei andere «Persönlichkeiten» in dir, deren Gleichgewicht durch das Channeling ins Wanken geraten kann. Die eine dieser Teilpersönlichkeiten glaubt an Geistführer und hat dich beim Channeln unterstützt. Sie möchte gern über deine vertraute Realität hinauswachsen. Doch dann gibt es auch noch einen anderen Aspekt deiner Persönlichkeit, der sagt: «Ich glaube nur an das, was ich sehen, spüren, schmecken und riechen kann, und an sonst gar nichts.» Diese Persönlichkeit, der du immer alles erst beweisen mußt, wird während des Channeling aktiviert. Sie fordert einen Beweis dafür, daß es wirklich Geistführer gibt, und kann einen Konflikt in deinem Inneren heraufbeschwören, so daß dir Zweifel an der Realität des Channeling und der Geistwesen kommen. Solche Konflikte treten hauptsächlich dann auf, wenn du beim Channeling Informationen erhältst, die deine bisherigen Überzeugungen in Frage stellen oder deine Vorstellungskraft überbeanspruchen, manchmal aber auch schon bei ganz einfachen, praktischen Ratschlägen.

Du bittest deinen Geistführer um verblüffende Informationen, die dich davon überzeugen sollen, daß du auch wirklich mit einer höheren Dimension in Kontakt getreten bist. Doch wenn wir dir diese Informationen geben, fragst du dich, ob du dir das alles womöglich nicht nur ausgedacht hast. Geben wir dir dagegen einen ganz normalen, einfachen Ratschlag, denkst du: «Das wußte ich schon vorher, das habe ich doch erst vor kurzem irgendwo gelesen.» Es ist schwierig, euch Menschen davon zu überzeugen, daß wir wirklich existieren, denn euer rationaler Verstand kann alles, was wir euch erzählen, mit der Erklärung wegrationalisieren, daß ihr das vielleicht schon vorher gewußt habt. Glaubt uns: Wir wissen, was ihr durchmacht. Wir sind nicht gekränkt, wenn ihr euch fragt, ob es uns wirklich gibt. Wir senden euch einfach Liebe und Mitgefühl. Wenn ihr nur einen Bruchteil unserer Liebe spüren könntet, dann wüßtet ihr, daß wir euch in jeder nur möglichen Form unterstützen und kein Urteil über euch fällen oder irgend etwas an euch auszusetzen haben.

Daß du dir über deine Channeling-Fähigkeiten unsicher bist, liegt zum Teil vielleicht daran, daß du an dir selbst zweifelst.

Wenn du nicht daran gewöhnt bist, deinen inneren Botschaften zu vertrauen, kann es unter Umständen schwierig für dich sein, an dein Channeling zu glauben, denn beides stammt von innen. Eine der besten Methoden, mit solchen Selbstzweifeln umzugehen, besteht darin, dir die vielen Fälle in Erinnerung zu rufen, in denen du an deine inneren Botschaften geglaubt und sie befolgt hast und alles gut ausgegangen ist. Wenn dich Zweifel quälen, übe einfach weiter. Im Laufe der Zeit wirst du immer wieder kleine Bestätigungen dafür erhalten, daß du wirklich channelst. Wenn du beim Channeln keine Energie spürst oder einfach das Gefühl hast, daß es nicht richtig ist, an diesem Tag oder in dieser Woche zu channeln, dann respektiere diese innere Stimme. Wahrscheinlich will sie dich davor beschützen, dich zu rasch fürs Channeling zu öffnen.

Um besser mit diesen inneren Konflikten zwischen deinen verschiedenen «Teilpersönlichkeiten» zurechtzukommen, solltest du vielleicht eine jener Aktivitäten weiterverfolgen, die du in die Kategorie «keinem höheren Zweck dienend, aber entspannend» eingeordnet hast. Menschen versuchen in dieser Übergangszeit auf unterschiedliche Art und Weise mit ihren inneren Widerständen fertig zu werden. Manche schauen fern oder schalten ganz einfach ab und vernachlässigen ihre Pflichten. Sie rebellieren, indem sie ihr Trainingsprogramm abbrechen, zuviel essen, sich ungesund ernähren oder auf andere Weise versuchen, an ihrer alten, vertrauten Realität festzuhalten. Vielleicht entwickeln sie das Gefühl, keine Fortschritte, sondern nur Rückschritte zu machen. Es gibt viele Möglichkeiten, dein sich erweiterndes Bewußtsein vorübergehend auszuschalten. Manche Menschen brauchen in dieser Zeit mehr Schlaf. Andere haben eine Zeitlang absolut keine Lust, zu channeln und an ihrer inneren Weiterentwicklung zu arbeiten. Mach dir keine Sorgen, wenn alte Denk- und Verhaltensmuster plötzlich wieder aufzutauchen scheinen. Deine auf Sicherheit bedachte Persönlichkeit, die sich nicht verändern will, versucht jetzt, das alte Gleichgewicht wiederherzustellen. Beobachte diese Muster einfach eine Zeitlang, ehe du etwas unternimmst, um sie zu verändern. Vergiß nicht: Solche Reaktionen sind sehr häufig, wenn man sich höheren Ebenen des Lichts öffnet, sei es durch Channeling oder irgendwelche anderen spirituellen Praktiken.

Wenn du daran zweifelst, ob du wirklich channelst, dann weise deinen Zweifeln einfach eine neue Rolle zu. Bitte den zweifelnden Teil deines Ichs, darauf zu achten, daß du die Botschaften deines Geistführers genau wiedergibst und daß die Ratschläge und Anweisungen, die du empfängst, auch wirklich ein hohes Niveau haben. Frage dich, ob du mit den Informationen, die du erhältst, etwas anfangen kannst. Das Wichtigste ist, daß du dir durch die Zweifel nicht die Freude nehmen läßt.

Vielleicht möchtest du jener Teilpersönlichkeit, die zweifelt, sich wehrt oder sich durch die Veränderungen in deinem Leben bedroht fühlt, einen Namen geben. Beginne mit ihr zu sprechen. Frage sie, was sie dir Gutes tun will. Du wirst feststellen, daß sie häufig versucht, dich mit deiner früheren Sicht der Realität in Kontakt zu halten. Ihr geht es darum, daß du in der «wirklichen» Welt lebens-und leistungsfähig bist. Es ist sicherlich nicht in deinem Interesse, diese Teilpersönlichkeit auszuschalten. Statt dessen solltest du ihr lieber eine neue, höhere Vision des Menschen zeigen, zu dem du dich momentan entwickelst, und sie dazu bringen, daß sie dich dabei unterstützt. Bitte sie, dir zu zeigen, wie du mit Hilfe des Channeling praktische Dinge auf einfacherem Weg erledigen kannst als bisher.

Setze deine Zweifel als positive Kraft ein, die dich dazu ansporn, ein besseres Channeling-Medium zu werden.

Daß du die Stimmen des Zweifels, der Angst und des inneren Widerstands ans Tageslicht bringst, bedeutet noch lange nicht, daß du ihnen mehr Aufmerksamkeit widmen sollst, als ihnen zukommt. Du solltest sie nicht verurteilen, aber auch keine Angst vor ihnen haben oder ihnen so viel Macht einräumen, daß sie dich blockieren. Wenn diese Zweifel dir einflüstern: «Ich channele doch gar nicht wirklich, ich mache meine Sache nicht besonders gut», ist es am besten, innezuhalten und zu fragen: «Wer spricht dort, und was willst du?» Behandle diese innere Stimme wie ein kleines Kind, das man beruhigen muß. Es ist nichts Schlimmes daran, Zweifel zu haben. Fast jeder Mensch macht solche Phasen durch, selbst die besten, erfahrensten Medien. Du stehst damit nicht allein.

Selbst wenn du schon Erfahrung im Channeln hast, können immer dann Zweifel in dir aufsteigen, wenn du eine höhere Ebene des Channeling oder des spirituellen Erwachens erreichst. Es gibt nur einen Unterschied zwischen hervorragenden und weniger guten Medien: Diejenigen, die sich zu ausgezeichneten Medien entwickeln, channeln trotz ihrer Zweifel weiter – die anderen nicht. Die Medien, die sich ständig fragen: «Wie kann ich mich vervollkommnen?», setzen ihre Zweifel als positive Kraft ein und bauen eine bessere, intensivere Verbindung zu ihrem Geistführer auf. Der zweifelnde Teil deiner Persönlichkeit will deine Bemühungen nicht sabotieren; er sucht nur nach Möglichkeiten, die neuen Perspektiven, die sich dir beim Channeln eröffnen, in seine alte Weltsicht zu integrieren. Wenn du deinen Zweifeln eine solche positive neue Rolle zuweist, werden sie dir helfen, Fortschritte zu machen, statt dich zu behindern.

SANAYA: Ein Mann, der eine Ladenkette besaß, kam nach seiner Öffnung fürs Channeling zu einer Sitzung mit Orin. Obwohl er wirklich channelte und auch gute Informationen empfing, zweifelte er ständig an der Quelle dieser Informationen und glaubte, das alles nur zu erfinden. Er erklärte, durch das Channeling sehe er seine Arbeit und seine Angestellten mit völlig anderen Augen, und er habe auch einen ganz neuen inneren Frieden gefunden. Dieser Mann wollte seine Zweifel wirklich loswerden, deshalb forderte Orin ihn auf, mit dem zweifelnden Teil seines Ichs zu sprechen. Da wurde dem Mann klar, daß sich die starke, praxisorientierte Seite seiner Persönlichkeit bedroht fühlte. Dieser Teil seines Ichs, dem er all seine geschäftlichen Erfolge verdankte, war nicht bereit, die Kontrolle jetzt plötzlich jener neuen, wagemutigen Teilpersönlichkeit zu überlassen, die sich Hals über Kopf in etwas völlig Unbekanntes hineinzustürzen schien!

Daraufhin bat der Mann seine zweifelnde Teilpersönlichkeit, über sein Channeling zu wachen, um sicherzugehen, daß es ihm auch wirklich in praktischen Dingen weiterhalf, und zu prüfen, ob er die Informationen seines Geistführers genau wiedergab. Sein zweifelndes Ich schien sich über diese neue Aufgabe zu freuen, und tatsächlich schwanden seine Zweifel daraufhin allmählich. Orin forderte den Geistführer des Mannes auf, mit ihm über dieses Problem zu sprechen, und der Geistführer erklärte ihm: «Wer spricht hier – du oder ich? Diese Frage quält dich nun schon seit langem, und dabei spielt das eigentlich gar keine Rolle. Bitte deinen Geist, dich statt dessen auf die Informationen zu konzentrieren, die du empfängst. Überlege dir, ob du diese Informationen gebrauchen kannst. Wenn du irgend etwas liest, was dich weiterbringt, fragst du dich doch auch nicht, ob es wirklich von dem Autor stammt, der auf dem Buchdeckel steht. Du akzeptierst es einfach, weil es dir innerlich wahr erscheint. Beim Channeling solltest du es genauso machen.» Diese Worte und die vorherige innere Auseinandersetzung des Mannes mit seiner zweifelnden Teilpersönlichkeit bewirkten eine innere Wandlung, die es ihm ermöglichte, weiter zu channeln und sich von einigen nagenden Zweifeln zu befreien.

Ist Channeling nur eine Ausgeburt deiner Phantasie?

Orin und DaBen: Um einen Geistführer zu channeln, muß man den Horizont seiner Vorstellungskraft oft sehr stark erweitern. Wie viele Menschen lernen in ihrer Kindheit, auf ihre Vorstellungsgabe zu vertrauen? Es ist eine weitverbreitete Ansicht, daß man der Phantasie nicht trauen darf und sich nur auf Dinge verlassen kann, die wissenschaftlich real und beweisbar sind. Und doch sind viele eurer größten wissenschaftlichen Erfindungen der Phantasie entsprungen.

Lerne, deiner Vorstellungskraft zu vertrauen und sie zu respektieren.

Albert Einstein «erfand» die Relativitätstheorie. Erst anschließend bewies er, daß sie tatsächlich mathematisch möglich war. Thomas Edison hat die Glühbirne und den Phonographen «erfunden»: Bevor er diese Dinge in der Realität konstruieren konnte, hatte er sie vor seinem geistigen Auge gesehen. Und er glaubte so fest an dieses Bild in seinem Kopf, daß er Hunderte von Malen versuchte, die Glühbirne zu konstruieren, und selbst dann nicht aufgab, als alle ihm sagten, es sei unmöglich. Alles, was es in der Realität der Menschen gibt, hat zunächst einmal in Form von Gedanken existiert, ehe es reale Gestalt annahm.

Kannst du den ungeheuren Reichtum deiner Vorstellungskraft überhaupt erfassen? Deine Phantasie kann dich mit anderen Universen verbinden. Sie kann dich in der Zeit rückwärts oder vorwärts reisen lassen. Sie kann dich mit dem Geist höherer Wesen in Kontakt bringen und alles erschaffen, worauf sie sich konzentriert. Mit ihrer Hilfe kannst du deinen Körper verlassen. Wenn du möchtest, kannst du dein Bewußtsein an andere Orte projizieren und Länder und Menschen sehen, die weit von dir entfernt sind. Wenn sich deine Phantasie öffnet, kannst du in viele andere Realitäten reisen. Deine Phantasie ist es, welche die

Materie überwindet. Sie ist eine deiner höchsten Fähigkeiten und ermöglicht dir Visionen, Träume und Wahrnehmungen, die weit über dein normales Bewußtsein hinausgehen.

Nur weil du das Gefühl hast, du habest etwas erfunden, muß es noch lange nicht irreal sein. Die Realität beginnt in deinem Inneren. Wenn du zum ersten Mal channelst, hast du vielleicht das Gefühl, deine Phantasie einzusetzen. Die Phantasie hat eine höhere Schwingung als der Verstand und ist nicht so sehr den Begrenzungen und Konstruktionen der physischen Realität unterworfen. Sie kann Gedanken erfassen, die dem Verstand unmöglich oder ungewöhnlich erscheinen. Deine Phantasie ist der Prüfstein, an dem du die höhere Realität messen solltest. Channele weiter, drücke die Botschaften deines Geistführers mit Hilfe deiner Phantasie aus, und du wirst feststellen, daß du immer tiefgründigere und umfassendere Informationen empfängst.

Eine neue Beziehung zu deinem Körper

ORIN UND DABEN: Wenn du channelst und dich einer höheren Schwingung öffnest, beginnt sich auch die molekulare und zelluläre Struktur deines Körpers zu verändern; du läßt buchstäblich mehr Licht in deine Zellen strömen. Vielleicht entwickelst du jetzt plötzlich einen Heißhunger auf ganz bestimmte Nahrungsmittel, oder in dir entsteht der Wunsch, dich anders zu ernähren als bisher. In den Monaten nach deiner Öffnung fürs Channeling macht der Körper häufig einen Prozeß der Loslösung und Reinigung durch. Möglicherweise entdeckst du plötzlich dein Bedürfnis nach Körperarbeit, änderst dein sportliches Training oder deine Ernährung. Vielleicht möchtest du dich öfter draußen im Freien aufhalten, nimmst Gerüche intensiver wahr oder hast einen sensibleren Tastsinn als zuvor. Es kann auch sein, daß du dir deines Körpers stärker bewußt bist und seine Botschaften besser hören und verstehen kannst. Jeder Mensch nimmt andere

Veränderungen an sich wahr. Manche Menschen nehmen zu, andere ab. Du wirst deine Beziehung zu vielen Dingen deines Lebens neu definieren – auch zu deinem Körper.

Wenn du channelst, läßt du mehr Licht in deinen Körper strömen.

Es ist wichtig, deinen Körper mitzunehmen, wenn du dich in diese höheren Schwingungen hineinbewegst. Dein physischer und dein spiritueller Zustand sollten sich in harmonischem Einklang miteinander befinden. Dafür gibt es keine bestimmte Diät und auch kein genau festgelegtes Trainingsprogramm. Wir empfehlen dir, einfach deinen inneren Impulsen zu folgen und deinen Geistführer um Unterstützung zu bitten.

ORIN: Als Sanaya vor vielen Jahren zu channeln begann, beschloß sie, ihre Ernährung radikal umzustellen: Sie wollte keinen Zucker, keinen Alkohol, kein Fleisch und kein Koffein mehr zu sich nehmen, nur noch Reformkost. Als sie mich deswegen um Rat fragte, erklärte ich ihr lächelnd, damit versuche sie eine Schwingungsveränderung, die ungefähr fünf Jahre erfordern würde, von einem Tag auf den anderen zu bewirken. Durch eine totale Veränderung ihrer Ernährung oder ihres körperlichen Trainingsprogramms verändern Menschen ihre physische Schwingung, und dann gibt es in der äußeren Welt keine passenden Formen mehr, die diese neue Schwingung unterstützen. Ihre Aktivitäten, ihre Freunde, ihre Freizeitbeschäftigungen – all das paßte zu Sanayas derzeitiger physischer Schwingung. Wenn die Kluft zwischen innerer und äußerer Realität zu groß ist, gewinnen die alten Gewohnheiten nach einer gewissen Zeit häufig wieder die Oberhand; diese Erfahrung haben wir Geistführer schon oft gemacht. Sanaya fing natürlich trotzdem mit ihrer Reformkost an, und schon nach zwei Wochen fühlte sie sich ruhelos und unwohl in ihrer Haut. Plötzlich schien in ihrem äußeren Leben nichts mehr zu «stimmen».

Sie hatte jetzt zwei Möglichkeiten: entweder ihr ganzes äußeres Leben drastisch zu verändern und alles zu entwurzeln oder wieder zu ihren alten Gewohnheiten zurückzukehren. Liebevoll erklärte ich ihr, sie brauche sich nicht als Versagerin zu fühlen, wenn sie wieder in ihre alten Gewohnheiten zurückfiel, sondern solle sie lieber ganz allmählich verändern – eine nach der anderen – und behutsam und liebevoll mit ihrem Körper umgehen. Jetzt, nach sieben Jahren, hat sie die meisten dieser Ernährungsgewohnheiten in eine höhere Ausdrucksform umgewandelt. (Allerdings gibt sie immer noch eine Schwäche für Schokolade zu.) Sanaya hat sich behutsam, Schritt für Schritt und ohne große Anstrengung verändert. Aber das bedeutet nicht, daß du unbedingt die gleichen Veränderungen in deiner Lebensweise vornehmen mußt wie sie. Jeder Körper ist anders.

DaBen: Duane hat festgestellt, daß seine Fähigkeit, höhere Schwingungen zu empfangen und durch sich hindurchströmen zu lassen, nicht von seiner Ernährung abhängt, sondern von körperlichem Training und direkter Energiearbeit an sich selbst. Er hat im Laufe der Zeit mit Hilfe unserer Zusammenarbeit immer mehr Möglichkeiten gefunden, Kontrolle über die physische Energie zu gewinnen und die Nahrung, die er zu sich nimmt, in harmonischen Einklang mit seinem Körper zu bringen. Durch diesen Harmonisierungsprozeß konnte er seinen physischen Körper weiterentwickeln, ohne etwas an seiner Ernährung zu verändern. Es gibt nicht nur einen einzigen richtigen Weg. Entdecke deine eigene Wahrheit, und folge ihr.

Orin und DaBen: Vielleicht mußt du dich gar nicht von einer alten Gewohnheit lösen. Eventuell reicht es, den Ausdruck, den sie in deinem Leben angenommen hat, zu verändern. Dein Heißhunger auf Süßes ist möglicherweise nichts anderes als ein Ausdruck deiner unerfüllten Sehnsucht nach Zuneigung. Also suche nach dieser Zuwendung, statt deine ganze Willenskraft darauf zu konzentrieren, keinen Zucker mehr zu essen. In deinem Bedürfnis nach einer Zigarette kann sich eventuell der Wunsch widerspiegeln, tiefer zu atmen, und vielleicht ist Rauchen die beste Möglichkeit, die du bis jetzt gefunden hast. Also ist es nicht damit getan, einfach mit dem Rauchen aufzuhören: Achte darauf, tiefer zu atmen! So kannst du all deine Gewohnheiten auf ein höheres Niveau heben. Gewohnheiten versuchen dir immer irgend etwas Positives zu geben. Statt deine gewohnten Verhaltensmuster einfach als falsch abzulehnen, bitte deinen Geistführer um Anleitung, was für ein höherer Ausdruck dahinterstecken könnte. Sobald du das höhere Ausdrucksniveau einer Gewohnheit gefunden hast, wird die alte Form ganz von selbst von dir abfallen.

Wir fordern unsere Kursteilnehmer immer auf, sich eine Uhr vorzustellen. 12 Uhr mittags ist die Ausgangsposition, um 6 Uhr abends haben sie die Hälfte ihres Weges hinter sich, und 12 Uhr Mitternacht ist ihr höchstes Entwicklungsstadium. Schließe die Augen, und sieh diese Uhr vor dir. Wenn die Uhrzeit deinen Entwicklungsstand symbolisiert, wie spät ist es dann auf deiner Uhr im Hinblick auf deinen physischen Körper? Wie spät ist es hinsichtlich deiner emotionalen Entwicklung? Und welche Uhrzeit repräsentiert deinen geistigen Entwicklungsstand? Wie spät ist es, wenn du deine spirituelle Entwicklung betrachtest? Achte darauf, wo sich Diskrepanzen von mehr als drei oder vier Stunden zeigen. Vielleicht hast du das Gefühl, daß der Zeiger deines physischen Körpers auf vier Uhr steht und der Zeiger deines geistigen Ichs auf neun Uhr. Dann mußt du dich als nächstes darauf konzentrieren, deinen physischen Körper weiterzuentwickeln, wenn du Gleichgewicht und Harmonie in dein Leben bringen willst.

Eine Frau stellte fest, daß sich ihr Leben rapide veränderte, nachdem sie sich fürs Channeling geöffnet hatte. Plötzlich gelang ihr etwas, was sie sich schon seit Jahren gewünscht hatte – sie nahm 30 Pfund ab! Und zwar gleich im ersten halben Jahr und ohne jede Diät. Mit Unterstützung ihres Geistführers konnte sie Energie durch ihren Körper strömen lassen, die ihren Heißhunger auf Süßigkeiten stoppte und ganz allgemein ihren Appetit zügelte. Diese Frau erklärte, sie habe zum erstenmal seit Jahren das Gefühl, daß ihr Leben nicht mehr völlig vom Essen bestimmt sei.

15 Wie du die Verbindung zu deinem Geistführer verstärken kannst

Wie oft sollte man channeln?

ORIN UND DABEN: Viele Menschen fragen uns, wie regelmäßig sie channeln sollten, um eine klare und intensive Verbindung zu ihrem Geistführer aufzubauen. «Regelmäßig» ist ein dehnbarer Begriff: Das kann eine Channeling-Sitzung pro Woche sein oder jeden Tag ein paar Minuten. Es kann aber auch bedeuten, daß man zu ganz bestimmten Zeiten viele Stunden hintereinander an einem Projekt arbeitet. Laß das Channeln nicht zu einem «Muß» oder «Soll» werden. Channele einfach so oft und so lange, wie du dich wohl dabei fühlst. Orientiere dich in erster Linie an der inneren Freude, die du dabei empfindest. Wenn du dich den höheren Bereichen öffnest, wird dir das Channeln wahrscheinlich ein tiefes inneres Bedürfnis sein. Wenn du nicht so oft channelst, wie du eigentlich gerne möchtest, kannst du dich natürlich mit aller Willenskraft dazu zwingen, dauernd zu üben, doch wir haben festgestellt, daß es am besten ist, immer dann zu channeln, wenn es den Menschen Freude macht und ihnen weiterhilft. Auf diese Weise erzielt man die dauerhaftesten Ergebnisse. Einige Menschen machten die Erfahrung, daß ihnen schon fünf Minuten drei- oder viermal pro Woche ausreichen, um eine starke Verbindung zu ihrem Geistführer aufrechtzuerhalten und sie laufend mit praktischen Ratschlägen zu versorgen.

Es wird Tage geben, an denen der Kontakt zu deinem Geistführer sehr intensiv ist und du offen und aufnahmebereit bist. Dann scheinen die Botschaften frei und ungehindert zu fließen und dich zu inspirieren. An anderen Tagen wird es dir vielleicht schwerer fallen, die Verbindung herzustellen; du hast das Gefühl, daß der Empfang verzerrt und unklar ist, oder es kommen dir einfach keine Ideen. Dazu tragen viele verschiedene Faktoren bei, also mach dir keine Vorwürfe, selbst wenn die Verbindung nach Tagen immer noch schwer herzustellen ist. Die Qualität der Übertragung kann schwanken. Wenn es dir schwerfällt, mit deinem Geistführer in Verbindung zu treten, richte deine Aufmerksamkeit einfach eine Zeitlang auf etwas anderes. Vielleicht brauchst du einen «Tapetenwechsel», mehr körperliche Betätigung, mehr Schlaf. Oder vielleicht mußt du auch einfach nur einmal eine Weile Pause machen. Manchmal herrschen in unseren Bereichen «magnetische Stürme» oder Interferenzen, die die Verbindung schwächen. Wenn dir das Channeln schwerfällt, versuche es einfach ein anderes Mal.

Die Menschen erleben Channeling als plötzliches Einströmen von Ideen, Erkenntnissen, Kreativität und klaren Anleitungen.

Vielleicht gelangst du jetzt, sobald du irgend etwas tust, was dich entspannt oder dein Bewußtsein schärft, sehr leicht in einen Channeling-Raum. Das kann zum Beispiel geschehen, wenn du trainierst, joggst, duschst, Musik hörst, kochst, fernsiehst, betest oder meditierst. Doch das bestimmst du immer selbst. Es wird dir am leichtesten fallen, mit deinem Geistführer oder deinem eigenen inneren Wissen in Kontakt zu treten, wenn du dich in einem Zustand der Entspannung und des inneren Friedens befindest.

DUANE: Anfangs war es für mich am besten, immer nur für kurze Zeit mit DaBen in Verbindung zu treten. So konnte ich mich ganz langsam auf die physischen und persönlichen Veränderungen einstellen, die das Channeling bewirkt, ohne mich zu überfordern. Ich hatte immer einen Kassettenrecorder dabei, und wenn ich vor einer Besprechung einmal warten mußte, channelte ich fünf Minuten lang. DaBen macht immer bei dem Thema weiter, bei dem er das letzte Mal aufgehört hatte. Ich stellte fest, daß ich meine Verbindung zu ihm verstärken konnte, indem ich über Alltagsfragen channelte. Aber ich channelte auch mehrmals pro Woche in Sitzungen von etwa einer halben Stunde, um wissenschaftliche Informationen zu empfangen. Manchmal wählte ich ein Thema aus, über das ich viel wußte, dachte selber darüber nach und befragte dann DaBen. Beim Channeln offenbarte sich mir stets eine neue Perspektive; ich erfuhr immer etwas Neues, worüber ich noch gar nicht nachgedacht hatte. Auch das stärkte meine Verbindung zu DaBen und meinen Glauben daran, daß die Informationen, die ich channelte, wirklich einen Wert hatte,

So wird die Verbindung zu deinem Geistführer gestärkt

Orin und DaBen: Wenn du den Kontakt zu deinem Geistführer stärken möchtest, denke ganz bewußt an ihn oder an seinen Namen. Mehr brauchst du nicht zu tun, um sein Licht und seine Liebe zu empfangen. Du kannst auch lernen, deinen Geistführer für einen kurzen Augenblick herbeizurufen, indem du die Augen schließt und ihn um Rat bittest. Dann wirst du sofort einen «Ja»- oder «Nein»-Eindruck gewinnen. Das funktioniert überall – beim Autofahren, wenn du beim Metzger in der Schlange stehst oder einfach nur die Straße entlanggehst. Du kannst die Essenz deiner Verbindung mit deinem Geistführer jederzeit herbeirufen, und zwar so lange du willst – seien es dreißig Sekunden oder dreißig Minuten. Diese Art der Kontaktaufnahme erfordert keinen langwierigen Prozeß. Wenn du ohne Trance zu channeln lernst, gewinnst du einen entscheidenden Vorteil, da du dich im Büro, bei Konferenzen, in aller Öffentlichkeit, ja fast überall und jederzeit immer dann an deinen Geistführer wenden kannst, wenn du ergänzende Einsichten und innere Führung benötigst.

Je länger du channelst, um so mehr wirst du feststellen, daß sich deine Fähigkeit, mit neuen Ebenen der Weisheit Kontakt aufzunehmen und ihre Botschaften zu empfangen, immer weiter verbessert. Du wirst bei deiner Entwicklung als Channeling-Medium immer neue innere Wandlungen durchleben. Allmählich werden dir die höheren Dimensionen vertrauter; du lernst, dich in sie hineinzubegeben und deine Schwingung auszudehnen, um dich mit ihnen zu verbinden. Auf diese Weise öffnet sich dein Kanal immer weiter, und du kannst mehr Kraft auf reiner Energieebene empfangen.

Wenn die Menschen beim Channeling eine neue Ebene erreichen, sind sie hinterher manchmal nervös. Das passiert selbst erfahrenen Medien hin und wieder. Der Übergang zu einer noch höheren Schwingung löst einen inneren Wachstumsprozeß aus, der genauso einschneidend sein kann wie deine erste Öffnung fürs Channeling. Die Nervosität kommt normalerweise daher, daß jetzt mehr Energie durch deinen Körper strömt, als du es gewohnt bist.

Du mußt beim Channeln nicht unbedingt in guter Stimmung sein. Sei einfach bereit, dich in gute Stimmung versetzen zu lassen!

Selbst inmitten einer emotionalen Krise oder Erschütterung kannst du deinen Geistführer erreichen. Du mußt nur bereit sein, dich in gute Laune versetzen zu lassen, denn sobald du channelst, wird es dir schwerfallen, deiner Verstimmung weiter nachzuhängen. Aus der Perspektive deines Geistführers wirst du wahrscheinlich nicht nur deinen eigenen Standpunkt wahrnehmen, sondern auch den der anderen Person; oder du wirst begreifen, was du aus dieser Situation lernst und wie du selbst zu ihrer Entstehung beigetragen hast. Von dieser höheren, liebevolleren Warte aus ist es schwer, zornig zu bleiben und sich innerlich weiterhin zu verschließen.

Wie man detaillierte Informationen empfängt

Orin und DaBen: Fordere die Menschen, die zu dir kommen, auf, speziellere Fragen zu stellen oder näher zu erläutern, was sie wissen möchten, dann kannst du auch detaillierte Antworten von deinem Geistführer erhalten. Manche Leute stellen sehr allgemeine Fragen, zum Beispiel: «Erzähl mir etwas über John.» In so einem Fall werden viele Geistführer die betreffende Person erst einmal fragen, was für eine Beziehung sie zu diesem John hat und was sie eigentlich über ihn erfahren möchte. Und wenn jemand fragt: «Was ist mit meinem Beruf?», stellt der Geistführer vielleicht erst einmal die Gegenfrage: «Was willst du denn über deinen Beruf wissen?» Ob du detaillierte Informationen erhältst, hängt oft auch von deiner Fähigkeit ab, dich zu entspannen und den Botschaften, die du empfängst, zu vertrauen.

Geistführer setzen ihre Energie stets ökonomisch ein.

Wir verschwenden unsere Energien nicht. Wir erledigen alles auf die einfachste Weise mit dem geringsten Energieaufwand. Vielleicht sehen wir alle Informationen über diese Person oder ihren Beruf deutlich vor uns, aber wir bräuchten Stunden, um das alles zu erzählen. Es geht viel schneller und erspart uns eine Menge Energie, wenn wir den Menschen statt dessen bitten, sich zu überlegen, was er wissen möchte, und dann auch wirklich nur diese eine spezielle Frage zu stellen. Das erleichtert es den Leuten außerdem, sich über ihre Fragen und Probleme klar zu werden. Also fordere die Menschen, die zu Channeling-Sitzungen zu dir kommen, stets auf, deinem Geistführer genau zu sagen, was sie wissen wollen.

Die nächste Herausforderung besteht darin, daß du auf die detaillierten Informationen vertrauen mußt, die du empfängst und weitergibst. Dabei steht dir häufig dein eigener Verstand im Weg. Vielleicht bekommst du ganz konkrete Ratschläge von deinem Geistführer, und trotzdem fällt es dir schwer, sie weiterzugeben, weil du Angst hast, daß sie falsch sein könnten. Das ist eine der inneren Blockaden, die dich davon abhalten, detaillierte Informationen weiterzuvermitteln. Denke daran, daß du die Channeling-Botschaften normalerweise mit deiner rechten Gehirnhälfte weitergibst. Also sind deine Fähigkeiten als «Übersetzer» bei der genauen Weiterleitung detaillierter Informationen sehr wichtig. Am Anfang ist es viel leichter, allgemeine Informationen aufzunehmen. Mit viel Übung und Vertrauen wirst du dann allmählich auch Einzelheiten besser weitergeben können.

SANAYA: Als ich Orin zu channeln begann, machte ich mir Sorgen, ob seine Informationen für andere Menschen wirklich hilfreich und wertvoll waren. Doch dann bewirkten die vielen positiven Berichte der Leute, die zu Channeling-Sitzungen zu mir kamen, daß ich immer mehr an die Richtigkeit und den Wert von Orins sehr speziellen Ratschlägen über den Sinn des Lebens glaubte. Manchmal gab Orin einer Person aber auch detaillierte Informationen – zum Beispiel über ihre Partnerbeziehung, den Umzug in ein neues Zuhause, den nächsten Urlaub und andere Dinge, die ich unmöglich wissen konnte. Ich machte mir Sorgen, ob die Auskünfte, die Orin den Menschen gab, auch richtig waren, und deshalb sprach ich manchmal nicht weiter. Doch genau wie die Menschen in den allgemeinen Ratschlägen über den Sinn ihres Lebens eine tiefe Weisheit erkannten, so waren auch Orins Detailinformationen richtig, und allmählich begann ich einfach darauf zu vertrauen. Im nachhinein frage ich mich, warum ich mir eigentlich so viele Sorgen gemacht habe. Doch aus meiner damaligen Sicht wußte ich nicht, ob diese Einzelheiten stimmten, und so mußte ich viel Vertrauen aufbringen, um die empfangenen Botschaften einfach auszusprechen.

Inzwischen gebe ich einfach alles weiter, was mir Orin vermittelt. Die Informationen treffen so rasch ein, daß ich selten weiß, was er sagen wird, bevor ich es ausspreche. Das alles geschieht im Bruchteil einer Sekunde, ehe ich überhaupt Zeit habe, darüber nachzudenken. Doch Orin begann mir seine Botschaften erst auf diese Weise zu übermitteln, nachdem ich sehr viel Vertrauen in die Richtigkeit seiner Informationen entwikkelt hatte und bereit war, sie einfach weiterzugeben, ohne erst jeden Satz zu überprüfen. Ich konnte seine Botschaften zwar nicht verändern und auch nichts hinzufügen, aber ich konnte innehalten und den Informationsfluß unterbrechen. Denke daran: Beim bewußten Channeling hast du im Gegensatz zum unbewußten Channeln die Möglichkeit, während der Durchgaben zu lernen. Außerdem konfrontiert das bewußte Channeling dich mit der Herausforderung, deine Botschaften einfach fließen zu lassen, und du trägst auch die Verantwortung dafür, die Durchsagen deines Geistführers exakt wiederzugeben.

DUANE: Als DaBen zum erstenmal bei mir durchkam, erklärte ich ihm: «Um die Einzelheiten meines Lebens kümmere ich mich selbst; ich möchte nicht, daß du dich da einmischst.» DaBen gab mir phantastische wissenschaftliche Informationen, erläuterte die Veränderungen, die momentan auf der Erde stattfinden, und sprach über allgemeine Theorien. Nach ein paar Monaten wollte ich von ihm einen detaillierten Rat über eine geschäftliche Entscheidung, doch er gab mir keine Antwort. Ich grübelte besorgt darüber nach, ob meine Verbindung zu ihm möglicherweise zu unklar sei, um detaillierte Informationen über mein Leben zu empfangen. Nachdem ich ein halbes Jahr lang versucht hatte, spezielle, persönliche Ratschläge von DaBen zu erhalten, fragte ich ihn, wo denn das Problem liege. Da erklärte er mir, ich hätte ihn doch gebeten, mir *keine* speziellen Informationen über mein Leben zu geben. An diese Anweisung halte er sich. Ich sagte ihm, daß ich meine Meinung inzwischen geändert hätte und mir jetzt doch persönliche Ratschläge und spezielle Informationen von ihm wünschte. Daraufhin gab er mir sehr gute Hinweise und Anregungen zu ganz speziellen

Themen. Ich habe die Erfahrung gemacht, daß Geistführer sich sehr bemühen, die Bitten und persönlichen Grenzen der Menschen, die ihnen anvertraut sind, zu respektieren.

Andere Wege, auf denen dein Geistführer dich erreichen kann

ORIN UND DABEN: Wir haben auch noch andere Möglichkeiten als Channeling, dir spezielle Botschaften zukommen zu lassen. Wir verschwenden keine kostbare Energie. Alles, was wir zu tun haben, erledigen wir auf die leichtestmögliche Weise, so daß wir die ganze Energie, die uns zur Verfügung steht, zum höchsten Wohl des Universums einsetzen können.

Geistführer haben viele Möglichkeiten, dich zu erreichen.

Nachdem du Informationen von deinem Geistführer gechannelt hast, fällt dir vielleicht ein Buch über ein ähnliches Thema in die Hände, oder es kommen Menschen zu dir und sprechen genau über die Dinge, über die du gerade eine Botschaft empfangen hast. Als Duane und Sanaya Informationen über die Veränderungen auf der Erde channelten, stießen sie jedesmal, wenn sie ausführlichere Erklärungen benötigten, ein paar Tage später auf ein Buch, das von diesem Thema handelte und die Informationen, die sie gechannelt hatten, näher erläuterte und bestätigte. Das Buch lieferte ihnen die Daten, die sie brauchten.

Es kann auch sein, daß wir dir einen Gruß in Form eines Regenbogens oder eines besonderen Kristalls senden. Vielleicht scheint der Text eines Liedes, das du gerade im Radio gehört hast, direkt zu deinem Herzen zu sprechen, oder du hast einen Traum, der dir eine deiner Fragen beantwortet. Auch ein Seminar oder ein Lehrer mag dir den Weg zu einer Antwort zeigen. Geistführer haben viele Möglichkeiten, dich zu erreichen.

Kann man mit Hilfe des Channeling auch im Lotto gewinnen?

ORIN UND DABEN: Mediale Fähigkeiten und außersinnliche Wahrnehmung zur Voraussage von Zahlen und Ereignissen einzusetzen ist etwas anderes als Channeling. Es gibt sieben Energiezentren oder «Chakras». Sie liegen teilweise im physischen Körper des Menschen. Das erste Chakra befindet sich am unteren Ende der Wirbelsäule, das siebte auf dem Kopf, die anderen liegen dazwischen. Das Zentrum übersinnlicher Fähigkeiten, das sechste Chakra, wird auch «drittes Auge» genannt und liegt zwischen deinen Augenbrauen. Übersinnliche Fähigkeiten entspringen also diesem sechsten Chakra oder dritten Auge. Beim Channeln dagegen empfängst du Anleitung und Führung vom siebten Chakra, auch «Scheitelzentrum» oder «Kronenzentrum» genannt. Wenn du dein siebtes Chakra öffnest, baust du eine Brücke zu den höheren Dimensionen, denn dieses Zentrum hat mit spirituellem Erwachen zu tun. Außerdem werden ihm Vorstellungskraft, Phantasie und Visionen zugeordnet. Deshalb hast du vielleicht das Gefühl, «dir das alles nur auszudenken», wenn du dich im Channeling-Raum befindest. Du kannst dieses Zentrum öffnen, indem du um Ratschläge für den höheren Sinn deines Lebens bittest und dein Channeling einsetzt, um dein Leben innerlich zu bereichern und deinen Horizont zu erweitern. Lebe deine höheren Ideale und handle stets verantwortungsbewußt, aufrichtig und im Einklang mit deiner persönlichen Integrität.

Du mußt keine übersinnlichen Fähigkeiten entwickeln, um ein gutes Channeling-Medium zu werden.

Dein sechstes Chakra, das übersinnliche Zentrum, ist der Sitz der Hellsichtigkeit, des Wissens zukünftiger Ereignisse, der Telepathie, des Fern-Sehens (das ist die Fähigkeit, Dinge zu sehen, die an einem weit entfernten Ort geschehen, an dem du nicht physisch präsent bist) und ähnlicher Gaben. Beim Channeln erlebst du vielleicht, wie solche Fähigkeiten in dir erwachen, doch wir raten dir eher dazu, dein Kronenchakra – also dein spirituelles Zentrum – zu öffnen und dich darauf zu konzentrieren. Vielleicht wirst du durch das Channeling auch Begabungen wie Telepathie, Hellsichtigkeit und Intuition entwickeln, aber solche Fähigkeiten kann man sich auch aneignen, ohne zu channeln.

Sanaya und Duane: Wir haben immer wieder festgestellt, daß es nur selten funktioniert, sich von einem Geistführer die Gewinner beim Pferderennen oder die Zahlen beim Roulette voraussagen zu lassen. Unsere Geistführer haben uns erklärt, daß hochstehende Geistwesen zu unserer spirituellen Bereicherung da sind und daß das Gewinnen von Geld beim Glücksspiel sie einfach nicht interessiert. Selbst Menschen, die das Geld, das sie auf diese Weise bekommen, für gute Zwecke einsetzen wollen, werden die Erfahrung machen, daß die finanziellen Mittel ihnen eher aufgrund ihres spirituellen Strebens zufließen, durch welches andere Menschen direkte Unterstützung erfahren, als durch Glück beim Würfeln oder in der Lotterie.

Channeling ist eine Verbindung zu den höheren Bereichen, und es ist am besten, dich auf den Kontakt zu einem hochstehenden Geistwesen zu konzentrieren statt auf die Entwicklung deiner übersinnlichen Fähigkeiten. Solche Fähigkeiten werden sich schon zu gegebener Zeit entfalten, wenn sie für deine spirituelle Entwicklung wichtig sind. Hochstehende Geistführer arbeiten nur mit Menschen zusammen, die das Channeling für ihr spirituelles Wachstum einsetzen. Doch wenn du deinem spirituellen Weg folgst, wird es dir wahrscheinlich auch finanziell gutgehen.

Kann man seinen Geistführer wechseln?

Sanaya und Duane: Es kommt gar nicht so selten vor, daß ein Geistführer nur am Anfang mit dir arbeitet und hinterher von einem anderen abgelöst wird. Vielleicht nimmst du dann mit einem höheren Geistwesen oder mit einem höherentwickelten Teil deines ursprünglichen Geistführers Kontakt auf, oder deine innere Richtung hat sich verändert, und deshalb ist es jetzt an der Zeit, mit einem anderen Wesen zusammenzuarbeiten. Das bedeutet nicht, daß der Geistführer, den du bisher gechannelt hast, nicht gut genug war. Es kann sein, daß er die Schwingung eines noch höher stehenden Geistwesens für dich so lange auf eine niedrigere Stufe herabsenkt, bis du physisch, geistig und emotional in der Lage bist, mit dieser feineren Frequenz umzugehen. Manche Medien arbeiten mit mehreren Geistführern gleichzeitig zusammen, von denen jeder einen anderen Kompetenzbereich hat.

Es gibt viele Möglichkeiten, einen neuen Geistführer wahrzunehmen. Vielleicht ist dein Trancezustand plötzlich anders als bisher – leichter oder tiefer. Oder deine Stimme beginnt sich zu verändern; sie wird leiser, tiefer oder nimmt einen Akzent an. Es kann sein, daß dein Geistführer dir jetzt andere Botschaften übermittelt als früher. Vielleicht macht er einen weiseren Eindruck auf dich oder kann dir eine noch umfassendere Perspektive vermitteln.

Eines Nachts stellte eine Frau, die jahrelang einen Geistführer gechannelt hatte, fest, daß sie plötzlich Botschaften von einem neuen Geistwesen zu empfangen schien. Die Schwingung dieses neuen Geistführers war so hoch, daß alle Menschen in ihrer Umgebung plötzlich zu tiefen Einsichten gelangten und innere Wandlungen erlebten. Hinterher fragte die Frau ihren bisherigen Geistführer, ob sie denn ein neues Geistwesen gechannelt habe, und er antwortete, nein, sie habe jetzt nur mit einem viel größeren Teil seiner Energie Kontakt aufgenommen als zuvor. Früher habe er ihr diesen Teil seines Wesens nicht vermitteln können, denn sie habe sich innerlich gegen die Macht und Kraft gewehrt, die eine solche Erweiterung ihres inneren Horizonts mit sich gebracht hätte.

Etwa zehn Prozent der Menschen, die in unseren Kursen lernten, ein Geistwesen zu channeln, haben innerhalb des ersten Jahres ihren Geistführer gewechselt. Viele hatten von Anfang an das Gefühl, daß ihr erster Geistführer nicht für immer bei ihnen bleiben würde. Einigen fiel nach monatelangem regelmäßigem Channeling eine Veränderung auf. Häufig begann es mit einem Gefühl der Ruhelosigkeit oder Frustration über ihr Channeling. Sie schienen dabei keine neuen Informationsebenen mehr erreichen zu können. Fast alle spürten eine innere Wandlung oder ahnten, daß sich irgend etwas verändert hatte, ehe ihr neuer Geistführer zu ihnen kam. Wenn du das Gefühl hast, die Anwesenheit eines neuen Geistwesens zu spüren, dann frage einfach danach. Geistführer erklären dir immer, wer sie sind und was gerade vor sich geht.

Eine Kursteilnehmerin rief uns ganz aufgeregt an und erzählte uns von ihrem neuen Geistführer. Sie hatte an der Zusammenarbeit mit ihrem ersten Führer zwar viel Freude, aber gleichzeitig immer das Gefühl gehabt, die Verbindung sei zu schwach. Sie zweifelte immer noch sehr an der wirklichen Existenz dieses Geistwesens. Diese Frau traf sich regelmäßig mit einer Gruppe von Leuten, die ebenfalls an unserem Kurs teilgenommen hatten. Eines Abends, als sie in Trance fiel, hörte sie plötzlich eine kräftige, dröhnende Männerstimme. Das Wesen kündigte an, es sei ihr neuer Geistführer, und es sei nun an der Zeit, mit der Zusammenarbeit zu beginnen. Dieser Geistführer war sehr witzig und formulierte seine Ratschläge knapp, präzise und unmißverständlich. Alle Kursteilnehmer mochten ihn, und er ist seitdem immer bei der Frau geblieben. Sie ist ganz begeistert von dem spirituellen Niveau seiner Informationen. Ihr früherer Geistführer ist verschwunden; er hat ihr nur den Weg zu ihrem neuen Führer geebnet.

Auch DaBen läßt sich häufig von anderen Geistführern assistieren. DaBen unterstützt Duane bei seiner Energie- und Körperarbeit und spricht gern über wissenschaftliche Themen. Er kann Menschen mit seiner Stimme und Energie auf eine mentale «Reise» in andere Dimensionen führen, um neue Erfahrungen mit ihrem eigenen Selbst zu machen. Doch wenn spezielle Detailinformationen erforderlich sind, holt DaBen sich Unterstützung von seinen «Filtern», wie er sie nennt. Er ist dann zwar immer noch präsent und lenkt den Energiestrom, doch ein «Filter» leitet die Informationen an Duane weiter.

Wenn mehrere Medien denselben Geistführer channeln

Orin: Oft fragt man uns, ob ein Geistführer von mehr als einer Person gechannelt werden kann. Manche Geistführer senden tatsächlich Informationen durch mehrere verschiedene Medien, aber es sind dann immer ein wenig andere Botschaften, und auch ihre Stimme klingt bei jedem Medium anders. Die Medien der Michael-Gruppe sagen zum Beispiel, daß sie alle «Michael» channeln, ein kollektives höheres Bewußtsein, das aus tausend Einzelwesen besteht.

Viele Menschen haben das Gefühl, Orin durchzugeben. Ich sende zwar auch Botschaften durch andere Medien, aber dann stelle ich mich nicht als Orin vor, denn Orin ist das «Identitätsband», mit dem ich die Energie bezeichne, die ich durch Sanaya übermittle. Ich sende meine Energie durch jedes Medium ein wenig anders und nehme dann auch einen anderen Namen an, um ein neues «Identitätsband» zu schaffen. Aber natürlich kann auch ein anderer Geistführer den Namen «Orin» verwenden, genau wie viele Menschen auf den gleichen Namen hören.

Wir sind Teil eines größeren kollektiven oder multidimensionalen Bewußtseins, doch obwohl wir zu diesem größeren Ganzen gehören, nehmen wir uns gleichzeitig doch als Individuen wahr. Auch du wirst dich immer noch als Individuum fühlen, wenn du dich innerlich weiterentwickelst, mit deiner Seele eins wirst und dich ins multidimensionale Bewußtsein hineinbewegst. Doch das «Ich», als das du dich bezeichnest, wird dann eine größere Identität umfassen, genau wie du jetzt eine umfassendere Identität besitzt als in deiner Kindheit. Es gibt noch andere Geistführer, die in den Menschen ähnliche Gefühle wecken wie ich und auch über die gleichen Themen sprechen, denn viele Geistführer entstammen meiner Realität oder meiner Ebene der multidimensionalen Realität. Ich und andere Geistwesen senden unsere Informationen auf einem ganz bestimmten Frequenzband und haben alle ähnliche Botschaften der Liebe und des Friedens für die Menschheit. Da wir uns in vielerlei Hinsicht nur sehr subtil voneinander unterscheiden, wirst du uns mit deiner normalen Fähigkeit, unsere Energie zu spüren, so lange nicht auseinanderhalten können, bis du dein Bewußtsein sehr stark erweitert hast.

Kann ein Medium die Fähigkeit des Channelns wieder verlieren?

ORIN UND DABEN: Channeling ist eine Fähigkeit und baut eine Verbindung auf, die nie wieder verschwindet, wenn man sie einmal erworben hat, es sei denn, man bittet ausdrücklich darum. Allerdings kann ihre Form sich im Laufe der Zeit wandeln. Es kann kürzere oder längere Phasen in deinem Leben geben, in denen du überhaupt nicht channelst. Doch wir haben festgestellt, daß die meisten Menschen, die das Channeling aus irgendeinem Grund aufgeben, wieder damit anfangen können, sobald sie bereit dazu sind.

Bestimmte Lebensumstände werden die direkte Verbindung zu deinem Geistführer verändern. Bei Menschen, die große gesundheitliche Probleme haben, kann die verbale Verbindung zu ihrem Geistführer vorübergehend abbrechen. Das liegt zum Teil daran, daß es schon einen gewissen Grad an Harmonie in deinen Energiekörpern erfordert, uns zu erreichen. Kranke Menschen können diese Harmonie, die zum verbalen Channeln notwendig ist, nicht immer herstellen. Wir entziehen euch Menschen niemals unsere Liebe und unseren Schutz, nur eure verbale Verbindung zu uns kann geschwächt werden. Aber sobald ihr wieder genesen seid, wird dieser verbale Kontakt genauso stark sein wie zuvor.

Wir entziehen dir die verbale Verbindung mit uns nur zu deinem Besten.

Auch seelischer Kummer kann zu einem vorübergehenden Aussetzen des Channeling führen. Leute, die den Tod oder Verlust eines geliebten Menschen betrauern oder aus irgendeinem anderen Grund unglücklich sind, werden nur schwer einen verbalen Kontakt zu ihrem Geistführer herstellen können, vielleicht gelingt es ihnen auch gar nicht. Kummer und Trauer sind sehr starke Emotionen. Ein vorübergehendes Gefühl der Traurigkeit wird die Verbindung zu deinem Geistführer nicht blockieren, doch echter Kummer ist ein Schock für dein ganzes System, und dann kann es schon eine Weile dauern, bis du wieder die innere Harmonie erlangt hast, die du für eine verbale Verbindung mit deinem Geistführer brauchst. Intensive Emotionen können sich wie Wolkenschichten um dich herumlegen, und dann ist es schwierig für uns, zu dir durchzudringen. Wir sprechen zwar zu deinem Geist, wenn du seelisch leidest, doch bis in deinen physischen Körper gelangen wir wahrscheinlich nicht. Wir können dir jedoch gute Freunde oder Freundinnen, Ereignisse und Informationen senden, die deinen Schmerz heilen.

16 Wie man als Channeling-Medium an die Öffentlichkeit tritt

Freunde, die an dich glauben: ein Schlüssel zum Erfolg

SANAYA UND DUANE: Für die Entwicklung vieler heute sehr bekannter Channeling-Medien war es wichtig, ihre Durchgaben zunächst auf einen Kreis von Freunden zu beschränken, die an sie glaubten und sie unterstützten. In einer freundlichen, persönlichen Umgebung lassen sich Channeling-Fähigkeiten viel leichter wecken und öffnen als in einer kalten, sterilen oder gar kritischen Atmosphäre. Channele zunächst einmal für Menschen, die grundsätzlich davon überzeugt sind, und nicht für solche, die du erst einmal von der Realität des Channelns überzeugen mußt. Personen, die für solche Dinge offen sind, kannst du in esoterischen Zentren, Kursen und Gesprächskreisen kennenlernen.

Vorzeitig als Channeling-Medium an die Öffentlichkeit zu treten, kann Probleme mit sich bringen, vor allem, wenn du noch kein großes Vertrauen zu deinen Fähigkeiten hast. Unerfahrene Medien spüren die Zweifel und Ängste anderer Menschen manchmal so intensiv, daß die Verbindung zu ihrem Geistführer abbricht. Am Anfang, wenn man sich seiner selbst noch nicht hundertprozentig sicher ist, läßt Kritik sich nicht immer so leicht verkraften.

Eine Frau war ganz begeistert vom Channeling und von ihrem Geistführer – so lange, bis sie eine Sitzung für eine Freundin abhielt, die von ihrem Mann nicht die Aufmerksamkeit und Zuwendung bekam, die sie sich wünschte. Duane hatte den Geistführer der Frau deutlich in ihrer Aura wahrgenommen, als sie während unseres Kurses channelte. Der Geistführer erklärte ihrer Freundin wahrheitsgemäß und voller Mitgefühl, sie solle nicht mehr ständig versuchen, ihren Mann zu dem gewünschten Verhalten zu bewegen, sondern ihn lieber so akzeptieren, wie er sei. Sanft und liebevoll ermahnte er sie, sie möge nicht mehr die Rolle des Opfers spielen, sondern lernen, sich das, was sie sich wünschte, selbst zu verschaffen, denn sie besitze die Fähigkeit, sich ein wunderbares, glückliches Leben aufzubauen. Daraufhin erklärte die Freundin der Frau, sie sei sicher, daß diese Botschaften in Wirklichkeit gar nicht von einem Geistführer kämen, sondern von ihr selber. Die Frau, die noch nicht hundertprozentig auf ihre Fähigkeiten vertraute, war daraufhin so völlig am Boden zerstört, daß sie mit dem Channeln aufhörte. Die Skepsis dieser anderen Person hatte all ihre eigenen Zweifel an ihren Channeling-Fähigkeiten an die Oberfläche geholt. Es dauerte mehrere Monate, bis sie wieder damit begann. Schließlich wurde ihr klar, daß sich ihre Freundin durch die neue Autorität, die sie als Channeling-Medium besaß, bedroht fühlte und außerdem nicht bereit war, ihre Opferrolle aufzugeben. Ehe sie zu channeln begann, hatte sie sich meistens nur mitfühlend die Klagen ihrer Freundin über ihren «unmöglichen» Mann angehört. Doch seit sie channelte, hatte sich das geändert. Ihr Geistführer wollte der Freundin lieber dazu verhelfen, sich ein glückliches, erfülltes Leben zu schaffen, statt immer nur ihre Klagen anzuhören. Sobald der Frau klargeworden war, warum ihre Freundin so ablehnend reagiert hatte, begann sie wieder zu channeln. Sie begriff auch, daß die Zweifel ihrer Freundin eigentlich ein Geschenk für sie gewesen waren, denn sie hatten sie dazu gebracht, sich mit ihrer eigenen inneren Unsicherheit auseinanderzusetzen. Dadurch war die Verbindung zu ihrem Geistführer noch stärker geworden, und sie empfing seine Botschaften jetzt viel klarer und deutlicher als vorher.

Eine attraktive, beruflich sehr erfolgreiche Geschäftsfrau war extra von Boston angereist, weil sie den intensiven Wunsch zu channeln verspürte, doch sie meinte, sie könne ihren Freunden und Bekannten unmöglich davon erzählen. Während des Kurses nahm sie mit einem Geistführer Kontakt auf und channelte sehr gute Informationen für andere Kursteilnehmer. Als diese Frau wieder abreiste, war sie ziemlich überzeugt von ihren Channeling-Fähigkeiten, doch als sie wieder zu Hause war, würdigte ihr Mann sie wegen dieser «Albernheit» kaum eines Blickes, und ihre Freunde und Freundinnen sahen sie an, als spreche sie eine fremde Sprache. Manche schienen sogar an ihrer Zurechnungsfähigkeit zu zweifeln, als sie erwähnte, daß sie einen Geistführer channelte.

Die Frau rief uns mehrmals an und berichtete, es falle ihr schwer, trotz der Zweifel ihrer Mitmenschen die Verbindung zu ihrem Geistführer aufrechtzuerhalten. Orin beruhigte sie und erklärte ihr, sie habe sich dazu entschieden, in diesem Leben den Glauben an sich selbst zu entwickeln, selbst wenn die anderen sie nicht in ihren Aktivitäten unterstützten. Er wies sie auf die vielen Dinge hin, die sie bereits erfolgreich bewältigt hatte, obwohl ihre Mitmenschen sie deswegen kritisierten. Er riet ihr ebenfalls, Kontakt zu anderen Menschen zu suchen, die sie in ihrem Channeling unterstützen würden.

Ein paar Monate später rief die Frau wieder bei uns an und erzählte, sie sei in eine esoterische Buchhandlung gegangen und habe dort ein interessantes Kursprogramm entdeckt, an dem sie jetzt teilnehme. Dort habe sie auch ein paar Leute kennengelernt, mit denen sie über diesen neuen Aspekt ihres Lebens sprechen könne. Ihr Mann halte zwar immer noch nichts vom Channeling, zeige seine ablehnende Haltung aber jetzt wenigstens nicht mehr so deutlich. Diese Frau war geschäftlich immer noch sehr aktiv, und es war eine schwierige Aufgabe für sie, trotz der mißbilligenden oder desinteressierten Haltung der Menschen in ihrer Umgebung weiterhin an ihr Channeling zu glauben. Orin riet ihr, darüber nachzudenken, ob sie ihre geschäftlichen Aktivitäten weiterverfolgen oder sich lieber ihren lebenslangen Wunsch erfüllen wolle: ihre Arbeit aufzugeben und ein Buch zu schreiben. Diese Entscheidung fiel ihr schwer. Sie machte sich Sorgen, daß sie vielleicht gar nicht schreiben könne. Außerdem glaubte sie nicht, daß sie es sich leisten könnte, ihre Stellung zu kündigen, und war überzeugt, daß ihr Mann heftig dagegen protestieren würde.

Ein Jahr später meldete sie sich wieder bei uns. Sie hatte inzwischen tatsächlich ihre Stellung aufgegeben und schrieb an ihrem Buch. Durch das Channeling hatte sie den Mut gefunden, diesen Weg zu gehen, und während des Schreibens erlebte sie immer wieder die erstaunlichsten Dinge. Sie hatte inzwischen einen großen Teil der notwendigen Nachforschungen für ihr Buch abgeschlossen, obwohl sie geglaubt hatte, daß dieses Material sehr schwer aufzutreiben sein würde. Zu ihrem großen Erstaunen hatte ihr Mann sie in ihrer schriftstellerischen Tätigkeit unterstützt, und obwohl sie jetzt nicht mehr arbeitete, reichte das Geld immer noch aus, um die Rechnungen zu bezahlen. Es kümmerte sie auch nicht mehr, was die anderen Leute von ihr dachten, und sie war voller Begeisterung und sehr glücklich über ihr Leben. Sie hatte ein ganz neues Selbstvertrauen gewonnen. Zwar zweifelte sie immer noch, ob sie es schaffen würde, das Buch fertigzustellen, und es fiel ihr auch schwer zu glauben, daß sie wirklich alles erreichen konnte, was sie sich wünschte, doch sie wußte, daß sich diese Zweifel mit der Zeit schon legen würden.

Viele Menschen erwarten, daß sie nun, nachdem sie channeln gelernt haben, von heute auf morgen als professionelle Channeling-Medien an die Öffentlichkeit treten können oder daß sich jetzt schlagartig all ihre Probleme lösen. Eine junge Frau hatte vor ihrer Öffnung fürs Channeling eines schwere Zeit durchgemacht. Sie hatte sehr zugenommen und sich von ihrem Freund getrennt, doch jetzt hatte sie das Gefühl, daß eine Wende in ihrem Leben eingetreten war. Zwar besaß sie immer noch nicht viel Selbstvertrauen, aber wenigstens begann sie jetzt abzunehmen und sich um die Bedürfnisse ihres Körpers zu kümmern. Die Frau arbeitete als Managerin in einem Büro. Sie wollte entweder als professionelles Medium oder für Freunde und Bekannte channeln und ihren eigenen Weg und den höheren Sinn ihres Lebens finden. Sie hatte das Gefühl, daß ihr jetziger Beruf nur eine Übergangslösung sei und daß sie ihn aufgeben würde, sobald sie ihren wahren spirituellen Weg gefunden hatte. Diese Frau war ganz begeistert von der Idee, channeln zu lernen, und konnte es gar nicht erwarten, endlich mit ihrem Geistführer in Verbindung zu treten. Andererseits machte sie sich große Sorgen, daß sie vielleicht gar keinen Geistführer hätte oder daß es ihr schwerfallen würde, den Kontakt herzustellen.

Am Morgen unseres Kurses war sie so nervös, daß sie Magenschmerzen bekam, doch sie machte ihre Sache gut und war sehr zufrieden mit sich. Als sie channelte, veränderte sich ihre Stimme, und die Gestik ihres Geistführers unterschied sich deutlich von ihrer eigenen. Vor allem aber empfing sie klare Informationen von sehr hohem spirituellem Niveau. Nach etwa vier Monaten rief sie uns an und erklärte, sie habe Probleme – zum Teil deshalb, weil ihre Freunde und Freundinnen sich nicht für ihr Channeling interessierten und sie auch nicht darin unterstützten. Sie hatte den Eindruck, daß die Verbindung zu ihrem Geistführer in letzter Zeit nicht mehr so stark war wie am Anfang. Eigentlich hatte sie erwartet, daß sie jetzt hundertprozentiges Vertrauen zu sich haben und ihren künftigen Weg genau kennen müßte. Außerdem hatte sie gehofft, sie würde als professionelles Medium arbeiten.

«Bis jetzt erlebst du nur einen Bruchteil der wahren Energie deines Geistführers», erklärte ihr Orin, «mehr könnte dein physischer Körper im Augenblick noch gar nicht verkraften. Dein Geistführer ist ein bißchen zu rasch in deine Aura eingetreten und hat dich höher emporgehoben, als er eigentlich vorhatte, weil du so begeistert warst. Jetzt hat er sich ein wenig zurückgezogen, damit dein Körper, deine Emotionen und die äußere Welt diese innere Entwicklung nachholen können. Dein Geistführer übermittelt dir umfassende Informationsblöcke und wartet dann eine Weile, damit du diese Informationen selbständig verarbeiten und den Verbindungskanal zu ihm aus eigener Kraft offenhalten kannst. Mach dir keine Sorgen, wenn die Informationswellen jetzt plötzlich abgeklungen zu sein scheinen. Es ist genau wie mit Ebbe und Flut: Sie werden wiederkehren. Dein Geistführer will dir nur Zeit geben, selber nachzudenken, damit du nicht von ihm abhängig wirst oder glaubst, deine ganze Weisheit komme nur vom Channeln.

Habe Geduld! Genieße es einfach, deinen Geistführer kennenzulernen. Nimm dir Zeit, dein Leben in Ordnung zu bringen. Die ersten Stadien des Channeling bieten dir viele Gelegenheiten zu innerem Wachstum und eine ungeheure innere Bereicherung. Du bist jetzt wie ein Kind, das laufen lernt; du brauchst Zeit, um zu üben und Sicherheit zu gewinnen, ehe du öffentlich channelst. Später wirst du deine Arbeit der Öffentlichkeit präsentieren, doch zunächst einmal mußt du eine starke, solide Grundlage schaffen, die auf Erfahrung und Weisheit beruht. Vielleicht muß sich dein inneres Ich erst noch sehr verändern, ehe du bereit bist, den Beruf zu wechseln und die Verantwortung zu übernehmen, anderen Menschen durch professionelles Channeling zu dienen. Es kann sogar noch Jahre dauern. Wahres Selbstvertrauen kann dir dein Geistführer nicht geben. Das ist ein Geschenk, das nur du selbst dir machen kannst. Alles, was du jetzt tust, wird dich rascher auf deinem höheren Weg voranbringen, selbst wenn es auf den ersten Blick gar nichts damit zu tun zu haben scheint. Sobald du innerlich bekräftigt hast, daß du deinen Weg weiterverfolgen möchtest, wird alles, was geschieht, dich dabei unterstützen.

Vielleicht meinst du auch, wenn du auf deinem richtigen Weg wärst, müßtest du ein bekanntes Medium sein, und viele Menschen müßten zu Channeling-Sitzungen zu deinem Geistführer kommen. Doch das Wichtigste, was du für andere tun kannst, ist, ein höheres Bewußtsein zu erlangen, denn wenn du dich innerlich weiterentwickelst, wirst du zu einer Art Sender für deine

Mitmenschen. Dann bist du wie eine Stimmgabel: Die anderen Menschen werden schon allein dadurch, daß sie sich in deiner Nähe befinden, ein höheres Bewußtsein erfahren. Viele große Meister haben ihre Mitmenschen durch ihr Beispiel belehrt und dadurch, daß sie ihr eigenes Leben in Ordnung brachten, und die Menschen berichteten, daß sie sich schon durch die bloße Nähe dieser Meister erleuchtet fühlten. Wenn du dein Bewußtsein auf eine höhere Ebene hebst, bist du auf deinem Weg. Die speziellen Einzelheiten und äußeren Formen dieses Weges werden sich später ergeben. Alles, was du dir wünschst, wird im Lauf der Zeit auf dich zukommen.

Dein Geistführer wird dir nicht sagen, wie dein Weg aussieht, aber er wird dazu beitragen, daß du eine höhere Schwingung erreichst, damit du diesen Weg selbst erkennen kannst. Momentan will er dich vor allem dabei unterstützen, die höhere Schwingung, die du empfangen hast, als du mit den höheren Bereichen Kontakt aufnahmst, zu verstärken und zu stabilisieren. Er hat bereits dazu beigetragen, deine Gedanken auf ein höheres Niveau zu heben: Das hast du gar nicht bemerkt, weil diese Veränderungen ganz sanft und behutsam geschahen und zu der bisherigen Richtung deines Lebens paßten. Bald wird die äußere Welt die Wandlungen deiner inneren Welt nachvollzogen haben. Das Schwergewicht der Veränderungen verlagert sich jetzt von deiner äußeren Welt auf die Entwicklung deines inneren Lebens. Sobald du dieses Stadium durchlaufen hast, wirst du feststellen, daß du dich für die nächste Informationsebene deines Geistführers öffnest. Vielleicht bist du im Augenblick ein bißchen frustriert. Doch momentan besteht dein innerer Entwicklungsprozeß teilweise darin, dein Herz zu öffnen und an dich und deinen Geistführer zu glauben. Du mußt lernen, darauf zu vertrauen, daß du alles bekommen wirst, was du dir wünschst. Das gehört zu deiner inneren Öffnung: Dieser Prozeß wird wahrscheinlich so lange andauern, wie du dich innerlich weiterentwickelst.»

Die Sitzung mit Orin trug dazu bei, daß die Besorgnis und die

Frustration der Frau sich legten und daß sie ihr Channeling wieder mehr genießen konnte. Sobald sie aufhörte, sich Sorgen zu machen, traten die Veränderungen, die sie sich gewünscht hatte, tatsächlich ein. Sie wurde befördert, bekam eine Gehaltserhöhung, begann Baseball zu spielen und nahm immer mehr ab. Sie gab das Channeling für eine Weile auf, doch ein halbes Jahr später trat es wieder in ihr Leben, und inzwischen hat sie eine starke, stabile Verbindung zu ihrem Geistführer. Anderthalb Jahre später berichtete sie uns, daß sich ihr eine Chance geboten hätte, sich selbständig zu machen und gemeinsam mit einer Freundin ein Geschäft zu eröffnen, und daß sie diesen Plan jetzt in die Tat umsetze. Das sei zwar eigentlich nicht das, was sie erwartet habe, aber wenn sie erst einmal lerne, ihr eigenes Geschäft zu führen, könne das vielleicht der erste Schritt zu einer Karriere als professionelles Channeling-Medium sein, da man sich dabei viele wertvolle Fähigkeiten aneignete, zum Beispiel, anderen Menschen Dienste zu leisten und mit Geld umzugehen. Sie sagte, daß sie jetzt lerne, einfach auf das zu vertrauen, was auf sie zukomme, und daß sie nicht mehr versuche, die Entwicklung ihres Lebens in eine bestimmte Richtung zu drängen.

Deine neue Rolle in deinem Freundeskreis

Orin und DaBen: Stelle deinen Geistführer und deine Zusammenarbeit mit ihm stets voller Respekt dar. Wie die anderen Menschen auf deine Botschaften reagieren werden, hängt von dem Selbstvertrauen und Mitgefühl ab, das du durch dein Channeling ausstrahlt. Die Art, wie du deine Botschaften präsentierst – deine Worte, deine Achtsamkeit für Einzelheiten und deine äußere Erscheinung –, verraten viel über die Qualität deiner Arbeit. Nimm dir Zeit, deine Botschaften sorgfältig und genau zu übermitteln, und stelle deinen Geistführer im bestmöglichen Lichte dar. Deine Integrität, deine Liebe und deine Persönlichkeit spiegeln sich ebenfalls in deinen Channeling-Sitzungen. Du bist der Stellvertreter oder die Stellvertreterin deines Geistführers auf der Erdebene.

Wenn du für andere Menschen channelst, fungierst du als Lebensberater. Du unterstützt diese Menschen in allen Bereichen ihres Lebens, auch bei ihrem spirituellen Wachstum. Sie werden dich immer mehr als Lehrer und Heiler betrachten und dich um Rat fragen. Das Channeln für andere Menschen bringt häufig eine Veränderung der eigenen Identität mit sich. Dein Geistführer wird wahrscheinlich mit größerem Nachdruck und mehr Autorität sprechen als du selber, also kann es sein, daß die anderen dich jetzt als Autorität betrachten – als einen Menschen, der wirklich verantwortlich handelt. Du mußt dich erst einmal daran gewöhnen, von dieser neuen Ebene der Weisheit aus zu sprechen. Manchen Medien, die für andere Menschen channeln, fällt es am schwersten, diese neue Rolle zu akzeptieren. Sie bringt nicht nur die Chance mit sich, andere Menschen besser und umfassender unterstützen zu können, sondern auch eine Verantwortung: Man muß mit großer Integrität handeln.

Glaube nicht, daß die Menschen unbedingt zu dir kommen und deinen Rat suchen müßten. Bitte einfach um die Personen, denen du am besten dienen kannst und die auf Seelenebene wirklich von deiner Arbeit profitieren, dann wirst du feststellen, daß tatsächlich auch nur solche Leute zu dir kommen. Vielleicht möchtest du Menschen anziehen, die eine ähnliche Schwingung haben wie du und die deine Arbeit daher am besten zu schätzen wissen. Statt deine Energie zu diesem Zwecke auszusenden, solltest du solche Menschen lieber zu dir HERANZIEHEN. Stell dir vor, du seist ein Magnet, der genau diejenigen Menschen anzieht, denen das, was du zu bieten hast, bei ihrem inneren Wachstum am meisten dient.

Wenn du channelst, strahlst du mehr Licht aus und übst eine stärkere Anziehungskraft auf andere Menschen aus.

Du wirst unwillkürlich Menschen anzuziehen beginnen, die sich auf der gleichen Schnellstraße des spirituellen Wachstums befinden wie du und eine innere Beziehung zu deinem neuen Interessengebiet gewonnen haben. Vielleicht wirst du in Zukunft andere Kontakte suchen als bisher. Alte Freunde, die sich nicht um ihre Entwicklung bemühen, werden aus deinem Leben verschwinden. Vielleicht verbringst du deine Zeit jetzt nicht mehr so gern mit Leuten, die in ihrem Leben kein höheres Ziel zu verfolgen scheinen. Es kann auch sein, daß sich die Gelegenheit ergibt, alte Probleme und Konflikte zu klären. Und sobald du bereit dazu bist, wirst du viele neue Freundschaften schließen.

Wie man anderen Menschen das Channeln beschreibt

DUANE: Viele Menschen, die channeln gelernt haben, möchten gern darüber reden oder ihren Freunden erklären, was das ist. Channeling ist eine Erfahrung, und wie jede Erfahrung ist es schwer zu beschreiben. Außerdem ist es Teil einer Realität, die jeder für sich selbst erleben muß, um einen Sinn darin zu erkennen. Wir haben festgestellt, daß es am besten ist, von deinen eigenen Erfahrungen auszugehen, wenn du versuchst, anderen Menschen den Vorgang zu erklären. Schildere ihnen, was dir das Channeln bedeutet, und erzähle von einigen persönlichen Erlebnissen, die du dabei gehabt hast.

Die Reaktionen der Menschen, mit denen du darüber sprichst, werden sehr unterschiedlich sein. Sie reichen von großer Begeisterung: «Das ist ja unglaublich, erzähl mir mehr davon!», bis hin zu Skepsis und Ablehnung: «Das kann doch gar nicht sein» oder «Das ist gefährlich!» Da du dich inzwischen mehr zu Menschen hingezogen fühlst, die die erste Reaktion zeigen, laß dich im Gespräch mit ihnen einfach von deiner eigenen Begeisterung leiten. Wenn du Menschen begegnest, die mit

Skepsis oder gar Entsetzen reagieren, wirst du vielleicht überrascht sein oder nicht wissen, was du sagen sollst. Deshalb möchten wir dir hier von unseren eigenen Erfahrungen berichten und Orins und DaBens Rat an dich weitergeben.

Zunächst einmal solltest du, wenn du auf Skepsis stößt, verständnisvoll reagieren und nicht in die Defensive gehen. Denke daran, daß deine Freunde und Freundinnen nicht die ersten sind, die das Phänomen des Channelns in Frage stellen oder nicht daran glauben. Früher hast du wahrscheinlich selbst daran gezweifelt. Und wenn du nun versuchst, den Menschen, die es noch nicht erlebt haben oder für unmöglich halten, die Existenz des Channeling zu «beweisen», wird die Kluft zwischen euren unterschiedlichen Realitäten nur noch größer werden. Du brauchst niemandem etwas zu beweisen. Die höchste Quelle deiner Autorität ist dein eigenes inneres Wissen, nicht die Gedanken und Meinungen anderer Menschen. Bleibe deiner eigenen Integrität treu, denn letzten Endes haben wir unseren Mitmenschen nichts anderes zu bieten als das Beispiel unseres eigenen Lebens, in dem alles gut funktioniert. Bringe deshalb mit Hilfe deiner inneren Wahrheit und deines Channeling dein Leben in Ordnung. Es ist wichtig, anderen Menschen ihre Wahrheiten zu lassen. Manche Leute müßten ihr ganzes Leben umkrempeln, um diese Ideen akzeptieren zu können, und das ist für jeden Menschen eine erschreckende Aussicht – du wirst dich vielleicht selbst noch daran erinnern. Bleibe offen, bleibe im Jetzt und achte auf Menschen in deiner Umgebung, die eine höhere Bewußtseinsebene erreichen, denn sobald sie innerlich zu wachsen beginnen, suchen sie vielleicht Kontakt mit dir und wollen diese Gedanken mir dir besprechen.

Der Versuch, zu «beweisen», daß es wirklich Geistführer gibt und daß beim Channeling tatsächlich alles «mit rechten Dingen zugeht», wird dich vor einige größere Probleme stellen. Wir haben festgestellt, daß die Menschen letzten Endes nur das akzeptieren, was für sie selbst, nach ihren eigenen individuellen Maßstäben, stimmt. Wenn wir etwas als wahr akzeptieren, untersuchen und vergleichen wir die Beweise anhand unserer eigenen Kriterien. Wenn sie diesen Test bestehen, erkennen wir die betreffende Wahrheit als bewiesen an und gründen unsere künftige Realitätssicht und unser künftiges Verhalten darauf. Tagtäglich akzeptieren wir Dinge in unserem Leben als bewiesen, ohne die Annahmen, die ihnen zugrunde liegen, näher zu untersuchen. Wir würden nicht weit kommen, wenn wir unsere Zeit und Energie darin investieren müßten, alles, womit wir konfrontiert werden, zu «beweisen».

Unsere individuellen Überzeugungen bestimmen die Beschaffenheit unserer Welt, und zwar in einem sehr realen Sinne. Wir akzeptieren die Existenz von Atomen, ohne jemals selbst eines gesehen zu haben. Wir akzeptieren Informationen über alles mögliche – von den Verkehrsverhältnissen auf der Autobahn bis hin zu Nachrichten aus der ganzen Welt. Das alles nehmen wir stillschweigend hin, ohne nach Beweisen zu fragen, einfach im Vertrauen darauf, daß die Menschen, die uns diese Informationen liefern, sorgfältige Beobachter sind und genug von der Sache verstanden haben, um die richtigen Schlüsse aus ihren Beobachtungen zu ziehen. Aber wenn wir diese Informationen dann doch überprüfen, stellen wir häufig fest, daß ihre Schlußfolgerungen oder Beobachtungen von den unsrigen abweichen. Letzten Endes sind unsere eigenen individuellen Erfahrungen am wichtigsten für uns.

Manchmal kommt es vor, daß uns jene Ansichten und Überzeugungen, die wir schon lange nicht mehr überprüft haben, keine guten Dienste mehr leisten. Der Glaube, daß die Erde eine Scheibe sei, verhinderte viele, viele Jahre lang die Entdeckung neuer Erdteile. Channeling gehört auch zu den Themenbereichen, in denen die Anschauungen unserer Gesellschaft schon zu lange keiner Prüfung mehr unterzogen worden sind, doch jetzt beginnen viele Menschen wie du darüber nachzudenken. Channeling fordert die Menschen dazu heraus, ihre Vorstellungen vom Wesen der Realität zu überprüfen. Es eröffnet uns die große Chance, unsere Sicht dessen, was möglich ist, zu erweitern. Es bringt uns mit Ideen in Berührung, die an der vordersten Front dessen liegen, was die Menschheit im jetzigen Stadium ihrer Entwicklung «beweisen» kann. Solche Ideen bestimmen die Sicht unserer selbst und bilden die Grundlage unserer Philosophie, Religion und Wissenschaft. Wenn sich diese Ideen verändern, kann das wirklich tiefgreifende Wandlungen für die Menschheit mit sich bringen. Channeling ermöglicht eine sofortige Veränderung und geistige Überwindung unserer bisherigen Vorstellungen vom Leben nach dem Tod, von intelligentem Leben im Universum, dem Wesen der Materie und der biologischen Systeme. Und das scheint erst der Anfang der möglichen Veränderungen zu sein, die das Channeln uns eröffnen kann.

Die Wissenschaft wird häufig als Maßstab dafür herangezogen, was «real» ist und was nicht. Das liegt teilweise am Vertrauen, das Wissenschaftler in die Befunde ihrer Kollegen haben. Sie stellen selten mehr als die Schlußfolgerungen in Frage, die aus solchen Fakten gezogen werden; auf die Ehrlichkeit und Integrität ihrer Kollegen und darauf, daß ihre Informationen richtig und exakt sind, verlassen sie sich – vor allem, wenn sie mit ihren eigenen Ansichten oder denen der Gesellschaft übereinstimmen. Diese Schlußfolgerungen werden dann zur häufig stillschweigend akzeptierten Grundlage, auf der andere Wissenschaftler ihre Studien aufbauen. Später stellt sich dann manchmal heraus, daß diese Prämissen falsch waren. Jeder, der sich in der Geschichte der Naturwissenschaften auskennt, weiß, daß neue Theorien, die sich später als richtig erwiesen und unsere Sicht der Welt sehr verändert haben, anfangs von der etablierten Wissenschaft jahrelang abgelehnt wurden, ohne daß man den strittigen Punkten wirklich nachgegangen wäre.

Wenn Wissenschaftler sich mit Channeling beschäftigen, geschieht etwas Faszinierendes. Das Channeln gehört zu jenen Dingen, die die Wissenschaft in die Kategorie «paranormale

Phänomene» einordnet. Aber der Begriff «paranormal» ist schon an sich problematisch. Man benutzt ihn für Phänomene, die außerhalb der normalen Realität liegen, und Wissenschaftler versuchen ja, das Wesen der Realität zu definieren. Da das Etikett «paranormal» bedeutet, daß etwas nicht zu unserer normalen Realität gehört, widersprechen paranormale Phänomene von vornherein der wissenschaftlichen Logik. Das zeigt sich auch in der typischen Reaktion der Wissenschaftler: Vielleicht existiert das Paranormale, vielleicht auch nicht, aber da es sich nicht ohne weiteres erklären läßt, sollte man es doch aus Vernunftgründen lieber ignorieren. Das sind sehr interessante Reaktionen von Menschen, deren Ausbildung doch eigentlich darauf abzielt, daß man allen Dingen, für die es keine Erklärung gibt, nachgeht, um sie hoffentlich letzten Endes doch klären zu können.

Wenn wir neue Gebiete erforschen, werden wir zwangsläufig mit dem Unbekannten konfrontiert. Vielen Menschen flößt dieses Unbekannte Angst ein. Jeder Mensch und jede Gesellschaft hat vor bestimmten Aspekten des Lebens Angst oder regt sich darüber auf. Manchmal übt die Gesellschaft Druck auf Menschen aus, die die Öffentlichkeit auf solche noch ungeklärte Bereiche aufmerksam machen wollen. Doch sobald wir das Unbekannte kennenlernen, überwinden wir unsere Ängste, und häufig nehmen wir die neuen Ideen dann voller Begeisterung in uns auf.

Als ich mich mit den New-Age-Ideen zu beschäftigen begann, war ich anfangs ziemlich skeptisch. Doch nach ein paar Jahren, in denen ich mehrere erstaunliche Erlebnisse gehabt und sehr viele Erkenntnisse über die Erforschung meines eigenen Selbst gewonnen hatte, ließen sich die Beweise allmählich nicht mehr ignorieren, und meine Sichtweise begann sich zu verändern. Mir wurde klar, daß meine Erfahrungen sich zwar nicht wissenschaftlich erklären oder beweisen ließen, aber dennoch wertvoll und erstaunlicherweise auch in sich logisch und verläßlich genug waren, um damit zu arbeiten. Kurz gesagt: Es ließ sich damit etwas bewirken.

Da es so schwer ist, Phänomene zu beweisen, die lediglich auf eigener Erfahrung beruhen, sollte man sich vielleicht lieber die beobachtbare Tatsache in Erinnerung rufen, daß Channeling, so wie wir es definiert haben, einen wichtigen, positiven Beitrag zu den Aktivitäten der Menschen im spirituellen Bereich und auch in ihrem täglichen Leben leistet. Die Channeling-Medien, die wir beobachtet haben, sind produktive Menschen; etliche sind in der Gesellschaft sogar sehr angesehen. Viele waren in ihrem Beruf erfolgreich und verdienten viel Geld, ehe sie sich ganz bewußt aufs Channeling einließen, und jetzt setzen sie es, wie aus ihren Berichten hervorgeht, in vielen Bereichen ihres Lebens ein. Unsere Kursteilnehmer hatten mehr Erfolg, nachdem sie zu channeln begannen, und bekamen ihr Leben besser in den Griff.

Wenn der «Wissenschaftler» in mir heute über Channeling nachdenkt, muß ich zugeben, daß ich zwar viel darüber «weiß», es aber immer noch nicht wissenschaftlich beweisen kann. Es gibt unzählige indirekte Indizienbeweise – genug, um mich davon zu überzeugen, daß dabei tatsächlich etwas geschieht, etwas, was wir mit unserer jetzigen Sichtweise der Realität nicht erklären können. Ich sehe, daß es dauerhafte, positive Resultate bringt. Deshalb versuche ich inzwischen nicht mehr, zu «beweisen», daß Channeling tatsächlich eine Realität ist, sondern gehe mit einer viel praxisorientierteren Haltung an die Sache heran: «Wenn es funktioniert, warum soll man es dann nicht tun?»

Wie man als professionelles Channeling-Medium arbeitet

Sanaya und Duane: Manche Medien werden früher bereit sein, öffentlich zu channeln, andere später. Höre auf deine eigenen Gefühle; denke nicht, daß du vorzeitig für andere Menschen channeln mußt. Leute, die sehr rasch und im großen Stil als Channeling-Medien an die Öffentlichkeit treten, hatten häufig vorher bereits Erfahrung als Lebensberater oder Heiler; sie haben schon Übung darin, mit anderen Menschen zu sprechen und sie zu unterstützen.

Eine Frau, Julie, die bereits als Körperarbeits-Therapeutin und professionelle Lebensberaterin tätig gewesen war, wurde gebeten, einen Vortrag an einem Frauen-College in ihrer Stadt zu halten. Als Lebensberaterin hatte sie schon in den vorigen Jahren Vorträge über verschiedene Themen ihrer Wahl vor einer Gruppe von Frauen gehalten, die sie für ziemlich konservativ hielt. Julie hatte gerade erst vor einem Monat zu channeln begonnen, und ihr Geistführer drängte sie, von ihren vielen neuen Erfahrungen dabei zu berichten. Zuerst wies sie diesen Vorschlag weit von sich, denn sie wollte ihre Zuhörerinnen nicht in eine Haltung des inneren Widerstands hineintreiben oder sich anhören müssen, daß sie mit ihren Ansichten ziemlich allein dastehe. Also sagte sie «nein» zu ihrem Geistführer und plante stattdessen einen ihrer üblichen Vorträge. Doch in letzter Minute, als sie schon an ihrem Rednerpult saß, ging plötzlich eine Wandlung in ihr vor. Sie beschloß, das Risiko einzugehen, auf ihren Geistführer zu vertrauen und den Frauen von ihrem Channeling zu erzählen. Die Reaktion war erstaunlich. Die Zuhörerinnen waren fasziniert und wollten soviel wie möglich darüber erfahren. Sie waren überhaupt nicht skeptisch und abweisend, sondern ganz begeistert von dem Thema. Viele begannen von Erlebnissen zu berichten, die sie bis dahin verschwiegen hatten, weil sie fürchteten, ausgelacht zu werden. Sie erklärten, eine solche Atmosphäre der Nähe und Herzlichkeit, wie sie durch diesen Austausch entstand, hätten sie noch nie erlebt.

Diese Reaktion ermutigte Julie, und sie beschloß, von nun an jeden Monat bei sich zu Hause ein Treffen zu veranstalten, bei dem sie ihren Geistführer Jason für ihre Klienten channelte. Jason wählte jede Woche ein bestimmtes Thema aus, und Julie channelte ihn für die Gruppe. Von diesen Channeling-Sitzungen ausgehend, begann Julie ein Buch zu schreiben. Allmählich kamen immer mehr Leute zu ihren Sitzungen. Ihre private Beratungspraxis wurde so groß, daß sie nach neuen Möglichkeiten suchen mußte, um all die Menschen, die zu ihr kommen wollten, in ihrem Terminplan unterzubringen. Julie studierte bei Duane und lernte auch Hellsehen. Sie arbeitete mit uns zusammen und hat schon viele Teilnehmer unseres «Opening to Channel»-Kurses dabei unterstützt, ihre Energien zu harmonisieren.

Julie war bereit, an die Öffentlichkeit zu treten, weil sie bereits jahrelange Erfahrung in Lebensberatung und in der Leitung von Kursen und Seminaren hatte. Habe Geduld; akzeptiere dein eigenes Tempo. Die Zusammenarbeit mit deinem Geistführer wird sich schon in ihrem eigenen, naturgegebenen zeitlichen Rhythmus entwickeln.

Deine Beziehung zu anderen Medien

Orin und DaBen: Zur Zeit öffnen sich viele Menschen fürs Channeling, und deshalb ist es wichtig, andere Menschen bei diesem Prozeß zu ermutigen und zu unterstützen. Jeder hat einen wertvollen Beitrag zu leisten. Wenn du dich fürs Channeln öffnest, wirst du Teil einer größeren Gemeinschaft – der Gemeinschaft aller Channeling-Medien. Da ihr jetzt alle auf eine andere, neue Art denkt und handelt, verbreitet ihr auf der ganzen Welt höhere, liebevollere Gedankenformen. Die Form folgt dem Gedanken. Wenn mehr und mehr Menschen ihren Verbindungskanal zu höheren Dimensionen öffnen und immer feiner einstimmen und dieses intensivere Licht in ihr tägliches Leben integrieren, werden wirkliche Veränderungen auf der Erde stattfinden. Wir, in den höheren Dimensionen, bewirken viele Dinge, indem wir mit einer Gruppe Gleichgesinnter zusammenarbeiten. Wenn sich immer mehr Menschen innerlich öffnen, bildet ihr ein Lichtnetz, das den ganzen Planeten umschließt, und schafft für die ganze Menschheit höhere spirituelle Möglichkeiten. Durch Zusammenarbeit – indem ihr euch gegenseitig unterstützt und Kraft gebt – werdet ihr noch weiter in der von euch gewünschten Richtung vorangetrieben.

Feiert gegenseitig eure Erfolge – entwickelt eine positive, hohe Sicht von euren Mitmenschen.

Manche Menschen werden dich vielleicht fragen, was du von den Geistführern anderer Medien hältst. Man kann jede Frage aus vielen verschiedenen Perspektiven betrachten. Ein Teil deines inneren Wachstumsprozesses wird darin bestehen, für jede Frage, die dir gestellt wird, den höchstmöglichen Standpunkt zu finden. Wenn jemand dich nach einem bestimmten Geistführer fragt, solltest du dieses Geistwesen nicht als hundertprozentig positiv oder hundertprozentig negativ bewerten, es sei denn, du hast wirklich eine ganz eindeutige Meinung dazu. Frage statt dessen lieber: «In bezug auf welche Information möchtest du meine Meinung oder die meines Geistführers hören?» Und dann gib deinen Kommentar über diese Information ab. Wenn die Botschaft aus zweiter Hand stammt, dann versuche genau in Erfahrung zu bringen, was der Geistführer, dem sie zugeschrieben wird, wirklich gesagt hat. Selbst die höchststehenden Geistwesen sagen manchmal Dinge, über die du nichts weißt oder anderer Meinung bist. Das bedeutet lediglich, daß du dich an deinen eigenen Erfahrungen orientierst – was du ja auch tun sollst –, und nicht, daß dieser Geistführer unrecht hat. Wenn du auf diese Weise mit solchen Fragen umgehst, wirst du nicht das Gefühl haben, du müßtest andere Geistführer «bewerten» und ihre Informationen als richtig oder falsch einstufen. Statt dessen steuerst du einfach deine Sichtweise des Problems oder die deines Geistführers bei.

Viele Menschen haben das Gefühl, es sei sinnlos, mit ihrer Arbeit an die Öffentlichkeit zu treten, Bücher zu schreiben oder Kurse zu veranstalten, weil es schon so viele andere Leute gibt, die etwas Ähnliches tun. Unserer Ansicht nach ist eher das Gegenteil der Fall: Je mehr Menschen öffentlich channeln, um so leichter wird es für dich, ebenfalls als Medium an die Öffentlichkeit zu treten. Es gibt einen großen Plan für die Entwicklung der Menschheit, und jeder Mensch spielt darin eine ganz bestimmte Rolle. Ein Mensch allein könnte die Wandlung zum höheren Bewußtsein, die gerade stattfindet, unmöglich bewirken. Jeder von euch hat einen wertvollen Beitrag zu leisten.

Also laß dich von den vielen Leuten, die anscheinend bereits das gleiche verfolgen, was auch du vorhast, nicht abhalten. Auf der Welt ist immer Platz für ein neues gutes Buch. Selbst wenn es schon mehrere Bücher über ein Thema gibt, schreibe dein Buch trotzdem, wenn du den inneren Drang dazu verspürst. Deine Botschaft, die Art, wie du sie formulierst, und die Energie in deinen Worten wird eine andere Gruppe von Menschen ansprechen als die Bücher anderer Autoren. Und wenn du feststellst, daß jemand Kurse über ein ähnliches Thema gibt wie deines, veranstalte deinen Kurs trotzdem. Er wird deine Energie beinhalten, jene Menschen erreichen, die deiner Belehrung bedürfen, und sie auf ganz individuelle, einmalige Art und Weise innerlich öffnen. Es gibt mehr als genug Leute, die sich für diese Themen interessieren, um deine Kurse zu füllen, deine Bücher zu kaufen und dir deine Dienstleistungen und Produkte abzunehmen.

Um eine neue Gedankenform durchzusetzen, müssen viele Menschen aus allen Berufen und Gesellschaftsschichten in den verschiedensten Umfeldern ähnliche Botschaften aussenden. Je häufiger die Leute auf eine bestimmte Idee stoßen – vor allem, wenn sie von verschiedenen Personen unterschiedlich formuliert wird –, um so realer wird diese Idee für sie. Dann wird bei vielen Menschen ein Bewußtseinswandel stattfinden. Also, ergreife die Initiative und trage deine Arbeit in die Welt hinaus, wenn du dir das wirklich wünschst.

17 Channeling – die Zeit dafür ist reif!

Die Geschichte des Channeling

SANAYA UND DUANE: Es geschieht nicht zum ersten Mal, daß Menschen Interesse daran haben, mit Wesen von anderen Ebenen in Verbindung zu treten. In diesem Kapitel möchten wir unseren Lesern ein paar grundlegende Informationen über bekannte Channeling-Medien und einen Überblick über die wichtigsten Ereignisse in der Geschichte des Channeling geben. Mittlerweile gibt es viele ausgezeichnete Channeling-Medien, und wir raten dir, dich mit den Büchern, Seminaren, Audiokassetten und Videos der Medien zu beschäftigen, die dich interessieren. Auch das ist eine Möglichkeit, mehr über Channeling und Geistführer zu erfahren. Früher nannten sich Menschen, die mit Geistwesen in Kontakt traten, «Medien». Diejenigen, die bei dieser Kontaktaufnahme in Trance fielen, bezeichnete man als «Trancemedien». Jetzt ist der Begriff «Channeling-Medium» an die Stelle dieser früheren Bezeichnungen getreten.

Etwa in der Mitte des neunzehnten Jahrhunderts bestand in der Öffentlichkeit ein enormes Interessse am Phänomen der Kommunikation mit Geistwesen. Tischerücken, Telekinese (Bewegung von Gegenständen durch unsichtbare Kraft), Materialisationen (vorübergehendes, sichtbares Erscheinen von Gesicht, Augen, Kopf oder dem ganzen Körper eines Geistwesens), Levitation (Schweben von Gegenständen aufgrund unsichtbarer Kräfte) und viele andere unerklärliche Phänomene wurden damals beobachtet. Die Kommunikation mit Geistwesen war ein so beliebtes Thema, daß Präsident Abraham Lincoln im Jahre 1862, am Vorabend seiner Proklamation zur Sklavenbefreiung, angeblich sogar ein bedeutendes junges Trancemedium, Nettie Colburn, zu einer Trancesitzung im Weißen Haus empfing.

John Fox und den Fox-Schwestern wird das Verdienst zugeschrieben, dieses ungeheure Interesse an der Geisterwelt ausgelöst zu haben. Sie trugen Mitte des neunzehnten Jahrhunderts zur Begründung des Spiritismus bei. Offenbar fing alles an, als sie in ein Haus zogen und dort ständiges Klopfen und andere Geräusche hörten. Eines Nachts fragte Mrs. Fox in der Hoffnung, die Geräusche abzustellen, ob da jemand sei; wenn ja, dann solle dieses Wesen seine Antwort klopfen. Zweimaliges Klopfen bedeute ja, einmaliges nein. So begann die Kommunikation mit einem Geistwesen. Durch Ja- und Nein-Klopfen stellte sich heraus, daß es sich um einen einunddreißigjährigen früheren Hausbewohner handelte, der behauptete, ermordet worden zu sein; seine Leiche liege im Keller. Innerhalb von ein paar Wochen kamen Hunderte von Leuten in das Haus, um die Klopfgeräusche zu hören. Im Keller – genau an der Stelle, die der Mann beschrieben hatte – wurde ein Skelett gefunden. Mrs. Fox hatte drei Töchter, die als die Fox-Schwestern bekannt wurden. Überall, wo sie hinkamen, ertönten geheimnisvolle Klopfgeräusche, und die Töchter wurden schließlich Medien und gaben viele öffentliche Sitzungen. An diesen Sitzungen nahmen auch zahlreiche bekannte Persönlichkeiten teil, und die Fox-Schwestern rückten in den Mittelpunkt des öffentlichen Interesses. Interessanterweise wurden viele Menschen, die die Sitzungen der Fox-Schwestern besuchten, später selber Medien. Offensichtlich setzte schon die bloße Nähe dieser Frauen bei anderen Menschen einen Prozeß der inneren Öffnung in Gang.

Auch viele andere Medien – wie man sie damals nannte – erregten öffentliche Aufmerksamkeit. Daniel Douglas Home galt als eines der bedeutendsten physischen Medien, denn er konnte levitieren, ohne Instrumente musizieren und beherrschte alle möglichen telekinetischen Fähigkeiten. Manchmal erschienen in seiner Gegenwart sogar Phantomhände und andere sichtbare Manifestationen von Geistwesen. Home wurde von mehreren führenden Wissenschaftlern der damaligen Zeit überprüft, und manche von ihnen hätten hinterher beinahe ihren Ruf und ihre Stellung verloren, da sie in schriftlichen Erklärungen die Realität dieser Phänomene bestätigten. Einige dieser Wissenschaftler wurden später selbst Medien. Home besaß auch die Gabe, seine Talente auf Menschen in seiner Nähe zu übertragen, vorausgesetzt, daß sie daran glaubten. Einmal übertrug er seine Unempfindlichkeit gegen Feuer auf eine Frau, indem er ihre Hand hielt und ein glühendes Stück Kohle hineinlegte. Die Frau berichtete hinterher, die Kohle habe sich kühl angefühlt wie Marmor. Als sie sie Sekunden später ohne seine Hilfe berührte, zuckte sie sofort zurück und sagte, sie habe sich die Finger daran verbrannt.

Ein anderes bekanntes Medium war der Geistliche Stainton Moses, der viele – von Zeugen bestätigte – physische Manifestationen wie beispielsweise das Schweben von Tischen bewirkte. Er channelte bei vollem Bewußtsein Schriften, die sein Geistführer ihm eingab, und machte sich große Sorgen, daß seine Gedanken sein automatisches Schreiben beeinflussen könnten. «Man könnte darüber spekulieren, ob meine eigenen Gedanken in diese Mitteilungen Eingang gefunden haben», schrieb er. «Ich habe mir sehr große Mühe gegeben, solche Beimischungen zu verhindern. Anfangs ging das Schreiben noch langsam, und ich mußte die Buchstaben mit meinen Augen verfolgen, doch selbst zu jenem Zeitpunkt waren die Gedanken nicht meine Gedanken. Schon sehr bald nahmen die Botschaften einen Charakter an, von dem ich überzeugt war, daß er meinen eigenen Gedanken sogar widersprach. Doch ich entwickelte die Fähigkeit, meinen Geist während des Schreibens mit anderen Dingen zu beschäftigen.» Stainton Moses erhielt von seinem Geistführer Informationen und Anleitungen von sehr hohem geistigen Niveau und trug viel zur Glaubwürdigkeit der Tatsache bei, daß wir von höheren Geistwesen geführt werden. Er litt an einer Krankheit, deren Symptome immer wieder aufflackerten, und konnte währenddessen keine Channeling-Informationen empfangen.

Andrew Jackson Davis hat den Spiritismus mit seinem Buch *Principles of Nature. Her Divine Revelations* sehr geprägt. Eines Nachts verließ er im Zustand der Halbtrance sein Bett und wachte am nächsten Tag 40 Kilometer entfernt im Gebirge auf. Er erklärte, dort zwei schon lange verstorbenen Philosophen begegnet zu sein, die ihn dabei unterstützten, einen Zustand der inneren Erleuchtung zu erreichen. Danach brachte er 15 Monate damit zu, jenes bedeutende Werk zu diktieren, das ein breites Spektrum an Themen behandelt. Es enthielt verblüffende, sehr umfassende Informationen, von denen viele hinterher wissenschaftlich bestätigt wurden. Das Buch enthüllte Dinge, die Davis damals unmöglich wissen konnte, zum Beispiel, daß es neun Planeten gibt – und das zu einer Zeit, als man glaubte, daß nur sieben existierten, allerhöchstens vielleicht noch ein achter.

Ein anderes bekanntes Medium jener Zeit, das wohl am häufigsten überprüft wurde, war Mrs. Piper. Sie begann im Alter von zweiundzwanzig Jahren zu channeln und empfing acht Jahre lang Informationen von einem bestimmten Geistführer, bis sich ein anderes Geistwesen bei ihr meldete. Ihre Geistführer konnten den Leuten viele Einzelheiten über ihre Vergangenheit sagen, Dinge, die Mrs. Piper nicht wissen konnte. Doch wenn sie getestet wurde, schien es ihr schwerzufallen, spezielle Informationen und Daten zu übermitteln. Interessanterweise hatten selbst die bekanntesten Channeling-Medien Schwierigkeiten damit, spezielle Fakten wie zum Beispiel Namen oder Daten zu nennen, wenn man sie prüfte, doch sie konnten detaillierte Angaben darüber machen, was ihr Geistführer für wichtig hielt oder wovon er glaubte, daß es einen wertvollen Beitrag zum Leben und spirituellen Wachstum dieser Personen leisten würde.

Mrs. Piper wurde von einem Dr. Hodgson überprüft, der zu einer Art Sherlock Holmes für die Welt des Übersinnlichen wurde. Hodgson besuchte Medien, um die Genauigkeit ihrer Durchgaben zu überprüfen. Er ließ Mrs. Piper Tag und Nacht überwachen, um sicherzugehen, daß sie sich nicht heimlich Informationen über Leute beschaffte. Sie hielt ihre Sitzungen hinter einem Vorhang ab, so daß sie die Menschen, die zu ihr kamen, nicht sehen konnte; sie wurden ihr lediglich mit dem Namen Smith vorgestellt. Immer wieder wurden alle Einzelheiten ihrer Durchsagen aufgezeichnet, und die Menschen bestätigten deren Richtigkeit. Schließlich verschwanden ihre bisherigen Geistführer, und später empfing sie Informationen von sehr hohem spirituellem Niveau von einer Quelle, die sich als die «Imperator Group» vorstellte. Als Mrs. Piper zu immer höher entwickelten Geistführern überwechselte, konnte sie ganz mühelos, ruhig und friedlich in den Trancezustand sinken, den sie vorher nur schwer hatte erreichen können.

Um dieselbe Zeit schrieb Alan Kardec, ein Franzose, viele Bücher über die Kommunikation mit Geistwesen, darunter *The Book of Mediums and Spirit Guides*. Beide sind immer noch erhältlich. Wenn du mehr über diese Vorgeschichte des Channeling lesen möchtest, kann dir vielleicht ein Buch mit dem Titel *An Encyclopedia of Psychic Science*, das im Jahr 1934 von Nandor Fodor verfaßt und vor kurzem auf den neuesten Stand gebracht wurde, weiterhelfen.

Eines der einflußreichsten und umstrittensten Medien der damaligen Zeit war Madama Helena Petrowna Blavatsky (auch unter der Abkürzung HPB bekannt). Sie wurde im Jahre 1831 in der Ukraine geboren und reiste unter anderem nach England, Kanada, Indien und Griechenland. Wo immer sie auftauchte, begleiteten sie ungewöhnliche physische Phänomene. Später schloß sich ihr Henry Olcott an, und sie gründeten gemeinsam die Theosophische Gesellschaft. Ihr erstes Buch, *Isis Unveiled (Die entschleierte Isis),* ist heute noch ein Klassiker. Darin erörtert sie das Wiederaufleben alter Religionen und identifiziert sie als Quelle, die den neueren Religionen zugrunde lagen. Madame

Blavatsky hatte das Gefühl, von einer geheimen Hierarchie von Meistern aus dem Himalaja inspiriert zu werden und mit ihnen zusammenzuarbeiten: Dazu gehörten die Meister Morya und Kut Humi und der tibetische Meister Djwhal Khul. Diese Meister schickten viele Briefe an ihren Freund A. P. Sinnett in Indien und an andere Personen, die unter dem Namen «die Mahatma-Briefe» bekannt wurden. Die Briefe fielen von der Decke, erschienen auf Tellern oder in den Taschen von Kleidungsstücken. Es war sehr umstritten, ob diese Meister wirklich existierten und ob die Briefe tatsächlich von ihnen stammten und nicht von Madame Blavatsky selbst geschrieben wurden. Später erklärte sie, ihr bedeutendstes Werk, *Secret Doctrines*, sei ihr von diesen fernöstlichen Meistern diktiert worden. In diesem Buch wird behauptet, alle Religionen und okkulten Glaubenssysteme entstammten einer einzigen Quelle. Diese Quelle sei an einem geheimen Ort verborgen, und ihr Wissen sei in geheimnisvollen Symbolen verschlüsselt.

Die sehr angesehene Theosophische Gesellschaft existiert noch heute, und HPB spielt für den Glauben der westlichen Menschen an die Großen Meister eine sehr einflußreiche Rolle. Ihre Arbeit wurde von Annie Besant und Charles Leadbeater fortgeführt, die Anfang dieses Jahrhunderts über viele esoterische Themen schrieben, zum Beispiel über Gedankenformen, Hellsehen, Karma, die Chakras und Geistführer.

Im Jahre 1919 begann eine sehr engagierte junge Frau namens Alice Bailey Informationen von dem tibetischen Meister Djwhal Kuhl zu empfangen. Sie bekam täglich Diktate von ihm und schrieb eine Reihe von Büchern, die viele wertvolle esoterische Informationen enthalten. Alice Bailey gründete eine eigene Theosophische Gesellschaft, die sie 1923 in «Die Arkanschule» umbenannte. Sie begründete auch eine ganze Reihe von Organisationen, darunter «Triangles», ein weltweites Meditations-Netzwerk, den Lucis-Trust und die Lucis Press, den Verlag, der ihre Bücher veröffentlicht. Die Bücher beschreiben den Weg eines Eingeweihten, die Hierarchie der Meister und der Weißen Bruderschaft und die Einweihungsstufen, die man auf dem Weg zur Meisterschaft durchläuft. Der Dienst an der Welt ist ein wichtiger Gesichtspunkt. Aus Alice Baileys Schriften leitet sich der Begriff «New Age» her.

Nach dem Ersten Weltkrieg, der nationalen Wirtschaftskrise und der Verlagerung des öffentlichen Interesses auf Wissenschaft und Technologie ebbte die Begeisterung der Menschen für den Spiritismus allmählich ab, und er füllte nicht mehr die Titelseiten der Zeitungen. Das logische, linkshirnige Denken begann zu dominieren; eine Welle neuer wissenschaftlicher Erfindungen und Technologien setzte ein.

Edgar Cayce, der «schlafende Prophet», wie er auch genannt wurde, belebte das nationale Interesse am Phänomen des Channeling Mitte dieses Jahrhunderts wieder neu. Er konnte im Zustand der Hypnose ganz erstaunliche Informationen geben, zum Beispiel medizinische Ratschläge für Menschen, die Tausende von Meilen entfernt lebten. Er sprach auch über philosophische Dinge: Seine tiefgründigen Erörterungen solcher Themen sind in viele Bücher über sein Leben und Werk eingeflossen. Cayce widmete sich ganz dem Dienst an der Menschheit; heute führt die A. R. E. Foundation seine wichtige Arbeit fort. Seine medizinischen Verordnungen und gechannelten Informationen wurden aufbewahrt und sind für die Öffentlichkeit zugänglich: Wer sie einsehen möchte, kann sich an die Zentrale der A. R. E. Foundation in Virginia Beach (Virginia) wenden.

In neuerer Zeit hat Jane Roberts in vielen Menschen ein Bewußtsein für den Wert qualitativ hoher Channeling-Informationen geweckt. In den sechziger Jahren begann sie mit Hilfe ihres Geistführers Seth, viele Bände mit Informationen und philosophischen Erörterungen der verschiedensten Themen zu füllen. Ihre Bücher sind gut geschrieben, informativ und enthalten sehr klare Botschaften über viele metaphysische und esoterische Themen. Sie geben dem einzelnen Kraft, an sich zu glauben und zu akzeptieren, daß jeder Mensch in seinem Inneren die Macht hat, alles zu erschaffen, was er sich wünscht. In einem ihrer bekanntesten Bücher, *The Nature of Personal Reality*, erläutert sie das Wesen der Realität und hebt dabei unsere Fähigkeit hervor, den Ausgang bestimmter Ereignisse zu verändern, indem wir unsere Ansichten und Überzeugungen ändern. Ihr Buch hat Maßstäbe für die Qualität und Integrität gechannelter Informationen gesetzt; viele Menschen zogen dadurch die Möglichkeit in Betracht, daß Geistführer tatsächlich existieren. Außerdem hat es in vielen Lesern den Wunsch geweckt, selbst zu channeln.

Es fällt auf, daß heute immer weniger Medien physische Manifestationen – beispielsweise Materialisationen ihrer Geistführer oder Tischerücken – bewirken können. Als wir Orin und DaBen danach fragten, erklärten sie uns, solche Manifestationen seien früher notwendig gewesen, um den Menschen überhaupt erst einmal bewußtzumachen, daß sie mit anderen Realitätsebenen Verbindung aufnehmen können, und um dazu beizutragen, daß sich der Glaube an Geistführer und an ein Leben nach dem Tod durchsetzt. Diese auffallenden, fotografisch dokumentierten Phänomene sollten die Menschen wachrütteln und die Voraussetzungen für ihren nächsten Entwicklungsschritt in diesem Bereich schaffen. Mittlerweile glauben genügend Menschen ans Channeling, so daß solche dramatischen Ereignisse nicht mehr so dringend notwendig sind wie früher. Einige bekannte Channeling-Medien der Gegenwart, die ihre Geistführer der Öffentlichkeit auf sehr eindrucksvolle, dramatische Art und Weise vorstellen, tun dies aus eigenem freiem Entschluß, um die Menschen in dem Glauben zu bestärken, daß es solche Wesen tatsächlich gibt. Es kostet die Geistführer viel Energie, diese Phänomene zu bewirken. Inzwischen setzen sie diese Energie lieber dazu ein, immer mehr Menschen zu erreichen. Orin und DaBen haben uns erklärt, bewußtes Channeln sei der nächste Entwicklungsschritt, mit dem die Menschheit ihre Channeling-Fähigkeiten auf eine neue Stufe heben würde.

Channeling – die Zeit für die Menschheit ist reif!

Orin und DaBen: Mittlerweile werden sich immer mehr Menschen ihrer Verbindung zum universalen Geist und zu ihrem höheren Selbst bewußt. Sie beginnen, die höheren Bereiche des Universums wahrzunehmen. Es hat in der Geschichte schon immer Menschen gegeben, die mit Welten jenseits des bekannten Universums in Kontakt standen. Sie trugen die verschiedensten Bezeichnungen: Schamanen, Medizinmänner und -frauen, Seher, Propheten, Orakel, Medien, Menschen mit übersinnlichen Fähigkeiten, Channeling-Medien oder Heiler. Doch erst in den letzten 150 Jahren ist es einer größeren Anzahl von Menschen gelungen, sich über die Erdebene hinauszubewegen und Ratschläge und Anleitungen aus höheren Dimensionen zu empfangen. Die Energie, die sie dazu befähigt, ist in den letzten fünfzig Jahren intensiver geworden: Das zeigen auch die vielen neuen wissenschaftlichen und technischen Erfindungen.

Du besitzt die Fähigkeit, Realitäten jenseits des sichtbaren, bekannten Universums zu sehen und mit ihnen in Kontakt zu treten.

Viele hochentwickelte Seelen entscheiden sich, jetzt zu inkarnieren: Ihre Anzahl ist während der letzten sechzig Jahre gestiegen, und sie wird noch weiter steigen. Wenn immer mehr Menschen ans Channeling und an intuitive Fähigkeiten glauben, wird es auch mehr Personen geben, die für solche Ebenen offen sind und bereits mit übernatürlichen, telepathischen und außersinnlichen Fähigkeiten auf die Welt kommen.

Immer mehr Menschen werden sich dem Channeling öffnen.

In der heutigen Zeit werden Menschen, die ihre Energie in ihr spirituelles Wachstum investieren, reich belohnt. Sie werden sich sehr rasch weiterentwickeln können, da die Erde zur Zeit vermehrt Energie empfängt. Sie können lernen, neue Bewußtseinsebenen zu erreichen und bewußt und kontrollierbar Informationen und Daten aus höheren Bereichen zu empfangen. Jetzt können die Menschen leichter als jemals zuvor die Fähigkeit erwerben, ihr eigenes Selbst, wie es in anderen Dimensionen und Umfeldern existiert, zu erforschen. Und es sind auch immer mehr Menschen in der Lage zu channeln, alternative Zukunftsmöglichkeiten zu erforschen, sich für ein neues Verständnis und neue Vorstellungen von Zeit zu öffnen, ihren Geist und ihr Unbewußtes zu steuern und sich die Kräfte ihres überbewußten Selbst nutzbar zu machen. Nun, da sich immer mehr Menschen in andere Dimensionen und höhere Bereiche hineinbewegen, ebnet sich der Weg für einen noch viel größeren Teil der Menschheit, der früher nicht zu solchen Reisen in der Lage gewesen wäre.

Es ist kein Zufall, daß dies alles gerade jetzt geschieht. Momentan wirken viele Kräfte auf die Menschheit ein. Es finden Veränderungen in Dimensionen jenseits der Erde statt; Tore zu anderen Realitätsebenen, die den Menschen bisher noch nie zugänglich waren, öffnen sich. Zwei Dimensionen überschneiden sich und bewegen sich so synchron, daß alle Menschen, die das wünschen, Zugang zu höheren Dimensionen bekommen können, was früher nur einigen wenigen, außergewöhnlich sensitiven Menschen möglich war. Menschen, die mit ihrem spirituellen Selbst in Verbindung stehen, spüren diese Veränderungen deutlicher, aber bis zu einem gewissen Grad wirken sie sich auf alle aus.

Die Schwingung der Erde erhöht sich ständig. Manche Menschen nehmen das als Beschleunigung in ihrer persönlichen Entwicklung wahr. Das Wesen der Zeit verändert sich; die Menschen geben jetzt ihren linearen Zeitbegriff auf und entwickeln ein intuitiveres Zeitverständnis. Auch die Schwerkraft verändert sich ein wenig, und in den elektromagnetischen Frequenzen der Erde finden ebenfalls Veränderungen statt.

Seit 150 Jahren entwickeln die Menschen neue Wahrnehmungsformen, die als «außersinnlich» bezeichnet werden. Zu diesen außersinnlichen Wahrnehmungen gehören Präkognition (die Fähigkeit, die Zukunft vorauszusehen), Telepathie (Gedankenübertragung) und Hellsehen (die Gabe, Energien zu sehen, die normalerweise unsichtbar sind und sich möglicherweise sogar auf einer ganz anderen Existenzebene befinden). Diese Fähigkeiten entfalten die Menschen aufgrund der Aktivierung ihrer spirituellen Zentren und der Veränderungen, die momentan auf der Erde stattfinden. Diese Veränderungen werden sich auf viele Menschen auswirken und das Potential und die Richtung der kollektiven Zukunft der Menschheit eindeutig verändern.

Durch Telepathie könnt ihr Menschen unsichtbare Welten erkunden. Ihr besitzt alle mehr telepathische Fähigkeiten, als ihr glaubt. Telepathie ist die Gabe, Gedankenimpulse von anderen Menschen zu empfangen und Gedanken von einer Dimension oder Realität in eine andere zu übertragen. Mit der Entfaltung eurer telepathischen Fähigkeiten entwickelt ihr ein Medium, das euch schneller und wirkungsvoller an andere Orte bringt als Flugzeuge oder Autos. Durch Telepathie könnt ihr euch an Orte begeben, die anders nicht erreichbar sind.

Eure Augen können nur das Farbenspektrum des Regenbogens sehen; ihr vergeßt häufig, daß es viele elektromagnetische Frequenzen – zum Beispiel infrarote und ultraviolette – gibt, die außerhalb jenes Spektrums liegen, das ihr mit euren Augen wahrnehmen könnt. Manche Menschen entwickeln jetzt die Fähigkeit, feine Frequenzen zu erspüren, die jenseits der Bandbreite eurer normalen Sinnesorgane liegen. In diesen Frequenzen nehmt ihr uns Geistführer und jene Dimensionen wahr, wo noch andere, uns ähnliche Wesen existieren. Ihr stimmt euer Bewußtsein jetzt immer feiner auf solche Dimensionen ein, und dieses wachsende telepathische Bewußtsein befähigt euch, mit anderen Lebensformen wie Pflanzen, Kristallen und Wesen aus anderen Bereichen zu kommunizieren.

Der Glaube an die Fähigkeit, diese unsichtbaren, aber dennoch realen Dimensionen zu erreichen, ist noch nicht allgemein verbreitet, doch zumindest glauben weltweit immer mehr Menschen an die Möglichkeit, daß es Dimensionen jenseits der Erde gibt, und sie glauben auch an ein Leben nach dem Tode. Die Menschheit wird immer aufgeschlossener für die Möglichkeit, daß Geistwesen existieren, und da das Thema Channeling und Geistführer momentan so viele Menschen fasziniert und begeistert, wird es für alle, die sich das wünschen, viel leichter, bewußt mit ihren Geistführern in Kontakt zu treten. Die Menschen haben zu den Informationen, die durch außersinnliches Bewußtsein empfangen werden, jetzt mehr Vertrauen als früher.

Das goldene Zeitalter der Menschheit steht kurz bevor.

Die Energien, die jetzt auf die Erde treffen, werden alles, worauf ihr euch konzentriert, energetisieren und aktivieren. Bei jenen Menschen, die sensitiv sind und sich bereits auf ihren spirituellen Weg konzentrieren, werden diese neuen Energien bewirken, daß ihnen alles noch viel besser gelingt als bisher. Neue Tore werden sich öffnen; eure zwischenmenschlichen Beziehungen werden sich verbessern. Vielleicht werdet ihr nach innen schauen und dort die Antworten finden, nach denen ihr gesucht habt. Vielleicht durchlauft ihr vorübergehend eine schwierige Phase, wenn ihr euch vom Vergangenen löst und das Neue in euch aufnehmt. Viele von euch haben diese Phase der Umstellung bereits hinter sich. Danach wartet ein besseres Leben auf euch, mit mehr Liebe, Erfolg und innerem und äußerem Reichtum. Seid dankbar für die Lernerfahrungen, die jetzt auf euch zukommen, und wißt, daß sie euch auf den Umgang mit einer höheren Schwingung vorbereiten.

Vielleicht werdet ihr immer noch Menschen sehen, die Schmerzen oder Schwierigkeiten haben und von beunruhigenden Weltereignissen lesen. Wenn ihr jene höheren Dimensionen erreicht, dürft ihr nicht vergessen, daß euer inneres Gleichgewicht jetzt aus der Verbindung zu diesen höheren Bereichen stammt und nicht mehr aus eurer Beziehung zu anderen Menschen. Das ist eine große Herausforderung für euch, doch wenn ihr diesen Kontakt herstellt, werdet ihr auch anderen Menschen inneres Gleichgewicht und innere Stabilität vermitteln können. Ihr solltet jenen Menschen, denen es vorläufig noch schwerfällt, sich auf die neuen Schwingungen einzustellen, lieber beistehen, statt euch von ihren Ängsten anstecken zu lassen. Wenn ihr euren Verbindungskanal zu den höheren Dimensionen öffnet, werdet ihr diejenigen sein, die das Licht in sich tragen, die andere Menschen ermutigen und ihnen eine Orientierungshilfe sind. Ihr lebt in einer Zeit großer Chancen und Möglichkeiten. Die größten Musikstücke, Kunstwerke, Bücher und anderen kulturellen Leistungen der Menschheit werden erst noch entstehen, und zwar unter dem Einfluß dieser höheren Schwingung.

Finde den richtigen Zeitpunkt für deinen Einstieg ins Channeln

SANAYA UND DUANE: Es ist jetzt schon zwei Jahre her, daß Orin und DaBen uns zum erstenmal vorschlugen, Channeling-Kurse zu geben. Inzwischen haben wir erlebt, wie Hunderte von Menschen mit ihrem Geistführer oder ihrem Ur-Selbst in Verbindung traten und dadurch ihr Leben viel besser meisterten. Wir haben gesehen, wie sie den Lehrer in ihrem eigenen Inneren entdeckten und sich ihrer Fähigkeiten bewußt wurden, sich selbst und andere Menschen zu ändern. Wir haben beobachtet, wie Menschen durch ihr Channeling erfolgreicher, wohlhabender und glücklicher wurden und den Sinn ihres Lebens erkannten. Unsere eigenen Channeling-Erfahrungen haben auch unser Leben sehr bereichert. Wir haben in Orin und DaBen eine beständige Quelle der Liebe und Anleitung und des inneren Wachstums gefunden.

Nach unserer Erfahrung und den Erfahrungen anderen Menschen ist Channeling *tatsächlich* eine Fähigkeit, die sich erlernen läßt. Die Geistführer kommen wirklich zu den Menschen, wenn sie um diesen Kontakt gebeten werden. Orin und DaBen hatten recht. Mit tiefer Befriedigung durften wir erleben, wie unsere Kursteilnehmer sich fürs Channeling öffneten, und sie dabei unterstützen. Die Menschen können tatsächlich zur Erleuchtung gelangen und das höhere Bewußtsein erreichen, das sie sich wünschen. Channeling ist einer der Wege dazu, und wir sind dankbar für die Chance, dir diesen Weg anbieten zu können.

Ehe du dieses Buch aus der Hand legst, solltest du einen Zeitpunkt festlegen, wann du dich fürs Channeling öffnen und mit deinem Geistführer in Kontakt treten möchtest. Setze dich ruhig hin, schließe die Augen und bitte dein höheres Selbst, dir ein Datum zu nennen, an dem du damit beginnen könntest. Das kann heute sein oder vielleicht auch erst in einem Jahr. Sobald dir irgendein Datum in den Sinn kommt, frage dich, ob du die Absicht hast, zu diesem Zeitpunkt zu channeln. Ist es zu früh, oder ist diese Frist länger, als du brauchst, um dich innerlich aufs Channeling vorzubereiten? Führe dir verschiedene Daten vor Augen, bis du eines gefunden hast, das dir am günstigsten erscheint. Öffne die Augen wieder, und kreuze dieses Datum im Kalender an. Dann laß es los. Dein höheres Selbst wird jetzt beginnen, alle Umstände, Zufälle, Entwicklungsmöglichkeiten und Ereignisse herbeizuführen, die du brauchst, um tatsächlich zu jenem Zeitpunkt channeln zu können. Wenn du deine inneren Botschaften befolgst, wird dich alles, was du tust, auf deine Öffnung fürs Channeling vorbereiten.

Dank

Wir möchten folgenden Freunden unseren Dank aussprechen: LaUna Huffines, die bei vielen unserer Channeling-Sitzungen dabei war und sich zu einem hervorragenden Channeling-Medium entwickelt hat, für ihr Licht, ihre Unterstützung und ihre Ideen; Ed und Amerinda Alpern für ihre ständige Ermutigung und für die Freude, die es uns bereitet hat, ihren Fortschritten beim inneren Wachstum und beim Channeling zuzuschauen.

Ein ganz herzliches Dankeschön möchten wir auch unseren Assistenten bei den Channeling-Kursen aussprechen: Ed Alpern, Julie Anello, Sandy Chapin, Lynn Crawford, Cindy Haupert, Judy Heckerman, Colleen Hicks, Johanna Holmes, Rhonda Holt, Rikki Kirtzner, JoAnne Marsau, Sue Maywald, Linda Merrill, Patrice Noli, Jill O'Hara, Tom Oliver, Bob Ornelas, Nina Page, Shirley Runco, Vincent Star, Leah Warren, Phillip Weber und Cheryle Winn.

Unser besonderer Dank gebührt Dr. Linda Johnston, Jan Shelley, Wendy Grace, Scott Catamas, Cheryl Willams, Nancy McJunkin, Sandy Hobson, Eva Roza, Mary Beth Braun, Mari Ane Anderson, Mary Pat Mahan, Stacey Mattraw, Michele Abdoo, Evanne Riter, Trudie London, Roberta Heath, Ronnie Rubin, Margo Chandley, Susan Levin, Eve und Lloyd Curtis, Jane Wanger, Loretta Ferrier, Sheila und Earl Babbie, Rob Friedman und Sally Deutscher.

Wir bedanken uns bei Georgia Schroer für ihre wertvolle Hilfe bei der Leitung des Büros und für ihre vielen Beiträge zu LuminEssence und zu unserem Leben; außerdem danken wir

Lois Landau, Sara McJunkin, Adine Thoreen und Shirley Runco; Denise Laws danken wir herzlich für das Abschreiben der Bandaufnahmen; Debra Ross für ihre Graphiken und Abbildungen; außerdem David Duty und Jeanie Cragin.

Wir danken der New-Age-Gruppe von Romi Fitzpatrick auf Maui für ihre Unterstützung bei der Arbeit an diesem Buch und für ihre wunderbaren Dankeskreise; der Channeling-Gruppe von Jean St. Martin aus Dallas danken wir dafür, daß sie den Mut hatten, sich auf das Abenteuer des Channeling einzulassen, und für die Unterstützung und die Freunde, die wir in ihrer schönen Stadt gefunden haben. Außerdem bedanken wir uns bei den wundervollen Menschen von Mt. Shasta – besonders Dorothy Kingsland und Missi Gillespie – für ihre Hilfe und Ermutigung.

Vielen, vielen Dank vor allem an Hal und Linda Kramer. Die Arbeit mit ihnen hat uns viel Spaß gemacht, und sie waren stets kooperativ und sehr motivierend. Greg Armstrong danken wir für seine redaktionelle Arbeit und seine Vorschläge, außerdem Elaine Ratner und Linda Merrill. Vielen Dank auch an Abigail Johnston für ihr phantasievolles graphisches Design und Judith Cornell für ihre wunderschönen Abbildungen.

Natürlich danken wir euch allen, die ihr an unseren Channeling-Kursen teilgenommen habt, für eure Bereitschaft, an der Entwicklung eines neuen Bewußtseins mitzuwirken, und für eure Erfahrungsberichte. Und wir möchten all unseren Lesern, die aus diesem Buch die Techniken des Channeling erlernen wollen, für ihren Mut und ihre Bereitschaft zum inneren Wachstum danken. Über eine Rückmeldung von euch würden wir uns sehr freuen.

Zu guter Letzt möchten wir all jenen Menschen unseren Dank aussprechen, die diesen Weg vor uns gegangen sind, vor allem Jane Roberts und Edgar Cayce, und allen Channeling-Medien, die die Welt momentan mit ihrer Arbeit bereichern.

Vor allem aber bedanken wir uns bei euch, Orin und DaBen,

denn ohne euch hätte dieses Buch niemals entstehen können. Erst ihr habt es uns allen ermöglicht, diesen Weg zu beschreiten.

Wenn Sie Sanaya Roman einen Brief in englischer Sprache schreiben wollen, benutzen Sie bitte folgende Adresse:

LuminEssence Productions
P.O. Box 1310
Medford, OR 97501
USA
Tel. 001-541-770-6700

Oder besuchen Sie ihre Website unter der URL:
www.orindaben.com

Die deutschen Begleitkassetten zu den Büchern von Sanaya Roman sowie nähere Informationen über das deutschsprachige Seminar- und Kassettenprogramm von LuminEssence erhalten Sie bei:

LightBody Zentrum Deutschland
Tel. 08106/358753
Fax 08106/358754
E-Mail: *service@lightbody.de*
Homepage: *www.lightbody.de*

Ein Hörbuch mit Texten aus *Sich dem Leben öffnen* von Sanaya Roman und Duane Packer ist im AXENT Verlag erschienen. Fragen Sie in Ihrer Buchhandlung.